国家民委人文社会科学重点研究基地"南方少数民族非物质文化遗产研究中心"，湖北省文化厅、教育厅人文社会科学研究基地"湖北省非物质文化遗产研究中心"资助

壮族布洛陀文化的
当代重构及其实践理性
——那县的田野表述

ZHUANGZUBULUOTUOWENHUADE
DANGDAICHONGGOUJIQISHIJIANLIXING
——NAXIANDETIANYEBIAOSHU

刘　婷◎著

中国社会科学出版社

图书在版编目(CIP)数据

壮族布洛陀文化的当代重构及其实践理性：那县的田野表述/刘婷著.—北京：中国社会科学出版社，2015.6
ISBN 978-7-5161-5789-3

Ⅰ.①壮…　Ⅱ.①刘…　Ⅲ.①壮族—民族文化—研究—中国　Ⅳ.①K281.8

中国版本图书馆 CIP 数据核字(2015)第 059024 号

出 版 人	赵剑英	
责任编辑	喻　苗	
责任校对	胡新芳	
责任印制	王　超	

出　　版	中国社会科学出版社	
社　　址	北京鼓楼西大街甲 158 号	
邮　　编	100720	
网　　址	http://www.csspw.cn	
发 行 部	010-84083685	
门 市 部	010-84029450	
经　　销	新华书店及其他书店	

印　　刷	北京君升印刷有限公司	
装　　订	廊坊市广阳区广增装订厂	
版　　次	2015 年 6 月第 1 版	
印　　次	2015 年 6 月第 1 次印刷	

开　　本	710×1000	1/16	
印　　张	18		
插　　页	4		
字　　数	286 千字		
定　　价	65.00 元		

凡购买中国社会科学出版社图书,如有质量问题请与本社联系调换
电话:010-84083683

访谈古笛

访谈彭洋

访谈黄婆婆一家

黄婆婆准备的观音诞祭品

访谈那了屯韦正经夫妇

布洛陀寻踪

姆娘岩前访谈那了屯巫婆

访谈那贯屯周仕壮兄妹

访谈怡然自得的歌者

那县玉凤镇布洛陀神根

田州镇居民观音诞祭祀仪式

敢壮山树下的观音

2011 年的朝拜队伍（一）

祭拜观音的信众

2011 年的朝拜队伍（二）

2011 年的朝拜队伍（三）

2011 年祭祀大典上的铜鼓队

民族乐器合奏 "铜鼓朝拜舞"

序　一

当神州以外的世界各地忙于应对各种纠结，甚至烽烟此起彼伏的时候，中国龙却在韬光养晦中梦醒腾飞。世界经济总量第二，令五洲侧目。但中国人没有盲目乐观，中国梦在牵引人们无法止步。然而当我们的钱袋稍微鼓起的时候，我们也发现银光的惨白。在文化上，我们能够给世界提供什么呢？在物质与精神需要平衡的时候，人们自然将目光转向自己的文化积淀，但遗憾的是，往往发现传统文化被解构了。人们所关注的传统文化产品，或只剩下实在无法打破的坚实部分，甚至是碎片，因而不得不转向对传统文化的追寻、修补和再生产。我们在不断创造新文化元素，使之整合为新的时代精神。但是，新的文化元素却不是天上的浮云，在它的结构里需要有根。于是，文化重构在中国各民族中蜂起，让中国的2000多个县的父母官们不得安宁。布洛陀文化的重构、再生，便是在这样的风潮中凸现的。刘婷认为，布洛陀文化的重构属于"复合的理性"，确实如此。回忆布洛陀文化重构的十年，短短的历程里经历了恩格斯所说的多种力量运动的轨迹在一个焦点上重合，从而导致某种重大运动的发生。这里有新闻媒体的先导，民众的心理期待，寻求发展经济新路的渴求，民族文化自觉自信自强的觉醒，在民族之林中实现事实上平等的渴望，于是出现了刘婷论著中所归纳的若干场域。

布洛陀文化重构过程中，各方对之做了多角度、多层次的探讨，收获甚多。但正如《壮族布洛陀文化的当代重构及其实践理性——那县的田野表述》中所说的，这些研究主要纠葛在历史的回顾、仪式的运作和重构"产品"的评价，忽略了重构的过程及其给当代文化重建、文化再生产的实践体验。《壮族布洛陀文化的当代重构及其实践理性——那县的田野表述》适时地填补了这个空白。稿中指出："人类学研究应从传统的关注文化产品转而研究文化生产、再生产过程或文化实践。"
这一将布迪厄"实践理性"化为中国化的"理性实践",使《壮族布洛
陀文化的当代重构及其实践理性——那县的田野表述》成为布洛陀文
化重铸立此存照的经典。论著的历程回顾和场域描述,构成了纵横网络
结构,这一结构的优势在于,既不忽略演化过程,也适当关照布迪厄场
域的细部,从而使其具有生动的历史感和现实感。

从纵向上看,《壮族布洛陀文化的当代重构及其实践理性——那县
的田野表述》从古笛上山开始,一步步描述每次进展环节的场景,直
到2011年的祭祀大典。与布洛陀重铸过程的所有日期,诸如文人发现、
媒体宣传、专家考察论证、政府运作、庆典盛况,都排列得整整齐齐,
达到月日细部。例如第二章,第一节是"'发现'与'策划'";第二
节是"媒体报道与学界论证";第三节是"政府组织与群众参与";第
四节是"布洛陀文化实体重构",依前后次序娓娓道来,几无遗漏,这
就使这份论著有很高的经典性参考价值。人们从这部论著里,能够清晰
地体察到布洛陀文化重构从以争论为肇端到规模逐步定型宏大的历程,
体会到重要的历史文化事象在解构以后重铸的艰辛,并从中得到启示。

在横向上,作者付出了很大的精力,历经一年艰辛的田野调查,积
累了比较扎实的材料,因而每个阶段和每个环节都有比较周详的铺叙,
层次分明。第四章是"敢壮山的圣俗世界",先后列举了祭祀空间的建
构,布洛陀文化的陈列,布洛陀祭典和祭文解读四节。特别是祭典一
节,依次列举了从2003年到2011年每次祭典的详细安排,包括政府的
安排文件,庆典的组织系统,各种祭祀用品的准备,祭祀仪式的安排和
实施过程——"时间:(2010)4月21日上午8:20以前,上述人员在
大门广场集结完毕,8:38开始举行入场仪式,从广场中路直接向朝拜
广场出发。中路两侧分别立着100面五色牙旗和100名布洛陀卫士。游
行队伍顺序:3名开路先锋举着大砍刀,在前面开路;30名牛角号手身
穿壮族服装,披蓑衣,脚穿草鞋,头戴笠帽;祖公旗护旗手4人,在四
个角分别抬着祖公旗游行;布洛陀卫士护旗方队36人,跟进祖公旗;
壮族十二图腾旗12面;五色牙旗仪仗队100人;供品队6人;民间老
艺人21人;师公队60人,师公鼓20面;铜鼓队32人,铜鼓8面;唢
呐队20人;舞龙舞狮队;云南文山州广南县、富宁县代表队抬着坡芽

歌书（模型）参加游行；贵州省荔波县；广东连山壮族自治县；东兰、巴马；武鸣、马山县；百色市各县（区）；那县百育、那坡、坡洪、洞靖、巴别、五村、那满、玉凤、头塘、田州；三雷、东江、百育、头塘等部分村祭祀队。"队伍浩浩荡荡在神道上依次跟进，蔚为大观。下面仪式顺序是：入场就位→击鼓开堂→吹牛号角→揭幕→鸣炮→进头香→宣读祭文→师公 60 人唱经队唱诵开祭经→各地朝拜队敬献供品→万人进香。这样的理性实践描述在一定程度上采用了布迪厄实践理性着眼于具体场域的描述理论，其优越之处在于使人有现场实感，对正在纷纷操作的类似传统文化重铸有很强的启示作用。但由于作者设计的场域比布迪厄的场域阔大，处于民族与布迪厄场域之间，因而给人的感受是宏大而不是细碎。

　　作者在用中国化的实践理性研究布洛陀文化重构过程时，注意把握两端，一端是布洛陀传统文化核心的承袭，避免造成人为凭空建构的误读，另一端是现代色彩，毕竟布洛陀文化重构是在中国改革开放的现代化语境下重铸，必然要带上时代色彩。在论著的第一章，作者就构拟了布洛陀文化及其分布，布洛陀文化的内涵，包括布洛陀民间文学和神格、布洛陀宗教文化、布洛陀歌圩文化、布洛陀文化精神等章节，比较充分地阐明了布洛陀文化的核心及其传统的表现形式，这就为现代建构打下了坚实的根基。但布洛陀文化重构又是在中国改革开放中思想解放的情势下发生的，必然要融入时代精神和新的文化元素。对布洛陀的崇拜心理核心未变，麽经没有变，农历三月七日到九日的节日未变，从山脚到敢壮山上遗址沿路插香火的特殊习俗未变，歌圩虽小也未变，也就是核心未变。但外层包装加上了许多现代元素，例如祭祀仪式之前的布洛陀文化旅游节开幕式、仪式开始的神道游行，半官方公祭，鸣炮，宣读祭文，布洛陀乐舞，学者论坛，广场化中的布洛陀文化展览，新碑林，布洛陀文化浮雕等等，都是历史上所没有的。作者在其论著中，都对之做了详细的论述。即使是崇敬布洛陀的心理这一核心，也发生了不同程度的变化，例如，将对布洛陀的崇拜进行理性的考量，对其核心进行提炼和提升，以作为振奋民族精神的一种力量，这样，布洛陀文化核心就在一定程度上摆脱了宗教的语境，成为民族精神的象征。敢壮山已经不仅仅是祭祀麽教主神的圣地，而是成为壮族传统文化中的精神家园。所有这些，《壮族布洛陀文化的当代重构及其实践理性——那县的田野表述》都做了比较恰当的处理。

信众、官方、麼公、媒体、学者各自所求，都已经在一定程度上通过布洛陀文化的重构这一焦点得以实现，其影响的外延已经到了东南亚，甚至还有欧美非洲。可见，对传统文化的重构只要得当，必然产生辐射效应。布洛陀文化重构在壮民族心理上产生的激励，是不言而喻的，其经济价值也已经得到验证。毕竟我们希望的不是过程而是结果，在这方面，作者还有许多文章可做。

是为序。

梁庭望

2015 年 3 月于中央民族大学

序 二

　　刘婷的博士论文《壮族布洛陀文化的当代重构及其实践理性——那县的田野表述》即将由中国社会科学出版社出版，她邀我写序，我颇有疑虑。因为，大凡为序者，均需对书稿评价一二，我作为她的博士导师，如何评价，才算中肯，实难以切度。好在，导师为学生作此类序者不在少数，我还是"欣然同意"了。

　　在全球化、都市化和现代化的背景下，民族文化的解构与重构成为一种普遍现象。文化解构是德里达、利奥塔、福柯等人文本解构的扩展，它或为批判性消解，或为建构的解构。文化解构，无论是自然过程还是人为过程，最终将导致传统文化的三种基本去向：一是文化的濒危乃至消亡；一是文化的碎片化，文化不是以系统的形式，而是以元素的形式存续；三是催生文化自觉，进行文化重构或复兴。文化重构不是文化的"发明"，它是基于传统的文化再创造。当下中国正在经历一场轰轰烈烈的文化重构热潮，典型如黄帝文化、炎帝文化、盘王文化、牛郎织女文化、土家女儿会文化等等，不一而足。文化重构作为一种当代的历史事件、文化过程，抑或文化实践，理所当然地进入学术界研究的视域。刘婷的博士论文选题既是当代所需，又恰逢其时，因而具有一定的学术价值与现实意义。

　　布洛陀是壮族人民信奉的创世神、始祖神、智慧神、道德神和宗教神，是南方民族神系中既有叙事谱系与圣地，又有祭拜节会和神圣仪式的一位至尊神。布洛陀不仅对壮族人民生产生活乃至思想意识产生着立体而深远的影响，而且对南方侗族、布依族、水族、毛南族、仫佬族、傣族等以及老挝佬族，越南侬族、岱族，泰国泰族，印度阿萨姆邦阿含人和缅甸掸族等均产生着广泛的影响，因而，布洛陀又是南方神系中影响力最为广泛的神灵之一。布洛陀文化正如其他民族文化一样，在近代以来经历了复杂的解构与重构过程，特别是布洛陀文化的当代重构已成为我国民族文化当代"传统的发明"的典型样本。刘婷的博士论文正是基于布洛陀文化当代重构的样本价值而对其进行调查研究的。

刘婷论文的立足点如果是布洛陀的"文化产品"（神话、传说、经诗、宗教等），无论其对这种"文化产品"进行历史主义的，还是结构主义的、功能主义的、象征主义的研究，都无法取得学术之突破，因为前人的研究已达一定的高度。因而，她把视点放在了"文化过程"，即布洛陀当代重构事件与过程。然而，这样做视野开阔了，但难度也加大了。因为，过去民族学、人类学的田野方法对微观社会的"文化产品"研究具有较高的效度，但如何将这种方法移植到社会文化的变迁过程研究，尚处于探索或实验之中。刘婷基于其在广西工作的基础、对调查研究对象与问题的理解与把握以及攻坚克难的田野精神，基本做到了对田野方法的应用，其博士论文所呈现的扎实的田野资料足可说明这一点。在论文中，我们看到了田野资料的一纵一横，纵横交织的时空铺展，以及事件与田野场景细部的呈现。

博士论文从问题的提出开始，到问题的回答结束，既要立足于问题，又要超越问题，在更高的理论层面解决普遍性的学术问题。刘婷在这方面也做了初步的努力。目前学术界对待文化重构现象始终有两种不同的看法，一种观点认为文化重构是一种理性（工具理性）的行为，是经济发展和文化创新的需要，而另一种观点则认为文化重构是一种非理性的行为，它破坏了文化的本真性，与世界文化遗产保护的原则与方向背道而驰。《壮族布洛陀文化的当代重构及其实践理性——那县的田野表述》则另辟路径，它借用法国社会学家、人类学家布迪厄的场域、惯习、资本、权力等概念，客观而中立地分析了布洛陀文化当代重构这一实践行为的内在逻辑，认为"布洛陀文化当代重构为我们呈现了一种布迪厄式的场域，在这种场域中，各类行动者的惯习、资本与权力得以充分的运用。而正是各类行动者惯习的表现，资本与权力的展演，各种力量的博弈，才维持了文化重构场域的存续。"刘婷论文的分析并未戛然而止，她尝试用本土经验与中国事实反思西方理论，进而提出本土化的解释范畴。《壮族布洛陀文化的当代重构及其实践理性——那县的田野表述》的"结论"基于布迪厄实践理论的有限"效度",提出用"文化重构"取代"文化再生产"的合理性:"文化再生产是文化自我创新,是文化内在力量作用的结果","文化重构主要为外在力量对文化的重新建构",因而以布洛陀文化当代复兴为代表的文化实践不是"文化再生产",而是"文化重构"。在这里,该文实际隐含地指出当下学术界对"文化再生产"概念的误读与误用。"结论"又基于布迪厄"场域"概念的"局限性",基于布洛陀文化重构的实践场域,提出"复合场域"和"复合理性"的概念,并试图将"复合场域"作为连接布迪厄式"场域"与社会概念的中介。

当然,作为一篇博士论文,只是对博士学习期间所学专业理论与方法的一次检验,论文还存在许多不足,如论文未对文化重构过程中学者、官员、商人、民众等的观念性"理性"资料进行充分的搜集,对"文化重构"、"复合场域"等范畴也未进行更深入的剖析。博士论文答辩时,专家们也提出了许多中肯的修改建议。事后,刘婷进行了力所能及的修改,但仍未达到理想的要求。希望刘婷把博士论文作为起点,在学术道路上不断思考、不断进步。

是为序。

柏贵喜

二〇一五年四月五日

目　录

导　论

一　国内外研究现状述评

（一）布洛陀文化研究

学界关于壮族布洛陀文化的研究已逾半个世纪，其间可分为三个时期，出现了两次布洛陀文化热潮：一是 20 世纪 60 年代至 80 年代初的布洛陀文本的收集整理与初步研究；二是 1986 年《布洛陀经诗》和 1991 年《布洛陀经诗译注》出版后，为学界提供了研究布洛陀文化的基本文本，出现了第一次布洛陀文化研究热潮；三是 2002 年敢壮山布洛陀遗址"发现"以来的布洛陀田野调查与保护开发利用研究，引发了学界第二次布洛陀文化研究热潮。

布洛陀文本资料的收集整理始于 20 世纪 50 年代。1958—1982 年，广西民间文艺家协会、《壮族文学史》编写组、广西民间文学研究会等先后收录了一些当地流传的布洛陀神话传说，如《壮族民间故事选》（第 1 集）① 收录的神话《保洛陀》。1986—1991 年，广西少数民族古籍整理出版规划领导小组办公室组织壮族古文字、历史学、宗教学、民族学、民间文学等方面的专家学者收集整理《布洛陀经诗》手抄本 22 本，出版了中国第一部壮族古典经诗《布洛陀经诗译注》②，被誉为"壮族传统文化的'百科全书'③ 和壮族古代社会文化的瑰宝"④。

---

① 农冠品、曹廷伟：《壮族民间故事选》（第 1 集），广西人民出版社 1982 年版。
② 广西壮族自治区少数民族古籍整理出版规划领导小组：《布洛陀经诗译注》，广西人民出版社 1991 年版。
③ 林耀华、陈克进：《壮族传统文化的"百科全书"——读〈布洛陀经诗译注〉》，《广西民族研究》1992 年第 3 期。
④ 吴永章、孙秋云：《壮族古代社会文化的瑰宝——评〈布洛陀经诗译注〉》，《广西民族研究》1992 年第 3 期。

　　2000—2003 年，《壮学丛书》编委会收集了广西不同地区 29 个版本的《麽经布洛陀》手抄本，并组织多个学科的专家学者编纂了《壮族麽经布洛陀影印译注》①。

　　《布洛陀经诗》和《壮族麽经布洛陀影印译注》一经出版即成为国内外专家学者从人类学、民俗学、历史学、神话学、社会学、宗教学等多个学科研究布洛陀文化的经典文本。有专家认为布洛陀是珠江流域原住民的人文始祖②、壮族人文始祖③。覃乃昌提出了"布洛陀文化体系"的观点，认为布洛陀文化具有重要的历史、文化和学术价值。④ 欧阳若修等编著的《壮族文学史》⑤、廖明君所著的《壮族自然崇拜文化》⑥ 都对布洛陀和布洛陀文化进行了简要评述。蓝鸿恩对《布洛陀经诗》的内容、壮族师公和道教关系、经诗的学术价值及其功能等问题，做了较为系统的论述。⑦ 潘其旭认为《麽经布洛陀》是壮族民间宗教的经典，⑧ 布洛陀文化是壮族价值观的摇篮。⑨ 梁庭望认为崇尚物我共存与和谐有序是其精髓。⑩ 黄桂秋探讨了壮族民间麽教与布洛陀文化的关系，⑪ 并从麽文化的角度对壮族麽教主神布洛陀⑫ 及其陪神麽渌甲⑬（又译为"姆六甲"、"咪洛甲"等）进行了研究。牟钟鉴从宗教学的角

　　① 张声震：《壮族麽经布洛陀影印译注》，广西民族出版社 2004 年版。

　　② 覃乃昌：《布洛陀：珠江流域原住民的人文始祖》，《广西民族研究》2004 年第 2 期。

　　③ 过伟：《壮族人文始祖论》，《广西民族研究》2005 年第 4 期。

　　④ 覃乃昌：《布洛陀文化体系述论》，《广西民族研究》2003 年第 3 期。

　　⑤ 欧阳若修等：《壮族文学史》，广西人民出版社 1986 年版。

　　⑥ 廖明君：《壮族自然崇拜文化》，广西人民出版社 2002 年版。

　　⑦ 广西壮族自治区少数民族古籍整理出版规划领导小组：《布洛陀经诗译注》，广西人民出版社 1991 年版。

　　⑧ 潘其旭：《壮族〈麽经布洛陀〉的文化价值》，《广西民族研究》2003 年第 4 期。

　　⑨ 梁庭望：《布洛陀文化——壮族价值观的摇篮》，载牟钟鉴主编《宗教与民族》（第 4 辑），宗教文化出版社 2006 年版。

　　⑩ 潘其旭：《崇尚物我共存与和谐有序是布洛陀文化的精髓》，载牟钟鉴主编《宗教与民族》（第 4 辑），宗教文化出版社 2006 年版。

　　⑪ 黄桂秋：《壮族民间麽教与布洛陀文化》，《广西民族研究》2003 年第 3 期。

　　⑫ 黄桂秋：《论壮族麽教主神布洛陀——壮族麽文化研究系列论文之一》，《广西右江民族师专学报》2005 年第 5 期。

　　⑬ 黄桂秋：《布洛陀的陪神麽渌甲——壮族麽文化研究系列论文之二》，《广西右江民族师专学报》2006 年第 2 期。

度研究了壮族布洛陀信仰，认为布洛陀信仰重构表现了壮族民族文化主体意识的增强和布洛陀信仰的旺盛生命力及其对新的时代的调适能力。① 农冠品从巫文化的角度分析了麽经布洛陀灵感文化特质。② 李小文考证了麽经布洛陀文本的产生年代，探索了隐藏在宗教语言背后的"当代情景"及其所反映的社会变迁和地域文化特征。③ 覃彩銮分析了布洛陀神话的历史文化内涵。④ 熊远明从神话学的角度深入研究《布洛陀》所反映的壮族先民关于人类自身价值的肯定⑤、崇尚劳动的美德⑥和追求和谐宁静、向往安定和平的价值观⑦。岑贤安研究了布洛陀神格的形成发展演变过程和布洛陀文化体系的构成。⑧ 覃乃昌分析了《麽经布洛陀》中的稻作文化，认为布洛陀是华南珠江流域以稻作农业为代表的农业神。⑨ 丘振声分析了《布洛陀》中的图腾祭祀仪式。⑩ 卢敏飞根据布洛陀神话探讨了毛南族族源问题。⑪ 李艺将壮族布洛陀神话与瑶族盘瓠神话进行了比较研究。⑫ 凌春辉探讨了《麽经布洛陀》的壮族生态伦理意蕴。⑬ 潘其旭结合《麽经布洛陀》文本研究了壮族观念文化

---

① 牟钟鉴：《从宗教学看壮族布洛陀信仰》，《广西民族研究》2005 年第 2 期。

② 农冠品：《麽经布洛陀灵感文化特质初探》，《百色学院学报》2007 年第 1 期。

③ 李小文：《壮族麽经布洛陀文本产生的年代及其"当代情景"》，《中央民族大学学报（哲学社会科学版）》2005 年第 6 期。

④ 覃彩銮：《布洛陀神话的历史文化内涵》，《广西民族研究》2003 年第 4 期。

⑤ 熊远明：《人类自身价值的肯定——〈布洛陀〉价值观之一》，《民间文学研究》1994 年第 3 期。

⑥ 熊远明：《崇尚劳动创造的美德——〈布洛陀〉价值观之二》，《广西民族研究》1994 年第 1 期。

⑦ 熊远明：《追求和谐宁静，向往和平安定——〈布洛陀〉价值观之三》，《广西民族研究》1994 年第 2 期。

⑧ 岑贤安：《论布洛陀神格的形成及演变》，《广西民族研究》2003 年第 4 期。

⑨ 覃乃昌：《〈麽经布洛陀〉与华南珠江流域的稻作文化——〈麽经布洛陀〉与稻作农业史研究之一》，《百色学院学报》2008 年第 4 期。

⑩ 丘振声：《〈布洛陀〉与图腾崇拜》，《民族艺术》1995 年第 2 期。

⑪ 卢敏飞：《同饮一江水，都是岭南人——从布洛陀神话看毛南族族源》，载牟钟鉴主编《宗教与民族》（第 4 辑），宗教文化出版社 2006 年版。

⑫ 李艺：《多元聚合与同质叠加：布洛陀神话与盘瓠神话传承形态和功能演变之比较》，《广西民族学院学报》2004 年第 4 期。

⑬ 凌春辉：《论〈麽经布洛陀〉的壮族生态伦理意蕴》，《广西民族大学学报（哲学社会科学版）》2010 年第 5 期。

体系。① 徐赣丽从社会学、哲学的角度分析了《布洛陀经诗》的哲学意
蕴②、艺术特征③、壮族古代社会图景④、壮族民间信仰文化⑤和壮族先
民的社会教化准则⑥。卢静宝探讨了《麽经布洛陀》的生态审美特
征。⑦ 罗志发从性别哲学的角度研究了《布洛陀经诗》所蕴含的"伯乜
观"、⑧"阴阳合德"⑨ 和"男主女从"⑩ 等观念。麦思杰从《布洛陀经
诗》形成的历史背景和叙述结构着手，探讨了布洛陀信仰与宋明时期
左右江地区历史变迁的关系。⑪ 苏珊初步探讨了《布洛陀》所反映的治
理社会的哲学观念和道德观念，阐述了《布洛陀》对乐土的构想。⑫ 周
作秋分析了《布洛陀》史诗的创作与流传、布洛陀的形象以及史诗的
艺术特点。⑬ 李斯颖探讨了布洛陀经诗的英雄史诗母题及其文化内涵。⑭

---

① 潘其旭：《〈麽经布洛陀〉与壮族观念文化体系》，《广西民族研究》2004 年第 1 期。
② 徐赣丽：《壮族〈布洛陀经诗〉哲学意蕴初探》，《广西民族研究》1998 年第 2 期。
③ 徐赣丽：《壮族民间诗歌的优秀篇章——〈布洛陀经诗〉文化意蕴之五》，《广西民族研究》2000 年第 1 期。
④ 徐赣丽：《壮族古代社会的真实图景——〈布洛陀经诗〉文化意蕴之二》，《广西民族研究》1999 年第 1 期。
⑤ 徐赣丽：《多元浑融的壮族民间信仰文化——〈布洛陀经诗〉文化意蕴之三》，《广西民族研究》1999 年第 3 期。
⑥ 徐赣丽：《壮族先民以神谕人的社会教化准则——〈布洛陀经诗〉文化意蕴之四》，《广西民族研究》1999 年第 4 期。
⑦ 卢静宝：《依生之美与原始崇高：〈麽经布洛陀〉生态审美初探》，《今日南国》2008 年第 11 期。
⑧ 罗志发：《"伯乜观"：万物生成的独特阐释——〈布洛陀经诗〉的性别哲学研究之一》，《广西民族研究》2007 年第 2 期。
⑨ 罗志发：《"阴阳合德"：壮族传统文化的精华——〈布洛陀经诗〉的性别哲学研究之二》，《广西民族研究》2007 年第 3 期。
⑩ 罗志发：《"男主女从"：必须扬弃的等级观——〈布洛陀经诗〉的性别哲学研究之三》，《广西民族研究》2007 年第 4 期。
⑪ 麦思杰：《〈布洛陀经诗〉与区域秩序的构建——以田州芩氏土司为中心》，《广西民族研究》2008 年第 1 期。
⑫ 苏珊：《乐土的构想——壮族史诗〈布洛陀〉初探》，《广西民族研究》1988 年第 1 期。
⑬ 周作秋：《论壮族的创世史诗〈布洛陀〉》，《广西师范大学学报（哲学社会科学版）》1984 年第 4 期。
⑭ 李斯颖：《布洛陀经诗文本与母题浅析》，《广西民族研究》2007 年第 4 期。

谢荣征分析了布洛陀传说的艺术特征、文化内涵和社会价值。① 何思源②、谢多勇③、付晓霞④等人对《布洛陀经诗》或《壮族麽经布洛陀影印译注》的语言文化进行了研究。⑤ 陆莲枝则对壮族史诗《布洛陀》和英国《贝奥武甫》进行了比较研究。⑥

　　2002 年 6 月，那县"发现"布洛陀遗址之后，敢壮山布洛陀文化引起了学界的关注。中国社会科学院民族文学研究所于 2004 年创建了广西壮族布洛陀文化与口头叙事田野研究基地。该基地现已成为国内外专家学者和研究生到那县进行布洛陀文化田野调查的大本营。牟钟鉴认为："广西壮族布洛陀信仰属于原生型民族民间宗教性质，它的历史、文化和在当代的重建，在若干民族地区具有典型意义，很值得人们加以考察和研究。"⑦ 广西壮学学会覃乃昌等人 2003 年 2 月到那县进行田野调查的成果汇编《布洛陀寻踪：广西田阳敢壮山布洛陀文化考察与研究》⑧ 成为当地政府保护开发敢壮山布洛陀文化的基本依据。黄桂秋《壮族麽文化研究》⑨ 和《壮族社会民间信仰》⑩，梁庭望《壮族原生型民间宗教调查研究》⑪ 和时国轻在其博士论文基础上修改补充而成的《壮族布洛陀信仰研究——以广西田阳县为个案》⑫ 等均是立足田野调查，研究布洛陀民间宗教或民间信仰的重要专著。李斯颖对广西壮族布洛陀文化与口头叙事田野研究基地的管理、合作建设、资料共享的规范

①　谢荣征：《布洛陀传说研究》，硕士学位论文，广西民族大学，2009 年。
②　何思源：《壮族麽经布洛陀语言文化研究》，博士学位论文，中央民族大学，2007 年。
③　谢多勇：《〈布洛陀经诗〉中的古壮字和状语词汇》，《广西社会科学》2007 年第 1 期。
④　付晓霞：《〈壮族麽经布洛陀影印译注〉部分版本考》，硕士学位论文，广西大学，2007 年。
⑤　蒙元耀：《论〈布洛陀经诗〉的语言价值》，《民族语文》1995 年第 1 期。
⑥　陆莲枝：《壮英史诗〈布洛陀〉和〈贝奥武甫〉的审美特色对比及思维解读》，《社科纵横》2010 年第 2 期。
⑦　牟钟鉴主编：《宗教与民族》（第 4 辑），宗教文化出版社 2006 年版。
⑧　覃乃昌：《布洛陀寻踪：广西田阳敢壮山布洛陀文化考察与研究》，广西人民出版社 2004 年版。
⑨　黄桂秋：《壮族麽文化研究》，民族出版社 2006 年版。
⑩　黄桂秋：《壮族社会民间信仰》，中国社会科学出版社 2010 年版。
⑪　梁庭望：《壮族原生型民间宗教调查研究》，宗教文化出版社 2009 年版。
⑫　时国轻：《壮族布洛陀信仰研究——以广西田阳县为个案》，宗教文化出版社 2008 年版。

化问题进行了研究，①并结合田野调查分析了布洛陀经诗文本的母题及其文化内涵。② 朝德明调查了壮族群众布洛陀信仰和仪式，从人类学的视野，解析壮族布洛陀信仰习俗，③ 陈利敏、周浔闽考察了布洛陀民俗文化旅游节上的壮族民间歌舞。④

　　布洛陀已经成为壮族文化的象征符号⑤，敢壮山歌圩的建设是保护和传承布洛陀文化的理想载体。⑥ 刘亚虎认为壮族布洛陀文化是中国南方少数民族中以民族始祖神话为根基、渗透社会各方面的古老传统文化的典型，并探讨了布洛陀文化的发生、发展及价值。⑦ 2002年以来，那县敢壮山布洛陀文化旅游景区和布洛陀芒果风情园先后开发建设，现已成为百色地区重要的旅游项目。⑧ 徐赣丽将敢壮山布洛陀文化遗址作为民间信仰在学者和地方政府等努力下被置换成国家政府承认的人文始祖信仰和民族文化遗产的个案，探讨了布洛陀文化遗址建构过程中的各方力量及其背后的动机，指出民间信仰与国家正祀具有置换的可能。⑨ 蒋明智认为用非物质文化遗产的理念来看布洛陀信仰，有利于弘扬壮族精神，促进壮族经济社会的和谐发展。⑩ 黄桂秋认为布洛陀文化是壮族传统文化的核心和标志，追求和谐有序是布洛陀文化的精髓，应从抢救保护开发的角度打造布洛陀文化，为构建壮族和谐社会提供文化借鉴。⑪

---

　　① 李斯颖：《口头传统田野研究基地的建设与科学管理——以广西壮族布洛陀文化与口头叙事田野研究基地为例》，《社会科学管理与评论》2009年第2期。

　　② 李斯颖：《布洛陀经诗文本与母题浅析》，《广西民族研究》2007年第4期。

　　③ 朝德明：《田阳敢壮山歌圩与"布洛陀"文化考察》，《歌海》2008年第2期。

　　④ 陈利敏、周浔闽：《布洛陀民族文化旅游节考察日志》，《歌海》2010年第2期。

　　⑤ 王剑峰：《在象征与现实之间——壮族布洛陀信仰的人类学解析》，《云南师范大学学报（哲学社会科学版）》2005年第4期。

　　⑥ 李萍：《特色歌圩的建设与布洛陀文化的传承保护》，《江西科技师范学院学报》2006年第2期。

　　⑦ 刘亚虎：《布洛陀文化的典型意义和独特价值》，《广西民族研究》2005年第2期。

　　⑧ 韦善能、李红军：《田阳布洛陀芒果风情园通过全国农业旅游示范点验收》，《广西日报》2005年12月6日第3版。

　　⑨ 徐赣丽：《民间信仰文化遗产化之可能——以布洛陀文化遗址为例》，《西南民族大学学报（人文社会科学版）》2010年第4期。

　　⑩ 蒋明智：《〈布洛陀〉与壮族民族文化精神》，《广西民族大学学报（哲学社会科学版）》2008年第3期。

　　⑪ 黄桂秋：《布洛陀文化的保护开发与壮族和谐社会的构建》，《桂海论丛》2006年第5期。

吴德群也研究了布洛陀文化在壮族乡村和谐社区建设中的作用。[①] 彭谊以百色布洛陀民俗文化旅游节为研究对象,对传统地域文化的现代变迁以及官方、民间在民间文化转化过程中的相互关系进行了分析。[②] 刘大先从非物质文化遗产开发利用的角度,探讨了敢壮山布洛陀的神话塑造与文化创意。[③] 李建平认为在世界进入经济时代和文化多样性受到各国政府重视和保护的大背景下打造布洛陀品牌,必须提升和强化其核心竞争力,明确市场定位,制定产业推进实施要点,并依靠政府的大力推动,实现布洛陀文化品牌的提升和产业开发的成功。[④] 王春峰、黄国星认为那县敢壮山布洛陀信仰具有较高的宗教旅游价值。[⑤] 陈炜、张瑾也分析了布洛陀文化的旅游文化价值并提出了一些开发的对策建议。[⑥] 贺剑武等建议对百色布洛陀文化旅游资源实施保护性开发策略,实现非物质文化遗产保护与旅游经济发展的双赢。[⑦] 何颖分析了布洛陀民俗文化的特点、经济价值和社会意义,并提出了建设布洛陀民俗文化特色经济的若干对策。[⑧] 李忠提出了开发布洛陀文化资源,发展布洛陀文化产业的若干建议。[⑨]

因语言障碍、资料收集困难等原因,目前笔者仅见到《在太原省富良县及大磁县岱依族的农宗族一支来源的认定——他们在越南社会主

---

① 吴德群:《社会学视角下的布洛陀文化——对壮族乡村和谐社区建设的思考》,《广西民族研究》2009 年第 2 期。
② 彭谊:《传统地域文化的现代变迁:广西百色市布洛陀民族文化旅游节案例研究》,《百色学院学报》2008 年第 4 期。
③ 刘大先:《非物质文化遗产的生意——敢壮山布洛陀的神话塑造和文化创意》,《粤海风》2009 年第 2 期。
④ 李建平:《打造布洛陀文化品牌及其产业推进的思考》,《沿海企业与科技》2009 年第 2 期。
⑤ 王春峰、黄国星:《田阳敢壮山布洛陀信仰的宗教旅游价值》,《广西师范学院学报(哲学社会科学版)》2005 年第 2 期。
⑥ 陈炜、张瑾:《少数民族非物质文化遗产旅游开发 SWOT 分析及其对策——以百色壮族布洛陀文化为例》,《社会科学家》2009 年第 6 期。
⑦ 贺剑武、陈炜、黄玲芳:《广西壮族非物质文化遗产保护性旅游开发研究——以百色布洛陀文化为例》,《广西社会科学》2009 年第 4 期。
⑧ 何颖:《布洛陀民俗文化的特点与特色经济开发》,《广西民族研究》2005 年第 4 期。
⑨ 李忠:《田阳壮族布洛陀文化旅游开发研究》,硕士学位论文,广西大学,2008 年。

义共和国的发展》、①《中国壮人与越南侬人祖先祭祀习俗比较》、②《侬族与壮族的关系》、③《关于中国壮族和印度东北阿含人（泰含人）之间信仰的比较研究》、④《祖先崇拜：阿含人（泰含人）的宗教本质》⑤和《祖先的鼓文化》⑥ 等几篇来自越南、印度和缅甸的学者所写的与布洛陀文化有关的论文。但正如有的学者所言，布洛陀文化具有强大的凝聚力，中国西南、南方众多民族和东南亚地区的越南、泰国、缅甸、老挝等国的许多民族均信仰布洛陀。⑦ 笔者在那县田野调查期间遇到了一位来自新加坡国立大学人类学专业的博士研究生宋美小姐⑧，因为她为完成博士论文也研究布洛陀文化，所以曾与她结伴在那县进行田野调查。近两年来，宋美小姐数次深入那县调查，其研究布洛陀文化的博士学位论文也即将完成，笔者有理由相信这将是国外学者基于田野调查研究布洛陀文化的一项重要成果。

简要评论：国内外学者关于布洛陀文化的研究，主要是对《布洛陀经诗》文本的解读，关注的是布洛陀神格及其文化的本体特征，也就是把布洛陀文化看作是"文化产品"（布迪厄语）进行分析。虽然也有部分学者研究布洛陀文化保护的意义与产业开发的价值，但对布洛陀文化作为文化资源在保护与开发中的重构现象，也即关于布洛陀文化的生产与再生产的研究并不多见。

---

① ［越南］农红山：《在太原省富良县及大磁县岱侬族的农宗族一支来源的认定——他们在越南社会主义共和国的发展》，载广西壮学学会《2011 年布洛陀文化学术研讨会论文集》，2011 年，第 737—746 页。

② ［越南］阮氏安：《中国壮人与越南侬人祖先祭祀习俗比较》，载广西壮学学会《2011 年布洛陀文化学术研讨会论文集》，2011 年，第 757—764 页。

③ ［越南］黄南：《侬族与壮族的关系》，载广西壮学学会《2011 年布洛陀文化学术研讨会论文集》，2011 年，第 747—751 页。

④ ［印度］Sikhamoni Gohain Boruah：《关于中国壮族和印度东北阿含人（泰含人）之间信仰的比较研究》，载广西壮学学会《2011 年布洛陀文化学术研讨会论文集》，2011 年，第 752 页。

⑤ ［印度］Sangeeta Gogoi：《祖先崇拜：阿含人（泰含人）的宗教本质》，载广西壮学学会《2011 年布洛陀文化学术研讨会论文集》，2011 年，第 753 页。

⑥ ［缅甸］S. S. Aik：《祖先的鼓文化》，载广西壮学学会《2011 年布洛陀文化学术研讨会论文集》，2011 年，第 754 页。

⑦ 王光荣、黄鹏：《论布洛陀文化的凝聚力》，《南宁师范高等专科学校学报》2006 年第 2 期。

⑧ 宋美，女，泰国人，新加坡国立大学人类学博士研究生，宋美是其中文名字。

（二）文化重构现象研究

文化重构是人类文化的重要实践活动，是文化再生产的一种方式，文化重构与文化自我创造一样，成为人类实践的一种基本形式。近年来，中国文化重构现象不断发生，这引起了学术界的极大关切。关于民族文化重构的研究大致包括以下几个方面：

1. 关于文化重构内涵的研究

罗康隆认为，将一些有用的内容有机地置入固有文化之中，可以导致该种文化的结构重组和运作功能的革新，这种文化适应性更替就是文化重构。① 迟燕琼则认为民族文化重构一是民族文化内涵的重构和民族文化外延的重构。所谓内涵的重构，主要体现着新时期主流文化冲击下的民族文化自身发生着的各种变迁。包含了民族文化的扬弃与凝结、创新与发展、转型与消退、适应与淘汰、借鉴与吸收等诸多层面。二是民族文化外延的重构。即以什么样的姿态认识自身在现代文化体系中的方位。从而表现在民族文化丰富与多元、交流与融合、开放与吸取、自我与共存、中心与边缘等各个层次之中。三是重构的核心是广泛吸收其他民族甚至世界人类文化的优秀成果，而并非墨守成规，非要"原生态"。四是民族文化重构必须打破封闭的思想固守，大胆吸收借鉴，加强与其他民族的物质交流和文化信息交流，形成民族文化的互动文化圈。② 高丙中则以土族的饮食、服饰、信仰为例来阐释土族的民族文化重构。③

2. 关于重构方式和影响因素的研究

一些学者强调后殖民理论对于文化重建的价值。李文军认为后殖民理论在中国民族文化重建中的理论实践，首先要"各美其美"，即重视民族文化重建，弘扬民族文化势在必行；其次要"美人之美"，即心系民族性的同时，积极借鉴其他民族优秀文化成果，建立一种具有普世性的新文化。④ 关于其他重构方式，既有个案研究，也有理论分析。石甜

---

① 罗康隆：《族际关系论》，贵州民族出版社 1998 年版。
② 迟燕琼：《民族文化重构的生活化传承探析》，《新学术论坛》2009 年第 6 期。
③ 高丙中：《实例看土族文化的重构过程》，《中国土族》2003 年第 3 期。
④ 李文军：《各美其美　美人之美——民族文化重建与后殖民理论的实践意义》，《宁夏社会科学》2008 年第 11 期。

指出，云南黎族阿细支系利用祭火仪式来重构民族文化，从而达到族群认同的目的。[①] 何才等人认为，平武县白马藏族因其民族旅游业的发展，从而导致白马藏族的文化重构。[②] 李怀则认为中国文化转型的内在动因是制度的变迁，制度的变迁是导致文化重构的最主要的动力之一。[③] 肖青分析总结了引起少数民族村寨文化复兴与重构的原因：（1）族群内部自下而上的自发性文化复兴。重建山神庙、恢复原始宗教节日"密枝节"、重建摔跤场；恢复婚丧嫁娶的习俗。（2）引导性的文化复兴。政府积极参与对村寨文化重构活动，采用对民间仪式的征用，并按照政府的要求对仪式进行重构，在这一过程中，民众的反映是愿意被政府征用，因为征用一方面表现国家政府对他们文化的认可，同时也可以在一定程度上使他们的民族身份和社会地位得到提升。（3）旅游者即"他者"对仪式表演、服饰的要求，促使文化持有者们主动修正和重构仪式和服饰，以此来达到旅游消费者的要求。[④]

　　陈亚颦、马黎认为旅游中的舞蹈表演导致了民族文化的重构，并从旅游餐饮业、旅游的舞台艺术、旅游社区这几个维度来分析引起傣族舞蹈重构的因素。[⑤] 李琳琳认为从七夕到"中国情人节"是中国大众传媒导致的对传统节日的文化重构，并具体阐明了媒体在民族文化复兴过程中所起的作用。胡芳在对土族创世神话的发展脉络进行梳理后，得出结论：土族文化的重构是受多种文化影响后而导致的。[⑥] 刘彦认为可利用民众对神话的记忆来重构民族文化，并达到发展经济的目的。[⑦] 邢启顺认为，旅游对文化重构具有非常重要的作用。[⑧] 甘代军把民族文化重构

① 石甜：《阿细祭火：祭祀表演与文化重建》，《黑龙江史志》2009 年第 14 期。

② 何才、牛青：《民族旅游与民族文化重构——以平武县白马藏族为例》，《商业文化（学术版）》2007 年第 11 期。

③ 李怀：《制度变迁：文化转型的内在动力机制》，《甘肃理论学刊》2003 年第 1 期。

④ 肖青：《民族村寨文化的复兴历程——以云南石林月湖村撒尼人文化变迁为例》，《思想战线》2006 年第 6 期。

⑤ 陈亚颦、马黎：《西双版纳傣族民间舞在旅游中的消费与重构》，《经济问题探索》2007 年第 10 期。

⑥ 胡芳：《文化重构的历史缩影——土族创世神话探析》，《民族文学研究》2005 年第 4 期。

⑦ 刘彦：《山陕后稷神话的民间记忆与文化重构》，《宜宾学院学报》2007 年第 11 期。

⑧ 邢启顺：《旅游开发与乡土传统文化重构——旅游人类学视野中的乡土传统文化产业》，《贵州师范大学学报（社会科学版）》2005 年第 5 期。

的动力分为内源性和外源性两种，并认为旅游开发可以促进"内源性"文化重构。① 王良范分析了黔东南苗人的两次文化复兴的原因及其策略，指出黔东南苗族文化重构的手段分为"自我确认"和"他者确认"两种方式。② 陈昕关注艺术品在文化发展中的作用，认为它具有文化认同的功能，通过艺术品的销售，从而在一定程度上实现文化认同。③

3. 对重构所起作用的研究

赵德光将石林阿诗玛文化的创造性转型与重构作为少数民族地区现代化进程中的一个正在进行着文化转换与重构的典型实例，指出"在现代化进程中，少数民族文化生存、发展之路就是文化转型'重构'"，强调在重构中必须创造和构建起能够以未来为导向、以传统为基础、以文化的不断再生为核心的少数民族文化建设动力和平台，并提出了本土文化、汉文化、西方文化融合、转型的"三重变奏论"。④ 秦红增、万辅彬通过总结回顾铜鼓文化复兴的过程，以及在复兴过程中所起作用的主体，讨论了这种复兴对民间文化的保护所起的作用。⑤ 余梅、卯惠认为只有重新梳理或者建构新的节日仪式才能够使节日得以传承。在这里作者是把重构当作文化传承的一个手段来对待，所起的作用是工具性的。⑥ 持同样观点的还有明跃玲，她认为对民族文化的重构可以达到保护民族文化的目的，同样是把重构当作一种工具来对待的。⑦ 赵曦、吴天德认为重建羌族的建筑实质上也是羌族非物质文化遗产的重建，因为建筑中融入了太多的文化内涵，是文化内涵的承载体，对文化

---

① 甘代军：《文化自觉的动力——一个布依族村寨文化的审思》，《云南社会科学》2010 年第 2 期。

② 王良范：《文化复兴与文化认同——黔东南苗族文化的变迁与现代转型》，《贵州工业大学学报（社会科学版）》2005 年第 1 期。

③ 陈昕：《旅游艺术品的发展方向及其文化复兴功能》，《民族艺术研究》2002 年第 6 期。

④ 赵德光：《阿诗玛文化重构论》，中国社会科学出版社 2005 年版。

⑤ 秦红增、万辅彬：《壮族铜鼓文化的复兴及其对保护民族民间文化的启示》，《中南民族大学学报（人文社会科学版）》2005 年第 5 期。

⑥ 余梅、卯惠：《民族传统节日传播的文化重构和传承》，《黑龙江民族丛刊》2008 年第 5 期。

⑦ 明跃玲：《文化重构与民族传统文化的保护——以湘西民族旅游文化为例》，《中央民族大学学报（哲学社会科学版）》2007 年第 1 期。

内涵的挖掘、利用、建构实际上是对民族文化、非物质文化的一种保护。① 周丽洁也认为文化重构是保护非物质文化遗产行之有效的路径。② 关溪莹③、贾海薇④也是从把重构作为"工具"以及这种"工具"所导致的结果这个角度来谈的。王绍辉认为，民族文化具有积极性与负面性的双重性，所以要对民族文化实现重构，而重构民族文化的目的是为了推动经济和社会发展，因而需要大力输出民族文化。⑤ 邝梦雨认为，在现代流变中构建出新的结构、塑造出新的神话人物形象，实现了"打造新一轮精神救赎的可能"的目的；但在神话被重构过程中，应尊重其自身变化的规律。⑥

4. 对重构原则的研究

周传慧、李自然分析了西部大开发过程中少数民族文化重构的必然性、多元性、个体自愿性、长期性等特点，认为文化的变迁和重构是必然趋势，在文化重构、重建的过程中应该坚持自愿的原则，让各种文化的主人从多元的社会取向中自主选择取舍。⑦ 杨昌儒认为在民族文化重构过程中应该正确认识民族文化，重建必须打破封闭，重构必须以"我"为主，在重构过程中必须突出标志性文化。⑧ 孛·吉尔格勒则认为民族文化复兴抑或叫重构，其核心是创新。⑨ 阿拉腾认为文化复兴存

---

① 赵曦、吴天德：《毁灭性灾害后民族文化的再生与可持续发展——以理县休溪羌族建筑文化与非物质文化重建为例》，《阿坝师范高等专科学校学报》2010年第2期。

② 周丽洁：《非物质文化遗产与文化重构——以发展旅游背景下的湘西地区为例》，《求索》2010年第4期。

③ 关溪莹：《从女神崇拜到观音信仰——广州世居满族文化重构过程中的信仰变迁》，《宗教学研究》2006年第1期。

④ 关溪莹、贾海薇：《城市散杂居少数民族的融合与发展——广州世居满族文化重建过程中的人口变迁》，《社会科学论坛》2008年第8期。

⑤ 王绍辉：《略论民族文化的重构与输出——以广西文化为例》，《广西师范大学学报（哲学社会科学版）》2009年第6期。

⑥ 邝梦雨：《市场异化还是文化复兴——中国现代神话的重新选择》，《中外企业家》2010年第6期。

⑦ 周传慧、李自然：《论西部大开发中少数民族传统文化重构的特点》，《黑龙江民族丛刊》2003年第5期。

⑧ 杨昌儒：《民族文化重构试论——以贵州布依族为例》，《贵州民族研究》2008年第1期。

⑨ 孛·吉尔格勒：《创新是民族和民族文化复兴与发展的灵魂》，《前沿》2003年第2期。

在两个极端：一个是完全的"主位化"行动，另一个是文化仪式的表演，并以宁安的祭祀活动为例，描述了在祭祀活动中，行为者在主客位间不断变换角色，使其祭祀活动成为一个主位与客位行为的混杂体，成为一种有别于传统的第三种状态。这种由于行动主体具体文化活动所创造的第三种状态就是文化重构的产物。① 杨念群认为应从宏观层面上认识文化重建，在有意无意不断破坏"文化"的境况下谈重建是不切实际的，在破坏的背景下的重建反而会变成破坏。② 周毓华对 5·12 地震灾害后民族文化重构提出了建设性意见：整合现有文化资源，做好羌文化数据库建设工作；在灾后重建中体现羌族文化元素，尽快恢复羌族文化原貌；做好羌族民众的咨询，尊重其意愿，鼓励他们参与文化重建工作；开发与非物质文化遗产相结合的地震旅游资源，铭记与地震有关的历史；发挥当地高校的优势，提供必要的智力支持。③ 金功辉以民国时期"新生活运动"为例，研究了知识分子参与性重构和政府主导性重构两种模式。④

此外，国外学者关于文化重构的研究的代表作当推英国学者 E. 霍布斯鲍姆和 T. 兰格主编的《传统的发明》。霍布斯鲍姆指出，"被发明的传统"意味着一整套通常由已被公开或私下接受的规则所控制的实践活动，具有一种仪式或象征特性，试图通过重复来灌输一定的价值和行为规范，而且必须暗含与过去的连续性。⑤ 关于近期被发明的"传统"一个特别显著的例子就是与某种民族主义有关的苏格兰高地的传统。风笛、氏族格纹图案等最具有"苏格兰传统特色"的苏格兰高地部落的象征物，实际上是 19 世纪早期的产物。而这一传统是由乐于创造"苏格兰性"神话的那些人构造而成，其目的是使得这一传统能够

　　① 阿拉腾：《文化复兴运动中的第三种状态——以黑龙江宁安市依兰岗为中心》，《满语研究》2010 年第 1 期。
　　② 杨念群：《什么才是真正的"文化重建"？》，《读书》2010 年第 7 期。
　　③ 周毓华：《汶川大地震之后的羌族文化重建研究》，《西藏民族学院学报（哲学社会科学版）》2009 年第 5 期。
　　④ 金功辉：《民国时期中国文化重建的主体、目标、中介——新文化运动与新生活运动的比较研究》，《江苏教育学院学报（社会科学版）》2001 年第 1 期。
　　⑤ ［英］E. 霍布斯鲍姆、T. 兰格：《传统的发明》，顾杭、庞冠群译，译林出版社 2004 年版，第 2 页。

适宜地融入所谓的"不列颠王国"的整体文化语境中。这就给了我们一个提示:"那些我们视为穿越历史长河代代相传的传统,实际上可能是若干年前由某些受政治驱动的群体有意识地组合在一起的。"霍布斯鲍姆还指出,"发明传统本质上是一种形式化和仪式化的过程,其特点是与过去相关联,即使只是通过不断重复。……在我们看来,更有意思的是,为了相当新近的目的而使用旧的材料来建构一种新形式的被发明的传统。这样的材料在任何社会的历史中都有大量积累,而且有关象征和交流的一套复杂语言常常是现成可用的。有时新的传统可能被轻而易举地移植到旧传统之上,有时它们则可能被这样发明出来,即通过从储存了大量的官方仪式、象征符号和道德训诫的'仓库'中借取资源,如宗教和王侯的盛大仪式、民俗和共济会(它本身也是一种较早被发明出来的具有巨大象征力量的传统)。"① 其他民族的文化传统,诸如德国与意大利,同样也是由 19 世纪那些浪漫的社会精英利用政治之斧打磨而成的。②

简要述评:总体上看,虽然国内外学者对文化重构的内容、方式,重构导致的结果以及重构的原则等进行了较为深入的思考和探讨,但仍然存在一些不足:其一,研究多停留在重构现象的一般描述,对于民族文化重构的过程缺乏民族志记述;其二,对于文化重构行为的内在逻辑缺乏深入的理论分析。

二 研究的意义

(一)学术意义

(1)传统文化的当代重构是一个普遍的现象,特别是在文化产业发展背景下,这种重构已成为各地政府发展地方经济的重要手段。但这种文化重构仅仅是一种行为乱象,还是蕴含着其自身内在的逻辑?本书在田野调查的基础上,在对那县布洛陀文化的当代重构进行民族志描述的基础上,对民族文化在当代语境下重构的参与力量及其关系网络、参

---

① [英] E. 霍布斯鲍姆、T. 兰格:《传统的发明》,顾杭、庞冠群译,译林出版社 2004年版,第 6—7 页。

② [英] 戴维·英格利斯:《文化与日常生活》,张秋月、周雷亚译,中央编译出版社 2010 年版,第 83 页。

与重构的主体间资本的转换与交换过程中所采用的策略与体现的权力等问题进行分析，这有助于我们对民族文化重构的实践有一个明晰的学理认识。

（2）本书尝试应用布迪厄的实践理论来分析民族文化的当代重构现象，又以民族文化当代重构的实践逻辑反思布迪厄的实践理论，在理论上有助于我们深化对人类学实践理论的理解。

（二）现实意义

（1）布洛陀文化是壮族重要的民族传统文化。布洛陀口传史诗2006 年被列为第一批国家级非物质文化遗产。在壮族人民心中，"布洛陀"是创造万物之神，同时也是排忧解难的救世主。因而，在"文化经济"浪潮席卷人类的时候，至高无上的"布洛陀神"成为人们操弄旅游经济的最具活力的资本。本书对布洛陀文化当代重构的实践理性进行研究，有助于地方政府部门进一步认清和把握利用民族文化发展民族经济时应遵循的原则和规律，并在此基础上制定切实有效的"重构"策略、方针，避免行为上的乱象与对民族文化资源的过度开发。

（2）布洛陀文化具有很强的凝聚力，不仅我国壮族同胞信仰布洛陀，越南、老挝、泰国、缅甸等东南亚国家也有一些民族信仰布洛陀。近年来有众多来自东南亚国家的专家学者及民间人士到敢壮山参加祭祀仪式。本书对布洛陀文化的当代重构及其实践理性的研究在促进中国—东盟各国文化交流，增强中国—东盟各国人民的友谊方面有一定的积极作用。

（3）党的十七届六中全会提出文化强国战略，其内涵之一就是发展民族文化产业和保护民族文化。本书的研究可供有关部门制定民族文化产业开发与保护政策参考，促进民族文化开发与保护工作。

三　研究的主要内容与基本思路

（一）主要内容

全书除导论外，主要有六章，分三大部分。第一部分（第一章）主要论述了传统的布洛陀文化及其现代解构。这一部分详述了布洛陀文化的分布及其文化内涵，分析了布洛陀文化的现代解构表现。第二部分（第二章至第五章）主要依据田野调查资料对布洛陀文化当代重构进行

民族志表述。第二章以时间为"经线",空间为"纬线",详述布洛陀
文化当代重构的历程,回顾重构过程中所发生的重大事件以及影响重构
的关键人物。第三章主要描述了布洛陀文化的广场化重构,广场化重构
主要采用了文化表达的广场化、表现形式的艺术化、表现主题的集中化
等方式。第四章主要研究了敢壮山布洛陀文化的重构,重点描述了祭祀
空间与祭祀仪式的重构、布洛陀文化碎片的展示等。第五章重点描述了
布洛陀文化乐舞化重构现象。第三部分(第六章)为理论分析与总结
部分。这一部分利用布迪厄的实践理论,特别是布迪厄实践理论中的
"场域"、"惯习"、"资本"、"权力"等范畴,对布洛陀文化当代重构
的内在逻辑进行分析,并根据布洛陀文化重构的实践反思布迪厄实践理
论中的相关概念。

(二) 基本思路

本书研究主要采取"解构—重构"的内容表述思路和"田野表
述—理论分析"的分析思路。本书在田野调查资料、文献资料的基础
上,对那县布洛陀文化重构现象进行研究,旨在勾勒出布洛陀文化当代
重构全景图,并在此基础上分析总结文化重构的实践理性。在具体研究
中,把那县作为本书研究的田野调查点,参与布洛陀文化重构访谈的相
关人员,包括政府官员、媒体报道人、当地普通民众、布洛陀麽教麽公
以及参与策划重构的文化策划者等,系统搜集并整理重构过程中政府所
下发的文件资料、会议原始记录及其他文献资料,实地考察并分析被重
构的文化产品如敢壮山祭祀空间、布洛陀文化广场等。根据第一手田野
调查资料,用民族志表述方式,着力重现文化重构历程,呈现文化重构
的几种主要方式,最后借鉴布迪厄的实践理论分析那县布洛陀文化重构
中实践的内在逻辑。

四　研究方法与借鉴的理论

(一) 研究方法

本书主要采用田野调查与文献研究相结合的方法。田野调查是本书
获取研究资料的最主要方法。田野调查以访谈方法为主,主要访谈了本
书内容涉及的文化重构实践主体如政府官员、学界学者、旅游开发策划
的策划人、文化持有者等。书中还大量使用布洛陀文化产品策划方案、

会议记录、工作汇报、图片实景资料等。在对这些资料进行去粗取精、去伪存真后，提炼出那县布洛陀文化重构的时间线索以及重构所采用的具体方法手段，挖掘重构者重构文化的意图，以此勾勒出一幅民族文化当代重构的实景图。

由于本书研究的不是文化产品，而是文化生产过程，所以笔者在田野中所读到的是一本活生生的"人书"，描绘的是一幅当下语境的"文化重构的实践图像"。因此，本书力图使用新民族志或实验民族志的表述方式，客观真实地展示文化重构的过程及重构实践所包含的逻辑。

需要特别说明的是，本书中有部分访谈对象采用实名描述，并非不遵循民族学人类学学科需要技术处理报道人信息资料的学术惯例，而是在访谈过程中已征得报道人的同意后才在书中采用实名描述的方式。

（二）借鉴的理论

本书主要借鉴法国社会学家、人类学家布迪厄的实践理论，来解释壮族布洛陀文化当代重构现象。布迪厄一生著述极其丰富，共出版了50余部著作，其中最重要的有：《阿尔及利亚社会学》（1958）、《再生产》（1970）、《实践理论概述》（1972）、《论区分》（1979）、《学人》（1984）、《实践逻辑》（1990）、《实践理性》（1998）等。在这些著作中，布迪厄试图打破西方传统的主客二元对立的固定思考模式，建构一种"反思的社会人类学"，其实践理论主要包含在文化再生产、场域、惯习、资本与权力等几个核心概念之中（详见本书第六章）。

五　主要观点、创新与不足

（一）主要观点

（1）布洛陀文化是壮族传统文化的根基和核心，是壮族文化精神的集中体现。由于受到政治因素和现代化因素等多种因素的影响，布洛陀文化与其他民族文化一样在现代社会被解构，解构的基本形式表现为布洛陀文化系统的破坏与文化断裂、布洛陀文化的"解构阅读"与"解构记述"和建构的解构。

（2）布洛陀文化的当代重构是民族文化自觉、民间社会文化消费欲望的复苏、文化产业发展特别是文化旅游发展与商业利益驱动等多种因素综合作用的结果。文化重构在当代是对文化解构的反动，其在中国的普遍性说明文化重构的必然性。

（3）布洛陀文化的当代重构作为一种实践行为，有其自身的内在逻辑。其内在逻辑即其包含的理性不能简单地以经济人理性、社会理性、政治理性或文化理性中的某一种理性进行解释，它是一种综合并超越了各种理性特质的实践理性。布洛陀文化当代重构为我们呈现了一种布迪厄式的场域，在这种场域中，各类行动者的惯习、资本与权力得以充分地运用。而正是各类行动者惯习的表现，资本与权力的展演，各种力量的博弈，才维持了文化重构场域的存续。

（二）本书的创新之处

（1）在研究视角上，本书针对学界多关注布洛陀"文化产品"研究的现状，将研究领域拓展到布洛陀文化生产过程与重构实践研究。

（2）在观点上，本书应用布迪厄的实践理论解释布洛陀文化重构的内在逻辑。在此基础上，本书进一步尝试用布洛陀文化当代重构实践的田野资料反思布迪厄实践理论的相关概念。如针对布迪厄"文化再生产"的局限性，把文化重构看作是文化再生产的一种方式。本书认为，文化重构与文化自我创造一样，成为人类实践的一种基本形式。布迪厄的文化再生产的内涵不再局限于文化的自我创造，它还包括文化的重构。在此基础上，进一步提出"复合理性"的存在具有重要的学术价值。布迪厄提出场域的概念，其目的是反思"社会"概念的抽象性，但其场域概念太过具体，以致影响了这一概念的解释力。从布洛陀文化重构实践的具体事实中，我们看到了一个比布迪厄场域要大，比社会要小的社会关系的网络或社会空间，这就是复合场域。这一复合场域，也可称为社会的中层结构。同时，我们不能简单地将布洛陀文化重构的实践理性归结为某一种理性，特别不能将其归结为如布迪厄所言的象征性实践理性，它是在复合性的场域中展现出来的"复合理性"。正是这种"复合理性"使我们发现了当代文化重构实践的内在运行逻辑。

（三）本书的不足之处

（1）由于本书是关于文化重构实践的研究，田野表述是一种挑战。尽管本书尝试用新民族志或实验民族志的方法进行表述，但由于对这一方法驾驭能力有限，因而在表述方面仍有许多不足。

（2）本书虽尝试提出社会的中层结构、复合理性等概念，但对这些概念未能进行进一步的学理阐释。

六 田野经历

2003—2006 年，我在中南民族大学文学院攻读硕士学位，研究方向为中国少数民族语言文学与文化，在完成学位论文《中国"天梯"神话与巫文化研究》时第一次与壮族布洛陀神话"亲密接触"。由于研究视角等原因，我当时只阅读了几则零散的布洛陀创世神话，摘录了一些自己需要的素材便匆匆作罢，未曾深究其意。2009 年我又回到母校民族学与社会学学院攻读民族学博士学位，因选定的研究方向为民族文化与文化遗产保护，故在学习中得以知晓布洛陀口传史诗已成为第一批国家级非物质文化遗产，且名列第一类民间文学第二位。2010 年 5 月22—24 日，我跟随学校文学与新闻传播学院何红一先生、李庆福先生一起赴广西金秀大瑶山参加"全国瑶族文化高峰论坛"学术研讨会。会议结束后，我陪同何红一先生到南宁调研，在与广西壮族自治区文化局、民族博物馆、文联以及南宁市文化局等有关单位和部门的同志接触的过程中得知那县发现了壮族始祖遗址，近几年来举办布洛陀民俗文化旅游节活动时每年都有上十万人参加，规模宏大，盛况空前，还有不少旅居国外的壮族同胞专程回国祭祖，影响深远。

对此，我感到非常惊讶，同时也有些疑惑。因为在我的印象中，布洛陀就是一位神话人物，和其他民族的创世神话中的人物大同小异，似乎没有什么特别。在当今全球化语境下，布洛陀信仰作为一种古老的祖先崇拜形式，竟然在壮族现代化的进程中开始复兴，甚至还有国外壮族同胞回乡祭祀布洛陀，这种现象的确十分罕见，其中的原因究竟是什么呢？如今各地的"伪民俗"、"伪遗产"也时有耳闻，难道布洛陀也是其中之一？许多被人们视为历史悠久、世代相传的传统，实际上是在一百多年前由某些受政治驱动的群体有意识地组合在一起的。或许如同风笛、氏族格纹图案等被一些创造"苏格兰性"神话的人在 19 世纪早期构造成苏格兰高地部落最具有"苏格兰传统特色"的象征物一样，"布洛陀"也是一种被发明的"传统"？客观地说，19 世纪正是作为一个社会的现代性开始成熟的时期，也正是民族神话开始萌芽的时期，在这一时期中，那些永远象征和表达某个"民族"力量和美德的"原生"

文化被文化精英们颁布出来，并为大众所接受，在那个充斥着变动不居和都市疏离感的语境下，渴求某种历史及稳定又连续的感觉。① 难道那县布洛陀也是一个与民族主义有关的文化用具？难道是当地为了发展文化旅游产业，由一些壮族文化精英"创造"出来的"民族文化神话"？如果是为了迎合游客旅游的需要，那么布洛陀将不可避免地被商业化和商品化，当地的经济及社会关系也很可能会发生不可逆转的变化，进而导致布洛陀文化生态环境改变，作为国家级非物质文化遗产，布洛陀还能保持其"本真性"吗？……问题一个接一个涌现出来，但我一时无法回答自己。于是，在结束调研返回学校之后，带着许多疑问，我立即开始查阅相关文献资料，首先借助媒体报道及时国轻的博士论文《广西壮族民间信仰的恢复与重建——以田阳布洛陀信仰研究为例》了解了那县布洛陀文化重构的大概情况，同时还对学界关于布洛陀文化研究的情况进行了梳理，基本掌握了当前布洛陀文化研究的概况。

2010 年 7 月 28 日，为了进一步了解那县布洛陀文化重构历程的有关情况，我带着许多疑问，遵循壮族先民的教诲——"去问布洛陀，去问姆六甲"——前往那县进行第一次田野调查。这次调查还有一个主题，那就是完成我向学校研究生部申报的关于布洛陀文化旅游现状调查的课题，后来此次田野调查报告还获得学校研究生科研创新优秀成果奖，这也鼓舞了我继续研究布洛陀文化的信心。第一次田野调查从 2010 年 7 月 28 日开始，直到 9 月 16 日才结束。由于有之前陪同何红一先生在南宁调研的基础，我首先在朋友帮助下找到了最早报道那县发现布洛陀文化遗址消息的南宁日报记者谢寿球，并在谢寿球和南宁市艺术研究所所长梁肇佐陪同下前往那县。在他们的介绍下我认识了那县敢壮山布洛陀文化旅游工作领导小组主任谈洁和那县旅游局局长、书记、副书记等政府官员。此次那县之行的另一收获是看了已被论证为是布洛陀文化遗址的敢壮山，从景区的牌坊大门，到神道两边的图腾像到祭祀广场、香火道、将军洞、姆娘岩（又作"母娘岩"）、祖公祠，那县旅游局长罗朝快都进行了较详细的介绍。三天后我们返回南宁，我用一周的

① ［英］戴维·英格利斯：《文化与日常生活》，张秋月、周雷亚译，中央编译出版社2010 年版，第 83 页。

时间进一步梳理了自己对布洛陀文化重构这一文化事象的认识，再次细化了田野调查的方案，并到广西区图书馆、民族博物馆和南宁市文化局、艺术研究所等单位查阅了相关文献资料。8月10日，我只身重返那县，并向那县县委办公室递交了学校研究生部出具的介绍信和我个人关于请求那县有关部门协助解决十项田野调查项目的申请。当天下午，那县分管领导即批示："1. 请县委办公室协调相关单位开展工作；2. 请布洛陀研究会全程陪同其调研；3. 请县接待办负责安排食宿。""通关文牒"在手，田野调查自然是顺风又顺水，在那县旅游局，我得到从2002年到2010年以来的布洛陀民俗文化旅游节的工作安排、工作总结、情况汇报等资料；在布洛陀文化旅游开发领导小组办公室，我用相机拍下几百张照片，这些资料分为两类：一部分为政府下发的关于布洛陀文化旅游开发的文件；另一部分为参与旅游开发的各工程小组的工作汇报。这些文件资料中还有很多政府领导的批示意见，从具体内容来看涉及景区基础设施的进度、面临的困难和工程的进度，还有工程所需资金预算表、资金筹措的方式，因工程占用田地、毁坏的庄稼而引起的与当地群众之间纠纷的情况说明请示报告解决方案等等。这些资料有助于我更深入地接近情景，看清"当时的月亮"。

2010年夏天的那县之行正逢农历七月十四壮族"鬼节"，也叫"七月半"或"七月节"。壮族民间传说，人死后都变成鬼上天去了，归"天上"管，每年七月初七至十五才得"放假"回人间"探亲"。由于汉族也有过中元节的习俗，于是我特意留心观察了那县县城及敢壮山附近村民过"鬼节"的情况。我发现许多人家都在农历七月十三之前就已经做好大扫除，将桌、椅、板凳、餐具以至香炉、灯盏等祭拜的用具清洗干净，准备好纸、猪肉、酒、糖果、饼干、水果等供品，有的人家还准备了用纸做的房子、衣服、元宝等。七月十四是祭拜"家鬼"，很多人家天亮之前就已聚餐了。七月十五晚上是"送祖"，要烧化备好的纸供品，让祖先带去享用。七月十六则是走亲戚的日子，出嫁的女儿，这一天都要回娘家省亲，有小孩的还要带上孩子。据敢壮山附近村民介绍，"鬼节"在壮族地区是仅次于春节的大节，不管富贵贫贱，都要割肉宰鸭，隆重祭拜祖宗。这种浓郁的祭祖、酬神、侍鬼的气氛使我感觉到生活在那县这块土地上的壮族群众拥有一种对鬼神的崇拜、对祖先的敬重与缅怀的"惯习"。这种现象与布洛陀有没有某种关联呢?

带着田野调查的收获——许多资料和一些新的问题,我结束了第一次那县敢壮山田野调查。返校后,我认真整理了田野调查的资料,撰写关于那县布洛陀文化旅游状况的调查报告,并再次梳理了布洛陀文化的研究状况,反复思考自己关于布洛陀的一些问题。最后,我认定正在那县上演的是一场壮族布洛陀文化当代重构的"大片",从文化重构的角度研究布洛陀文化具有一定的学术价值和现实意义,而且目前尚没有这方面的专题研究成果问世。于是,我便打算以此作为自己博士学位论文的选题方向。在征得导师柏贵喜教授的同意后,我即开始准备开题报告和下一阶段的田野调查计划。

2011年1月20日,我在那县进行了第二次田野调查。其间,还三次到南宁拜访广西壮学学会、广西民族研究所、广西民族大学、广西师范学院的一些壮学专家,专程请教或访谈一些问题。此次调查,那县有关部门还是一如既往地热情接待和支持,给予我许多帮助。在中国社会科学院民族文学研究所广西壮族布洛陀文化与口头叙事田野研究基地,我先后两次拜访罗汉田先生,向他请教许多问题。罗先生不厌其烦,耐心讲解,让我受益匪浅。赵明龙先生介绍来自新加坡国立大学的人类学博士研究生宋美小姐(泰国人)与我认识。由于我们的调查对象都是布洛陀,于是先后三次结伴下乡调查。此次在那县期间,除了在敢壮山及附近村庄进行重点调查外,我还到那县玉凤镇、田东县和百色市调查,走访了50多户村民、10多位乡村干部和中小学教师、20多名麽公巫婆和30多名歌手,同时还重点访谈了那县人大常委会原副主任、博物馆馆长黄明标先生和布洛陀非物质文化遗产国家级传承人黄达佳先生等人。在南宁,我先后拜访了中央民族大学原副校长、著名壮学专家梁庭望先生,广西壮学学会覃乃昌先生、赵明龙先生,广西民族文化艺术研究院的廖明君先生,广西民族大学的李富强先生,广西师范学院的黄桂秋先生等人,通过请教或访谈广西本土的壮学专家们,我对布洛陀文化及布洛陀文化当代重构的历程有了进一步的认识。

2011年4月8日至5月9日,我第三次到那县调查。其间,我参加了4月9—11日在那县敢壮山举行的2011年百色市布洛陀民俗文化旅游节和广西壮学学会举行的2011年布洛陀文化学术研讨会,也可以说是一次"身临其境"的调查。祭祀大典的盛况让我至今记忆犹新，上山的道路上摩肩接踵，整个敢壮山更是人山人海，空气中弥漫着浓浓香火味，每一个来敢壮山的壮族同胞都要到祖公庙烧香祭拜，还有人唱歌颂扬祖公和姆娘。

2011年10月1日至11月2日，我第四次到那县调查。此次主要是解决前三次调查之后发现的一些尚未调查或调查尚不清楚的问题，因而走访的都是之前已经打过交道的"熟人"，自然是十分顺利。从那县返校途中，我在南宁市先后访谈了南宁国际民歌艺术研究院院长彭洋先生和"发现"敢壮山布洛陀古居的古笛先生，详细了解了2002年当时"发现"敢壮山布洛陀古居以及"发现"之后的策划运作的有关情况。

2011年12月5—15日，我与同学在导师柏贵喜教授带领下前往广西南宁、桂林、靖西等地进行壮族民间艺术调查，并参加了12月9—11日在广西民族大学举行的中国人类学民族学2011年年会。12月7日从百色市靖西县返回南宁，中途在那县停留了一天半。此次在那县时间虽然很短，但是因为有导师亲临现场指导，我再一次细读了广场化的布洛陀文化、重构的布洛陀祭祀空间，并将心中一些"碎片化"的东西联结在一起，进一步明确了本书的研究思路和方法。

七　关于那县

（一）那县之名

"那"［na²］（或"纳"），即壮、傣、布依等民族语言中的"水田"之义①。壮族是珠江流域的土著居民，也是我国最早创造稻作文明的民族之一。根据1978—1980年广西农业科学院组织188个单位协作普查野生稻的调查结果，在北纬21°28′—25°11′5″、东经106°21′—110°50′的广大区域都有野生稻生存，特别是广西中、南部最为集中。② 壮族先民在长期采集野生稻谷的过程中，逐渐认识了其生长规律，最终成功地将野生稻驯化为水稻，并形成了极具特色的壮族稻作文化——"那"文化。"正月犁耙田，二月修田基，三月播谷秧，四月插秧时，五月祭

① 覃乃昌：《那文化圈论》，《广西民族研究》1999年第4期。
② 何兆雄：《史前农业研究的道路》，《史前研究》1985年第1期。

田魂，六月耘田去，七月禾怀胎，八月穗出齐，九月早开镰，十月湿谷到屋里，十一月干谷进了仓，腊月里做糍给娘吃。"① ——这首《种稻谣》叙述了一年四季十二个月稻作生产的情况，至今仍在广西各地农村广为流传。正如张声震所言，"壮族及其先民在长期的历史发展过程中，形成了一个据'那'而作，凭'那'而居，赖'那'而食，靠'那'而穿，依'那'而乐，以'那'为本的生产生活模式及'那'文化体系。"②

壮泰语系的民族地区就有许多地名都冠以"那"或"纳"字，其特点是以各类田的俗称作为标志，采用类名加专名的办法，构成以"那"、"纳"字起头的"齐头式"地名，如那坡、那马、那板、那龙等。徐松石先生在《泰族壮族粤族考》中写道：

> 广东台山有那扶墟，中山有那州村，番禺有都那，新会有那伏，清远有那落村，高要有那落墟，恩平有那吉墟，开平有那波朗，阳江有那兵，合浦有那浪，琼山有那环，防城有那良，广西柳江有那六，来宾有那研，武鸣有那白，宾阳有那村，百色有那崇，邕宁有那关，昭平有那更，平南有那历，天保有那吞，镇边有那坡。这那字地名，在两广汗牛充栋。③

据统计，1988年《广西壮语地名选集》收录的壮语地名占广西壮语地名总数的8%，其中含"那"、"纳"地名872条，占收录壮语地名总数的15.8%。④ 今天，如果我们仔细查看中国地图，特别是广西、广东、云南等省区的行政区划地图，就会发现在珠江水系流经的地带，分布着许多冠以"那"或"纳"字的地名，其中又以广西的左右江流域、邕江流域和云南的文山壮族苗族自治州最为密集。仅就广西左右江流域

---

① 中国民间文学集成全国编辑委员会、中国歌谣集成广西卷编辑委员会：《中国歌谣集成·广西卷》，中国社会科学出版社1992年版，第41页。

② 张声震：《〈壮学丛书〉总序》，载廖明君《壮族自然崇拜文化》，广西人民出版社2004年版。

③ 徐松石：《徐松石民族学研究著作五种》，广东人民出版社1993年版，第317—318页。

④ 张声震：《广西壮语地名选集》，广西人民出版社1988年版。

的那县而言，根据那县 2005 年行政区划，其所辖的 7 个镇、3 个乡中以"那"命名的就有"那坡镇"和"那满镇"，县城所在地田州镇更是直接以"田"为名，冠以"那"字的还有"那塘"、"那芘"、"那驮"、"那坡街"、"那音"、"四那"、"那江"、"那峨"等 9 个行政村。此外，那县还有"六合"、"六惠"、"六联"等 3 个带有"六"字的行政村，这些地名也是壮族称有溪河的谷地的汉字记音，都是耕作稻田的地方。据那县人大常委会原副主任、博物馆馆长黄明标调查统计，仅敢壮山周边五个乡镇以"那"字冠名的地名就多达 93 个。[①]

鉴于"那"与"田"的关系，"那"字地名包含了壮族稻作文化的深刻内涵，烙上了壮族先民的历史记忆，是生于斯长于斯的壮族民族共同体的鲜明标记，且学界也有命名"江村"[②]、"岳村"[③] 等先例，为突出本书田野调查地点——壮族始祖布洛陀遗址所在地——广西壮族自治区田阳县的"那"文化特点，本书将田阳县称为"那县"。同时，"那"在汉语中与"这"相对，"那县"又似有人类学研究"他者"的深意。

需要特别说明的是，为行文方便，除注释所用的书籍名称外，其他诸如新闻媒体报道、政府文件、书籍引文、访谈记录等涉及"田阳"或"田阳县"的内容一律使用"那县"表述。

（二）神秘的那县

那县位于广西壮族自治区西部，右江河谷中部，地理坐标为东经 106°22′14″—107°8′32″、北纬 23°28′20″—24°6′55″（见图 1）。县城田州镇距自治区首府南宁市 228 公里，距百色市 38 公里。全县总面积 2394 平方公里，东西最大距离 43 公里，南北最大距离 117 公里，有平原台地、丘陵、山地三种地形。

1. 那县的自然

那县境内主要山川自西北向东南延伸，总的地势为南北高、中间低、东西狭、南北宽。右江自西北向东南横过那县中部，沿河两岸成一狭长形河谷平原，河谷南北为石山区和土山区两种截然不同的地貌类型，

---

① 黄明标：《敢壮山布洛陀文化圈之成因》，载牟钟鉴主编《宗教与民族》（第 4 辑），宗教文化出版社 2006 年版，第 290 页。

② 费孝通：《江村经济》，内蒙古人民出版社 2010 年版。

③ 于建嵘：《岳村政治：转型期中国乡村政治结构的变迁》，商务印书馆 2001 年版。

图1　那县的百度卫星地图

素有"两山一谷"之称。最高山峰丁农山海拔 1250.8 米,最低海拔250 米。全县有大小河流 12 条,右江是主干河,自西向东流经 6 个乡镇。全县总面积 359.07 万亩,其中林业用地 133.35 万亩,占 37.14%;果园用地 16.6 万亩,占 4.62%;农业用地 77.92 万亩,占 21.70%;木业用地 37.05 万亩,占 10.32%;水域 9.25 万亩,占 2.58%;其他用地84.97 万亩,占 23.66%。

那县境域地貌大致可分为三大区域:中部河谷平原区总面积573530 亩,占全县总面积的 15.97%,海拔在 200 米以下,地势平缓开阔,土地肥沃,光热充足,水利条件好,四季可耕,适宜种植粮食、甘蔗、水果、蔬菜;北部土山区属都阳山脉南麓,为丘陵、低山、中山地貌,地势从与巴马交界处自北向南倾斜,山脉走向以近南北向为主,次为北西向和北东向,海拔 200—600 米,总面积 868955 亩,占全县总面积的 24.20%,土壤成土母质多为砂页岩,利于发展林牧业;南部山石区属摩天岭山脉北坡,山脉以北西向为主,次为北东向和近南北向,地

势从北向南倾斜，直至河谷平原，海拔 500—1000 米，总面积 2148245
亩，占全县总面积 59.83%，地面山峰林立，地下溶洞较多，地表水渗
漏严重，地下暗河深埋，易旱易涝，粮食生产条件差，适合发展林牧业
及多种经营。

那县临近北回归线，属低纬度亚热带季风气候，冬暖夏长，光照充
足，无霜期长达 307—352 天，适宜发展水果生产和冬季农业生产。年
平均气温 18℃—22℃，中部右江河谷地区气温最高，往南、北山区两
侧气温则逐渐降低，1 月和 7 月分别是该县最冷、最热月。4—9 月是雨
季，雨量占全年的 75% 以上，降水比较集中，常发生局部洪涝灾害。
秋、冬、春三季雨水稀少，经常发生旱灾。

那县自然资源丰富。全县土地资源面积 359.07 万亩，水资源总量
为 12.4 亿立方米。农业作物种类多，有麦类、稻谷、薯类、玉米、豆
类等粮食作物和木薯、蔬菜、甘蔗、芝麻、花生等经济作物。那县有植
物资源 900 多种，包括龙眼、油茶、八角、芒果、竹子、柑橘、油桐、
荔枝、橙、扁桃、梨、板栗等。云耳、香蕈、菇类、田七、茶油、桐
油、八角油、核桃是那县有名的土特产。那县被誉为"中国芒果之
乡"，全县有芒果园 20 万亩，是中国三大芒果生产基地之一。那县蔬
菜种植面积达 20 万亩，是广西新兴的南菜北运基地，每年向全国 28 个
省 100 多个城市提供西红柿、四季豆、青椒及瓜类等 40 万吨以上。那
县有褐煤、石油、铝土矿、大理石、石灰石、水晶、金、锑、锰、硫铁
矿等矿产资源，其中褐煤、石油、铝土矿、大理石等储量具有一定
规模。

2. 那县的人文

学界一般认为壮族是岭南地区的原住民族，百色右江河谷地区是壮
族的发祥地之一，同时也是我国古人类发源地之一。经考古发现，分布
在百色盆地右江沿岸长 100 余公里、宽 15 公里的旧石器文化遗存到目
前为止仍是岭南地区最早的古人类文化遗存。1973 年 10 月，中国科学
院古脊椎动物与古人类研究所及广西博物馆文物工作队等单位组织的联
合调查队，在百色盆地进行古生物考察时，最早发现了百色上宋村遗

址。[①] 此后，那县和平果、田东、百色和田林等地又先后发现旧石器地点多处。截至目前，百色盆地共发现旧石器遗址 83 处。其中，遗物比较丰富的那县乡（村）镇有公娄、明光村、漱奎村、百峰、那坡、二塘、红坡岭、三雷、百育、四那、治塘村等。2000—2006 年，百色旧石器时代遗址共发掘了 18 处，出土文物 1 万多件。尤其是 2005 年为配合南宁—百色高速公路修建，开展了大规模的考古发掘，发现了大量的旧石器，再度发现了百色手斧与玻璃陨石共存于一个地层的资料。1999—2000 年，中国科学院与美国史奈森研究院国立自然博物馆组成联合考察队，确立了石器与陨石的共存层位，并将科学采集的标本送到美国伯克利地质年代学中心运用氩/氩法（40AR/39AR）进行测定，得出最权威的同位素年龄为 803000（±3000）。2000 年 3 月 3 日，美国《科学》杂志第 287 卷 5458 期发表《中国南方百色盆地中更新类似阿舍利的石器技术》一文，公布了伯克利地质年代中心测试百色旧石器的时代结果，并破例以百色旧石器作为该杂志封面图片。百色旧石器仍是迄今为止东南亚地区年代最早的石器工业，它的产生和发展对研究东南亚早期石器文化具有十分重要的意义。百色手斧文化的发现，充分反映了东方人的智商和文化并不比西方人落后，也具有同样的行为和技术能力创造东方的手斧文化。

目前，那县境内已发掘的旧石器遗址主要有：

（1）那赖遗址（位于田州镇兴城村那赖屯），2004 年在地表发现手斧、砍砸器等旧石器时代文物，现收藏于那县博物馆；2005 年广西考古研究所发掘发现了大量的石器、手镐、手斧、玻璃陨石等文物。新、旧石器地层叠压明显，新石器地层是一处新石器加工场地，有许多石器半成品和石料等。旧石器文化堆积年代大约在旧石器时代初期。

（2）那满遗址（位于那满镇那满中学背后），2005 年由广东省考古所发掘，发现石核、石片、砍砸器、刮削器、尖状器、薄刃斧、石锤等文物，遗址年代大约在旧石器时代初期。

（3）那哈遗址（位于那满镇治塘村塘例屯东约 500 米的那哈山上），2005 年发掘出的遗物有砍砸器、尖状器等，遗层可分为四期，自

---

① 李炎贤、尤玉柱：《广西百色发现旧石器》，《古脊椎动物与古人类》1975 年第 4 期。

旧石器时代早期至新石器时代晚期，遗址年代大约在旧石器时代初期。

此外，还有位于坡洪镇洪圩东北面狮子山上的敢来洞遗址和位于坡洛村东南5000米的一土岭西南面的坡洛遗址等。根据那县境内的考古发现，完全可以确定在距今803000（±3000）年前那县就有远古人类生活，那县是人类发源地和壮民族的文化发祥地之一。

那县古为百越地。秦始皇二十六年（公元前221年），秦在岭南设桂林郡、南海郡和象郡，今那县属象郡。汉武帝时始置增食县（今那县境），初属南越国。汉武帝于元鼎六年（公元前111年）平定南越国后，增食县隶交州郁林郡，县治所在今那县境。三国时，增食县属吴，仍归郁林郡地。晋初不变。晋大兴元年（318年），增食县改名增翊县，隶晋兴郡，县治所在今那县境。南北朝，增翊县隶南定州晋兴郡。隋朝，今那县属郁林郡宣化县辖地。唐朝，开元元年（713年）始置田州。天宝元年（742年）改田州为横山郡。乾元元年（758年）复为田州，领有都救、惠佳、武龙、横山、如赖五县。今那县之部分地域属岭南西道田州横山县地（县治所在今田东县），部分属邕州地（今那县境西部和西南部）。五代十国，今那县先属楚国，周太祖广顺元年（951年），改隶南汉国辖地，属南汉之宜州。宋朝，皇祐五年（1053年），始置奉议州和勘州，均为羁縻州制。奉议州治所在今田州镇兴城村那赖屯，因地形酷似桃果，故又名"桃城"。勘州州治设于今百峰乡百峰村，初属右江道镇安军民宣抚司，后改隶广南西路邕州管。元朝，升田州为田州路，撤勘州，其地归来安路。奉议州为广西行中书省田州路所辖。明朝，洪武二年（1369年），改田州路为田州土府，来安路亦改为来安府，奉议土州并入来安府。洪武年间，田州知府岑伯颜将田州府治所（今田东县境）迁至来安府（今那县境）。七年复置奉议土州，同时将治所从那赖屯迁至发祥屯（今兴城屯），直隶广西布政使司。十七年废来安府，并入田州府（府治在今那县境）。二十八年，奉议州改为卫。建文二年（1400年），罢卫复置州。天顺七年（1463年）改奉议土州为奉议流官州判。嘉靖六年（1527年），降田州土府为田州土州，奉议州改隶思恩府（府治在今武鸣县境）。清朝，雍正七年（1729年），奉议州改隶镇安府（府治在今德保县）。乾隆七年（1742年）始置阳万土州判，治所在今百峰乡，隶思恩府。光绪元年（1875年），田州改土归流后，其地分别划归奉议州（今那县）、百色同知（今百色市）和恩隆县（今田东县）管辖，其中中田里归奉议州。二年，改奉议州为简缺知州。五年复称奉议州。阳万土州判于同年改为恩阳州判，为百色直隶厅所辖。奉议州治及归属不变。民国元年（1912年），废州改县，今那县置奉议县和恩阳县，奉议县治所在今兴城村，恩阳县治所在今百峰村，均属田南道辖地。民国十三年6月，县知事曾伯龙将奉议县治所迁至田州镇，为第六区（治所在今德保县）辖地。恩阳县隶属第五区（治所在今百色市）。1929年12月11日，邓小平、张云逸等发动百色起义，建立红七军，在恩隆县平马镇建立苏维埃政权——右江苏维埃政府，辖右江沿岸各县。奉议县苏维埃政府于同年12月15日在田州镇成立，下辖田州区、百育区、那满区、仑圩区（部分属今田东县）、百武区（今头塘镇）和田州镇6个区（镇），51个乡苏维埃政府。恩阳县苏维埃政府于1930年1月成立，下辖那坡镇等6个乡镇苏维埃政府。

1930年10月，红七军主力离开右江根据地，所辖政区建置自然消失。民国二十四年奉议县和恩阳县合并为那县，县城在那坡镇，属百色行政监督区。1949年12月5日那县解放，解放后沿用那县名。1950年属广西百色专区。1954年县治所迁至田州镇。1970年隶属百色地区行政专员公署，2002年百色撤地建市，那县属百色市至今。①

那县现辖田州镇、那坡镇、坡洪镇、那满镇、百育镇、玉凤镇、头塘镇、洞靖乡、巴别乡、五村乡等7镇3乡。根据百色市2010年第六次全国人口普查主要数据公报，② 那县总人口为33.83万人，其中壮族人口占89%以上。那县的土著民族是壮族，境内还有汉族、蒙古族、苗族、瑶族、满族、彝族、黎族、傣族、回族、布依族、白族、侗族、高山族、仫佬族、羌族、土家族、毛南族等民族分布，构成了以壮族为主体，壮、汉、瑶等民族杂居的民族大家庭。境内各族群众信仰的宗教主要有壮族麽教、师公教，基督教信众约数百人。明朝洪武年间（1368—1388年），田州镇隆平村一带先后建成玉皇阁、城隍庙、三宝

---

① 覃绍宽、陈国家：《田阳县志》，广西人民出版社1999年版，第1—2页。

② http：//ishare. iask. sina. com. cn/f/17784577. html？from＝like.

庙、百府庙、华光庙、关帝庙、三阶庙、魁星楼、精忠庙、玄武庙、龙神庙。田州镇兴城村（原旧城街）曾建有孔圣庙、观音庙、城隍庙、圣母庙和关帝庙，后因年久失修，在民国年间全被拆毁。1981 年后，那县一些村屯重新修建土地庙。①

那县的民间文艺，主要有戏曲、歌谣、故事、舞蹈等。民间戏曲有粤剧、彩调、壮剧、唐皇等。民间歌谣包括山歌和民谣两类。中国民间文学三套集成广西卷《那县歌谣集》，收录了壮、汉、瑶等民族的民间故事以及劳动歌、时政歌、仪式歌、情歌、生活歌、历史传说歌、杂歌、童谣等，还有新民歌 246 首，其中壮族 135 首，汉族 16 首，瑶族95 首。民歌是那县民众生活不可或缺的一部分，每年农历二月至四月，境内各歌圩均按各自规定日期举办唱山歌、抢花炮、水上抢鸭、拔河、球赛等歌圩活动，与会者少则三五千，多则数万人。据县志记载，那县目前共有歌圩 11 处：春晓岩歌圩、朔柳歌圩、桥业歌圩、洞靖歌圩、巴别歌圩、坡洪歌圩、古美歌圩、新美歌圩、五村歌圩、琴雷歌圩和加旭歌圩。②

那县历史悠久，人文荟萃，是壮民族的发祥地，明代抗倭巾帼英雄瓦氏夫人的故乡。那县还是中国革命的红色摇篮，是邓小平等老一辈无产阶级革命家创建的右江革命根据地之一，在中国革命史上右江沿岸农民武装斗争打响的第一枪——二都暴动，就发生在那县百育镇和田东县仑圩一带。新中国成立后，那县壮、汉、瑶等各族人民在党的领导下，共同致力于社会主义建设事业（见图 2）。

3. 圣地敢壮山

敢壮山位于那县百育镇六联村那贯屯，海拔 326 米，是当地唯一的一座石山。该山底部为土坡，腰部为风化石，顶部为石山。当地民间传说山上有姆娘岩、将军洞、鸳鸯泉、蝗虫洞、望子台等许多与布洛陀有关的遗址、景观。此外，山上还有穿天洞、石臼洞、红军洞、连理树等奇异景观。

---

① 覃绍宽、陈国家：《田阳县志》，广西人民出版社 1999 年版，第 871 页。
② 同上书，第 864 页。

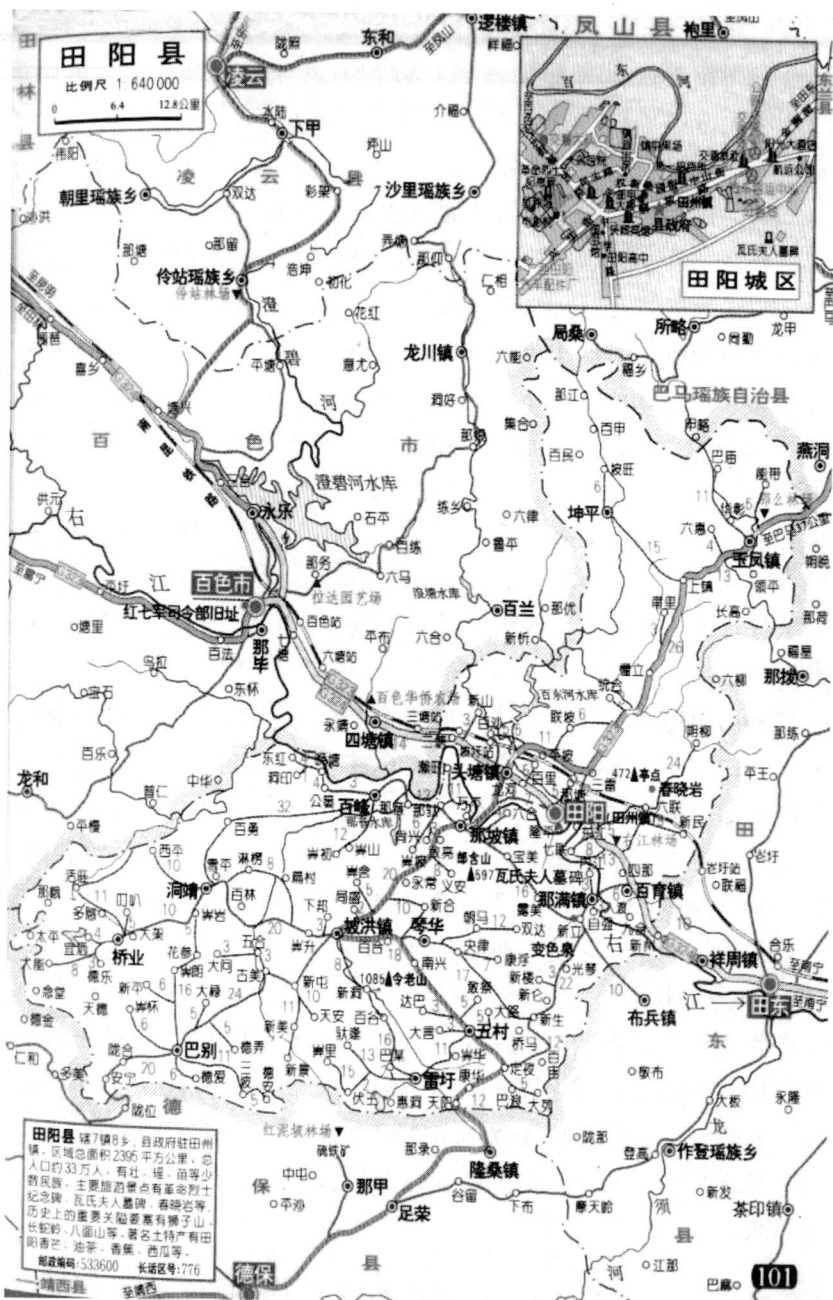

图2   田阳县交通和行政区划图

　　传说明代风水先生郭子儒曾来到敢壮山，并题了一副对联："春日初升风景朗开催燕语，晓风微动露花轻舞伴莺啼"，"春晓岩"因此得名。但目前只有民间传说，尚未见史志记载。2004年3月29日，百色市首届布洛陀文化旅游节举办前夕，百色市领导亲临那县现场办公，决定将山体岩石上的"春晓岩"（1999年题写）改为"敢壮山"。会后，那县请广西书法家协会会员、那县粮食局干部苏杰山将原先题写的"春晓岩"三字抹除后重新题写了"敢壮山"山名。

　　壮族民间传说布洛陀与姆六甲住在敢壮山姆娘岩，创造了人类。农历二月十九日布洛陀的生日，住在各地的儿孙们都回来拜寿。因为人太多，拜寿活动一直延续到三月初九。此后每年的农历三月初七到初九，子孙们上山祭拜布洛陀，唱山歌，就形成了敢壮山歌圩。

　　当地民间传说，敢壮山周围的村子，都是当年布洛陀根据需要，按行业分工劳作，以后人们在那里定居，建立村子，并以原来所从事的行业命名村子的名字。如塘旱村，是因专门养鹅而得名；塘奔村，是因专门织布而得名；那毕村，是养鸭子的村子；那哒村，是专门制作背带的村子；那母村，是因养猪而得名；那马村，是养大狗的村子；那瓦村，是专门种花的村子。①

　　2002年6月，广西著名诗人、词作家古笛"发现"了敢壮山"布洛陀的古居"。经媒体报道后，引起了社会各界的高度关注。据考古发现，以敢壮山为中心的方圆15公里内就有赖奎遗址、革新桥遗址等8处古人类遗址，出土了蛙纹石础、雷纹女像、古壮字残碑、古钟等一批文物，目前广西唯一的形成于4000多年前的壮族图腾蛙纹石础就是在敢壮山上发现的。那县百峰乡赖奎古人类遗址据中美学者用氩/氩法测定为距今803000（±3000）年，是目前已知的世界上年代最早的古人类遗址。敢壮山现已被认定为壮族始祖布洛陀文化遗址、壮族的精神家园，成为壮族民众心目中的圣地。

---

　　①　郑超雄：《敢壮山的人文地理环境及其周边的考古学文化》，载覃乃昌《布洛陀寻踪——广西田阳敢壮山布洛陀文化考察与研究》，广西民族出版社2004年版，第11页。

第一章

布洛陀文化传统及其现代解构

布洛陀是壮族神话和麽经中的创世神、始祖神、智慧神、道德神和宗教神，备受壮族民众尊崇。作为壮族文化传统重要内容和标志之一的布洛陀文化，是壮族各种思想文化观念形态的总体表征，蕴含着壮族民众在漫长的历史实践活动中积累而成的稳定的社会文化素质。

第一节　布洛陀文化及其分布

一　布洛陀与布洛陀文化

"布洛陀"［pau⁵lo⁴to²］系壮语的音译，在壮族神话中被描述成一位无所不知、无所不能的智慧老人或创世神。"布洛陀"在壮语中主要有以下几种解释：

（1）通晓法术并善于施法之人；

（2）知识丰富的人；

（3）布洛陀是从石蛋里爆出来的一个孤儿；

（4）鸟部落的首领；

（5）洛陀山上的首领（老人）；

（6）山谷中的首领（老人）；

（7）一棵绿色的神树，这种说法主要源于云南文山的布洛陀神树崇拜。

壮族神话传说中的布洛陀早期居住在山洞之中，后来搬迁至岭坡谷地间，这与那县周边地区的旧石器遗址考古发现相符。同时，现在以那县为中心的百色盆地右江河谷地区还存在大量冠以"那"、"纳"、"六"、"碌"、"禄"、"洛"、"雒"、"骆"、"鹿"、"陆"、"罗"（采用汉语柳州方言读音）等字的地名，这些地方均系溪流、河谷地带，稻田密布，也就是史书上记载的"骆田"，而其耕者则被称为"骆越"。布洛陀的传说流传范围很广，在我国西南和南方，以及东南亚地区的越南、泰国、缅甸、老挝等国的许多民族均信仰布洛陀，有学者认为布洛陀是珠江流域原住民的人文始祖①或壮族人文始祖②。

布洛陀是壮族先民基于自己对世界的认识，集体创造出来的一个作为各种自然力量的凝聚和象征、主宰整个大自然而又带有农耕时期族群首领的品质、创造世界万物和自己族类的天神或巨人形象。布洛陀形象产生以后，对外是协调自己族类以及人类与大自然的关系，抵御灾害性自然现象的旗帜和幻想的武器，对内起聚集族类意识、调节人际关系、维系社会秩序的作用。这些功能不断延续、不断发展，逐渐成为一类文化。③

随着社会历史的发展，百色盆地右江河谷中游那县一带的壮族也逐渐进入了阶级社会，但在其内部一般都保留了一些农村公社的残余，如继续实行长老制，推选寨主、族老、村老或都老，并共同服从他们的领导。一般来说，传统农业生产具有经验性、习得性和传承性的特点，由于老者拥有丰富的农业生产经验，自然成为族群生产生活的宝贵财富。壮族是我国最早发明稻作文化的民族之一，其神话中的布洛陀也就成了创世始祖的象征。同时，族群的各种传统人生礼仪、节庆集会以及重大决定仍旧以集体形式组织和参与。这种以血缘关系为纽带的群体文化，正是布洛陀文化赖以形成和发展的社会环境。壮族民众有信仰鬼神、巫术、图腾和崇拜祖先的传统，在长期的生产和生活历程中，经常举行各种相关的祭祀仪式，这也为布洛陀文化的延续和发展提供了有利条件。壮族历来歌风盛行，各地歌圩常开，这也使得布洛陀文化得以口耳相传。壮族民众还将布洛陀神话整理成《麽经》，并发展成为一种奉布洛

---

① 覃乃昌：《布洛陀：珠江流域原住民的人文始祖》，《广西民族研究》2004 年第 2 期。
② 过伟：《壮族人文始祖论》，《广西民族研究》2005 年第 4 期。
③ 刘亚虎：《布洛陀文化的典型意义与独特价值》，《广西民族研究》2005 年第 2 期。

陀为最高神和主神的壮族民间宗教——麽教，其从业人员称为"布麽"或"麽公"，通过举办仪式、诵读布洛陀经文等来消灾驱魔。此外，麽公还通过讲述布洛陀经文故事来教诲人们敬老爱幼、勤劳俭朴、团结友爱，批评虐待老人、好吃懒做、损人利己等不良行为，这也在一定程度上发挥了布洛陀文化弘扬传统道德规范、调节人际关系的作用。2002年那县敢壮山布洛陀文化遗址被发现后，每年农历三月初七至初九都有数万名来自全国各地的壮族民众和海外壮族同胞前往敢壮山朝圣，祭祀布洛陀，布洛陀文化也在当代重构的过程中被赋予了新的时代意义和内容。

总之，布洛陀文化是以始祖命名的壮族民族传统文化的集萃，它在壮民族独特的生态环境中萌生发展，成为有主体、有叙事、有圣地、有祭拜节会、有多种仪式和多种功能并影响到民族意识、社会生活方面面的形态，成为南方民族以始祖神话为根基的文化中发展最齐全、延续最久远的最具典型意义的形态。① 布洛陀被壮族民众尊奉为创世神、始祖神、智慧神、道德神和宗教神，人们信仰布洛陀，遵其教诲来安排生产和生活。在壮族神话传说、民间歌谣、祭祀仪式、风俗礼仪等文化形态中都有颂扬布洛陀的内容和形式，布洛陀融入了壮族民众的生产与生活，形成了独具特色的布洛陀文化。布洛陀文化则在发挥其调节人与自然、人与社会、人与人之间关系的作用的过程中实现了自身的生存与发展，成为壮族重要的传统文化。

二 壮族布洛陀文化的分布

(一) 民间文学分布

布洛陀文化在民间文学中的表现主要为布洛陀神话、布洛陀民间故事、布洛陀歌谣和布洛陀经诗四大类，主要流传在以那县为中心的百色盆地右江河谷地区。此外，广西红水河中上游的东兰县、大化县，以及云南省文山壮族苗族自治州的马关县、富宁县、广南县、西畴县等地也有流传。

壮族民众历来视《布洛陀》为珍宝，有歌为证："百张好树叶，难

---

① 刘亚虎：《布洛陀文化的典型意义与独特价值》，《广西民族研究》2005 年第 2 期。

凑花一朵；千百本厚书，不比《布洛陀》。" 2002 年 8 月 8 日，百色地区民委原副主任黄子义在参加那县敢壮山（春晓岩）布洛陀遗址研讨会时，讲述了自己搜集布洛陀文本的亲身经历：

……在靠近玉凤那边，在我还年轻的时候，就参加了验证这个布洛陀。我从 1986 年开始在地区民委管文化教育工作，1985 年地区文化局在那县的玉凤搞一个民间故事集成、民间谚语集成、民间歌谣三套集成。我就来参加这个试点，在玉凤那里听到了布洛陀的很多故事，也搜集到布洛陀的书，其中有唐云斌的，这样，那县的民族文化几次都发现在这里，那时候李春芬和黄勇刹也是我们这里的歌王。那时候李春芬有论箱的歌书，现在唐云斌那里，我参加搜集有关布洛陀的书是在 1986 年，自治区就发出了文件，全自治区都发了，搜集在民间的布洛陀的古本，我当时在地区民委就参加搜集。我就来到了那县玉凤乡停怀屯，光在停怀屯我就收到了 5 本，还有前面的莫永继、唐云斌、覃承勤、黄勇刹已经搜到了。所以现在所搜到的布洛陀，原来我参加编这本书（引者注：指《布洛陀经诗译注》）的时候，有 22 本，我们那县就占了 10 本，我个人搜得了 5 本，唐云斌大概搜到 4 本，还有莫永继等搜到了 4 本，全区搜到 22 本，其中我们那县玉凤还有靠近玉凤的百兰乡得了 2 本，还有 6 本在巴马的燕洞乡。巴马燕洞乡也是我收的，燕洞就和玉凤交界，所略也得了 1 本，黄宝山那里也得了 1 本，布洛陀除开东兰得 2 本，都安得 1 本之外，22 本有 19 本在我们这一块。从这里来看，在那县这里布洛陀的书传说都在那个地方。从这点来看，也可以说，作为大家发表意见的参考，这本书都在这一带收集到的。在那县的玉凤有个停怀屯，我去了几次，今年还去了两次，自治区古籍办公室现在要出一本书，布洛陀的这本要深加工，把所有的古本影印成书，再加上重新翻译，去年我去了南宁 5 次，现在我还是自治区古籍办公室聘请的资料员，这本书要有 100 张照片，关于布洛陀文物的照片，这本书有 12 本，今年年底可以出版，书名初步定为《壮族麽经布洛陀》，西藏有个《藏经》，云南有个纳西族，有个东巴文《东巴经》，我们这里喊作《布洛陀经》，《壮族麽经布洛陀》，如果这本书出来，那百张的照片恐怕对我们研究布洛陀有很大的参考价值。我陪同自治区古籍办下去到百色的百兰、那县的玉凤停怀屯、巴马的燕洞还有东兰去专门搞照片。目的是让这些照片加进这本书去，这本书出来后，对我们的研究很有帮助。另外，这本书的里面在报刊上已经登出来的，我翻了一下，因为这本书是我参加编写的，55页，讲壮族的，"兰布在凛喜"，"凛"就是石头，"喜"就"欢喜的喜"，"地布无肯喜"，就是说公公的住址在圩上，"属布无安东"，公公的州府在安东，布洛陀这本书总离不开那个"敢"，"兰布乌拉敢，满布乌拉炸"，公公的家在岩洞的下面，公公的屯在岩石的下面，"兰布乌拉敢，兰布乌拉好，有果桃对那"，公公家的前面有很多桃树。在停怀屯那里有一座山，离停怀屯大概还有1公里左右，那座山我去了几次，那座山又有个岩洞在里面，前面吊下来一条钟乳石，老百姓认为那是布洛陀的生殖器，妇女走都要用衣帽挡住走过去，自古以来都是这样子。人们要求子，就到那里去烧香拜神求子。停怀屯还有很多故事，有故事是说在停怀屯的山，有个牛郎，那里经常有100头水牛，水牛没有角，一天就要杀一头，不能多杀，明天又有一头出来，经常保持有100头牛。后来有个人问："你见我的牛在哪里呀？"有个人回答："我没有见牛，只见到很多石头。"后来，那里就变成了很多像牛一样的石头。如果你到那里，可以去看。这就是有关布洛陀的传说。在燕洞那边和停怀这边，分水岭，传说中有一个人讲什么话把水都放到巴马的燕洞那边去，而停怀这边没有河。很多故事都是讲到布洛陀，如果大家要去调查，停怀屯是个重点。①

布洛陀神话主要集中在《布洛陀麽经》手抄本中，目前广西少数民族古籍整理办公室共收集到43本，其中有15本在那县，11本在与那县紧邻的巴马瑶族自治县。根据当前布洛陀口头传说和文本资料采录、收集、整理的情况，完全可以确定那县就是布洛陀文化流传的中心

① 根据谢寿球先生提供的2002年8月8日布洛陀研讨会录音整理。

区域。目前已出版的布洛陀民间文学相关著述主要有《壮族民间故事选》①、《神弓宝剑》②、《壮族文学史》③、《中国少数民族民间文学丛书·故事大系·壮族卷》④、《壮族民间故事》⑤、《布洛陀经诗译注》⑥、《壮族麽经布洛陀影印译注》⑦、《壮族神话集成》⑧、《中国民间故事集成·广西卷》⑨、《中国歌谣集成·广西卷》⑩和《壮族歌谣故事风俗》⑪等。此外，那县民间文学集成编委会在从事中国民间文学三套集成采编工作时，还于1986年和1987年先后编印了《那县故事集》和《那县歌谣集》，收录《祖公和母娘》、《布洛陀的封将坛》、《布洛陀的灯笼》、《鸳鸯泉》、《母娘岩与敢壮山》、《布洛陀取火》、《造物歌》、《布洛陀与敢壮山·祭祀歌》等多部（篇）布洛陀民间文学作品。

（二）麽教的分布

壮族麽教的经书一般称作《麽经布洛陀》，均为麽公（也称作"布麽"）手抄本。截至2004年4月，广西少数民族古籍整理办公室共收集到《麽经布洛陀》手抄本43本，其中广西39本，云南文山4本。广西手抄本分布地域为：那县15本、田东1本、百色4本、巴马11本、东兰6本、大化1本、那坡1本，⑫主要集中在红水河中上游和右江河谷地区。根据《广西壮族社会历史调查》、《布洛陀经诗译注》、《壮族麽经布洛陀影印译注》等相关文献资料，以及有关政府部门和一些专家学者的调查，在广西壮族自治区的右江河谷、左江流域、红水河两岸

---

① 农冠品、曹廷伟：《壮族民间故事选》，广西人民出版社1982年版。

② 蓝鸿恩：《神弓宝剑》，中国民间文艺出版社1985年版。

③ 欧阳若修等：《壮族文学史》，广西人民出版社1986年版。

④ 蓝鸿恩：《中国少数民族民间文学丛书·故事大系·壮族卷》，上海文艺出版社1984年版。

⑤ 刘德荣：《壮族民间故事》，云南人民出版社1988年版。

⑥ 广西壮族自治区少数民族古籍整理出版规划领导小组：《布洛陀经诗译注》，广西人民出版社1991年版。

⑦ 张声震：《壮族麽经布洛陀影印译注》，广西民族出版社2004年版。

⑧ 农冠品：《壮族神话集成》，广西民族出版社2007年版。

⑨ 过伟：《中国民间故事集成·广西卷》，中国ISBN中心2001年版。

⑩ 农冠品：《中国歌谣集成·广西卷》，中国社会科学出版社1992年版。

⑪ 黄相：《壮族歌谣故事风俗》，香港天马图书有限公司2001年版。

⑫ 覃乃昌：《布洛陀寻踪：广西田阳敢壮山布洛陀文化考察与研究》，广西人民出版社2004年版，第305页。

以及云南省文山壮族苗族自治州的壮族民众中间都流传麽教。

广西右江河谷地区的麽教主要流传于那县、百色市右江区、田东县，以及巴马瑶族自治县的燕洞乡和所略乡等地。黄桂秋认为，该区域的麽教活动属于一种"从形式到内容宗教化均比较规范的民间麽教文化"[①]，其麽教法事主要有祭布洛陀和超度亡灵两种。麽公在祭布洛陀和超度亡灵时诵读的经书均有若干章节，每章开篇首句均为"三盖三王制，四盖四王造"，通篇采用五言句式，古壮字运用较为规范，经书结构内容具有鲜明的宗教程式化特点，属于比较成熟的麽教经书。

广西左江流域的壮族麽教主要流传于龙州县、大新县、宁明县、扶绥县和崇左市等地，其宗教法事活动往往与当地民众的农业生产和生活密切相关。如开春时节举行的"麽迷稼"［mo¹mei⁴kja³］，即请麽公念经作法，祈求秧苗顺利生长，免遭害虫侵害，以保丰收。丰收后则用糯米做糍粑酿甜酒祭祖，酬谢布洛陀。又如婴儿满月时请麽公念"弥月经"，成长期则要念招魂驱邪的经文，长大后要念"冒俏经"，婚后求子要念"求花经"，年过六十要添粮补寿念"补粮经"，超度新亡要念"超度经"，葬后三天要祭拜新坟念"麽三朝"，死后满一个月还要请麽公来家中做"麽柳秽"法事，安放死者亡灵牌位。

广西红水河流域的壮族麽教主要流传于东兰县、大化县等地，其宗教活动具有较浓厚的神话史诗风格和神秘的民间巫术色彩。"杀牛祭祖"是东兰县和大化县从古至今流传于当地壮族民间的麽教祭祀仪式，一般在每年除夕之夜举行。各村寨在"杀牛祭祖"时都要请当地最有名望的麽公前来主持，诵唱布洛陀麽经，颂扬布洛陀开天辟地创造人类、安排万物为人类造福的伟大功绩。东兰县和大化县的壮族民众将超度亡灵的法事仪式称作"送亘"［θuŋ¹fa：ŋ²］，这也是一种规模较大、程式较齐全的麽教法事仪式，时间一般为三天三夜，最长为七天七夜。此外，红水河两岸的壮族居民还有请麽公到家中做一些较小的法事，如赎魂、赶鬼、解煞、解冤。这些属于壮族麽教中的小型法事仪式，包含较多的民间巫术成分，带有一定的神秘色彩。

---

① 黄桂秋：《壮族民间麽教与布洛陀文化》，《广西民族研究》2003 年第 3 期，第 78 页。

云南文山壮族苗族自治州现有壮族人口1027270人，[①] 该地壮族麽教活动主要有祭祀布洛陀和超度亡灵。文山境内壮族从古至今都盛行祭拜布洛陀神树，如马关县仁和镇阿峨新寨每年农历五月三十都在村寨东南面布洛陀山上的布洛陀神树下祭祀布洛陀，祭祀仪式约定俗成由村寨长老和布麽主持。马关县等地的布麽在为壮民超度亡灵时念诵的麽经称作《麽荷泰》，内容丰富，约有诵词1万余句。

概言之，上述四大壮族聚居地的壮族麽教虽各有特点，不尽相同，但是它们都尊奉布洛陀和姆六甲为主神，都有各自的教规教义，都有较为系统的麽教经书，都有较为固定的法事仪式程序，都有一定数量的神职人员，在当地壮族民众的生产和生活中具有一定影响。

三　其他民族的布洛陀文化

根据考古发现和历史学、人类学、民族学的相关研究，学界一致认为壮侗语民族是珠江流域的土著居民，包括壮族、侗族、布依族、水族、毛南族、仫佬族、傣族等。在珠江流域分住着许多冠以"那"字的地名，其中尤以广西红水河流域、左右江流域、邕江流域最为密集。此外，在东南亚越南北部、泰国、缅甸、老挝和印度的阿萨姆邦等国家和地区也有许多冠以"那"字的地名。覃乃昌认为，"那"地名分布的地理范围，东至我国广东省中部偏东，西至缅甸南部和印度西部的阿萨姆邦，北至云南中部、贵州南部，南至泰国南部、越南中部和我国的海南省，从而构成一个"那"文化圈。[②] 生活在这一"那"文化圈内的壮侗语民族，包括我国的壮族、侗族、仫佬族、布依族、傣族、毛南族、水族，老挝佬族，越南侬族、岱族，泰国泰族，印度阿萨姆邦阿含人和缅甸掸族。这些民族不仅语言同源，而且还具有"那"文化即稻作文化的共同文化特征，布洛陀神话也在这些民族中广为流传。

就我国壮侗语民族而言，除壮族有布洛陀神话以外，毛南族、傣族、水族、布依族、仫佬族也有布洛陀神话。布依族的民间宗教——摩

---

① 《文山州第六次全国人口普查主要数据公报》（http：//xxgk. yn. gov. cn/zmb/newsview. aspx？id＝1401969）。

② 覃乃昌：《布洛陀寻踪：广西田阳敢壮山布洛陀文化考察与研究》，广西人民出版社2004年版，第271页。

教与壮族麼教一样，都尊奉布洛陀为至高无上的主神，只是因语音差异
而将主神布洛陀称为"报陆陀"或"鲍尔陀"，将姆六甲称为"摩陆
呷"，但其实际含义与壮语称谓完全一致。布依族的布洛陀神话基本上
集中在摩教经书之中。"摩经即布摩主持各种宗教仪式吟诵的经典的简
称，布依语称〔θui¹mɔ¹〕。根据不同的宗教仪式，相应地有'殡亡经'
（或称'殡凡经'、'古谢经'、'砍牛经'、'丧事经'等）、'罕王经'、
'仿几经'、'请龙经'、'成人经'、'退仙经'、'赎买经'以及其他杂
经。其中以丧葬仪式上吟诵的'殡亡经'篇幅最大。……摩经一般以
两种方式传承：一是口耳相授；二是用汉字或仿汉字'六书'法创造
的方块布依字记录布依语音使经文成为书面文献。"① 布洛陀在水族语
中被称为"拱略铎"、"公六夺"、"陆铎公"或"略铎公"。在水族民
间传说中，陆铎公不仅创造了《水书》，还教给水族民众制造工具、耕
作、酿酒等技能，因而被水族尊奉为全民族的正神和保护神，同时也是
水族农业生产的保护神。《水书》，又称"泐睢"，系用水语认读的水家
古文字和用其编写的水族原始宗教经典，是水族民族的精神支柱和象
征。每年春耕到来之时，人们都要祭祀陆铎公，祈求他的庇护，祈求五
谷丰登。②在毛南族神话中，布洛陀开天辟地的创世伟业是由他和妻子
姆六甲共同完成的，毛南族创世古歌中就有"生我卜（布）洛驼，出
我姆洛甲。洛驼举天地，洛甲压地下。……两人才相配，方成藤相绞，
恩爱说不完，生我后代人"的记载。毛南族的"婆王"神话后世流传
较多，但也有《老虎为什么生仔少》和《拱屎虫的故事》③ 等与"卜
罗驼"（布洛陀）有关的其他神话传说流传。仫佬族神话《天是怎样升
高起来的》与壮族创世史诗《布洛陀》有许多相同或相似之处，"保留
了古骆越族群的文化积淀，尤其与同一语族、生活关系十分密切的壮族
先民的天地起源神话有许多共同之处，又存在着一定的差异。"④ 由此
可见，"布洛陀"在壮族、布依族和水族语言中的构词方式完全相同、读

---

① 《布依族文学史》编写组：《布依族文学史》，贵州民族出版社1992年版，第248页。
② 刘之侠、石国义：《水族文化研究》，贵州民族出版社1999年版，第14页。
③ 蒙国荣、戈丁、过伟：《毛南族文学史》，广西人民出版社1992年版，第68—69页。
④ 龙殿宝、吴盛枝、过伟：《仫佬族文学史》，广西人民出版社1993年版，第31页。

音基本相近，意思基本相同，而且壮族、布依族和水族都尊奉布洛陀为本民族的主神、保护神，并作为本民族原始宗教信仰中至高无上的大神。毛南族和仫佬族神话一样，"最后只保留'婆王'神话，而没有像壮族神话那样，较清晰地保留由母系社会向父系社会发展的轨迹"。①

关于布洛陀文化在泰国、老挝、越南、缅甸、印度等的分布情况，因语言障碍、相关文献资料贫乏，暂时难以全面、详细地概述。但据有关专家学者的研究，上述国家的一些民族也有布洛陀神话流传，有的民族至今还信仰布洛陀。笔者在那县田野调查期间从新加坡国立大学人类学博士研究生宋美小姐处了解到，泰国也有关于布洛陀的神话传说，但故事情节和布洛陀的名称有所不同。2011 年 4 月在那县举办的布洛陀研讨会上，来自越南、老挝、印度的几位学者也谈到他们国家的布洛陀相关文化现象。2003 年以来，泰国、越南、老挝、缅甸、印度、英国、美国、澳大利亚等国的专家学者和壮族华侨也纷纷回国到敢壮山朝圣，祭拜布洛陀，这充分说明布洛陀文化在泰国、越南、老挝、缅甸、印度等东南亚国家一些民族和欧美等国壮族华侨中间具有一定的影响。

第二节　布洛陀文化内涵

布洛陀文化内涵非常丰富，包括布洛陀宗教文化、布洛陀神话文化、布洛陀经诗文化、布洛陀歌谣文化、布洛陀歌圩文化等，具有人类学、民俗学、历史学、神话学、社会学、宗教学等多学科的研究价值，是壮族人民宝贵的文化遗产。布洛陀文化是一种以壮族始祖命名的"始祖文化"，在其中可以发现壮民族形成、发展的历程，可以追寻形成壮族民族性格、心理素质的独特因子，可以了解壮族发展的原因，壮族许多传统文化都可以在布洛陀文化中找到最初的源头或依据。在某种意义上，布洛陀文化也可视为壮族传统文化的"母文化"，是壮族传统文化的根基与核心。

----

① 蒙国荣、戈丁、过伟：《毛南族文学史》，广西人民出版社 1992 年版，第 47 页。

一　布洛陀民间文学与布洛陀神格

（一）布洛陀神话

布洛陀神话是壮族传统文化的重要组成部分，是壮族童年时代的产物和壮族先民生活与思想观念的反映，其主题和内容都具有鲜明的"那"文化特色。壮族先民是珠江流域的土著居民，珠江流域地处亚热带，土地肥沃，雨水充足，热量丰富，非常适宜发展稻作农业。这一自然生态环境决定了壮族的生产方式，并形成了独具特色的"那"文化。布洛陀神话中的"那"文化内容非常丰富，如布洛陀开荒造田、栽种水稻、制造水车、挖井筑坝、挖塘养鱼、围园种菜、饲养家畜、建造房屋等，这些都与稻作农业生产和生活相关，与现代考古发现和历史典籍文献记载亦可互相印证，说明壮族是我国最早发明稻作文化的民族之一。

布洛陀神话主要流传于珠江流域中上游地区，包括广西百色、崇左、南宁、河池，云南文山壮族苗族自治州以及贵州黔南布依族苗族自治州、黔西南布依族苗族自治州。麽经中记载了大量布洛陀神话，民间也有一些口耳相传的布洛陀神话故事和风物传说。麽经中的布洛陀神话为诗歌体，数量巨大、内容丰富、结构完整；民间口耳相传的布洛陀神话多为散文体，故事情节一般较为简单，且多与当地地名或风物相关。二者相映成趣，共同构成了一个完整的布洛陀神话体系。就神话内容而言，布洛陀神话可以分为三大类：

（1）创世神话，如《布洛陀经诗译注》中关于布洛陀开天辟地和造人的神话；

（2）生产生活习俗神话，如在那县一带就流传着布洛陀发明人工取火、开挖水井、造田种谷、建造房屋和织布缝衣的神话传说；

（3）地方风物神话，如那县一带流传的布洛陀与敢壮山的神话传说。

虽然各地有许多不同内容的布洛陀神话传说，但其核心内容和主旨却是一致的。壮族先民在那个遥远的时代，基于当时自己对世界的认识，共同塑造了一个开天辟地、无所不知、无所不能、至高无上的始祖神——布洛陀，作为全民族的保护神和精神支柱并加以顶礼膜拜。流传至今的布洛陀神话反映了远古时期壮族先民同自然斗争的历史，不管布洛陀是否真有其人，他都是壮族先民集体力量和智慧的化身，是壮族原始文化的结晶。

布洛陀神话的形成、发展及成熟与原始社会时期壮族先民对神灵的信仰和图腾崇拜密切相关，"万物有灵"和"灵魂不灭"是它们共同的思想观念基础。据统计，布洛陀统领的各种神已有130多种[①]，其民间信仰类型大致可分为五种：

（1）自然崇拜，即人们对与生产生活密切相关的各种自然事物的神化和崇拜。布洛陀神话中的太阳神、月亮神、山神、土地神、火神、谷神、花神等众多神灵都是各司其职，掌管一方事务。

（2）动物崇拜。布洛陀神话中动物崇拜对象基本都是壮族民众熟悉的，如猪、牛、羊、马、蛙、鱼等。

（3）图腾崇拜。在《布洛陀麽经》和布洛陀神话中壮族先民崇拜的图腾主要有蛙、鸟、蛇、老虎、狗、羊、牛、竹、葫芦等。

（4）祖先崇拜。在布洛陀神话中，布洛陀、布伯等祖先神被尊为族群和家庭的保护神，深受人们崇拜。从古至今，祖先崇拜都是壮族民间生活最重要的内容之一，家家户户都要供奉祖先神灵。

（5）英雄崇拜。除布洛陀外，布伯、甘王、冯四公、莫一大王、岑逊王等曾为壮族的生存与发展做出过重大贡献的英雄人物，也受到人们的崇拜。

在布洛陀神话中，壮族先民崇拜的神灵自成体系，天上地下、陆地江河、衣食住行、生老病死，皆有神灵掌管。"神灵崇拜和图腾崇拜是神话的载体或外显形式，神话是其内涵，具有烘托、渲染、传播和强化其神灵信仰和图腾崇拜的功能，原始宗教的传承依托于神话传说的传承。"[②]

布洛陀神话是一部壮族历史文化的经典著作，也是一面镜子，可以映射出壮族先民的历史身影，让我们聆听过去的声音。虽然布洛陀神话在长期的传承发展过程中不断被赋予新的时代内容，但依然保留了一些

---

① 覃圣敏主编：《壮泰民族传统文化比较研究》，广西人民出版社2003年版，第253页。
② 覃乃昌：《布洛陀寻踪：广西田阳敢壮山布洛陀文化考察与研究》，广西人民出版社2004年版，第136页。

原生态的神话"母题"，折射出神话时代和图腾时代壮族先民的原始宗教信仰和神灵体系。布洛陀神话具有储存和传承文化的功能，在壮族长期发展的历史进程中，不断吸收新的内容，世代相传，犹如滚雪球一般。布洛陀神话全方位地展示了远古时代壮族先民的生活图景，《布洛陀麽经》更是被誉为壮族的百科全书，在壮族民众中起着重要的文化认知和教育作用。作为一种始祖神话，布洛陀神话无疑具有强烈的文化认同和民族认同功能，这也是壮族得以不断发展壮大的重要内驱力之一。当今壮族民众纷纷前往那县敢壮山朝圣，寻根问祖，祭拜布洛陀，正是布洛陀神话文化认同和民族认同功能的一种现实体现。

（二）布洛陀经诗

布洛陀神话是整个布洛陀文化体系的基础，布洛陀经诗也是在布洛陀神话基础上形成的，壮族麽教经文中主神布洛陀的形象更是直接由神话中的布洛陀创世神形象发展演化而来。布洛陀经诗以诗的语言和形式描述了自然的形成和人类的起源，以及壮族先民的社会生活，颂扬了壮民族始祖布洛陀伟大的创世业绩，集中反映了壮族及其先民在与大自然进行长期艰苦的斗争过程中的文化创造，以及不断积累形成的具有鲜明地方民族特色的文化成果。

流传于壮族民间的布洛陀经诗是历代麽公以古壮字抄写的壮族五言体韵歌，往往将布洛陀描述为一位隐居在岩洞中的开天辟地、创造麽经、法力无边、明辨是非、惩恶扬善的智慧老人。壮族麽教将布洛陀尊奉为本教至高无上的主神，麽公在举行法事时吟诵经诗，祷请祖神布洛陀辨明事理，通过古事秘诀训导和调节人与自然、人与人、人与社会的关系。

《布洛陀经诗译注》[①] 和《壮族麽经布洛陀影印译注》[②] 是两本在收集、整理布洛陀麽经手抄本的基础上公开出版的布洛陀经诗的经典之作，其篇幅宏大、内容丰富、内涵深刻、风格独特、自成体系。不仅展现了壮族及其先民心目中的精神偶像布洛陀作为创世神、始祖神、智慧神、道德神和宗教神的神格面貌及其演化过程，壮族原生态的信仰观

---

① 广西壮族自治区少数民族古籍整理出版规划领导小组：《布洛陀经诗译注》，广西人民出版社1991年版。

② 张声震：《壮族麽经布洛陀影印译注》，广西民族出版社2004年版。

念、生活哲理、道德观念、文化心理、感情体验、行为方式和功利追
求，而且以特有的神异形式，折射出壮族先民从蒙昧时代进入文明时
代、由晚期原始社会发展到阶级化、秩序化社会的漫长历程和生动图
景，是一部壮族传统精神文化的最初记录和语言文字的百科全书。[①]

布洛陀经诗展现了壮族先民在长期的生产和生活实践中所形成的具
有民族特色和地域特点的观念文化体系。它蕴含着古代壮族人民的生态
伦理观，它要求人们不违天道、顺应天时，尊重自然运行的规律，善待
自然、敬畏生命，确立人与自然的友善关系，以谋求人与自然和谐有序
的发展；[②] 体现了壮族源于物质的世界观、物我合一的生命观、共存转
化的事物观、崇拜一神的宗教观、管理有序的社会观、扬善惩恶的道德
观、勤勉和睦的家庭观、求知探源的爱智观、创造进化的历史观和两种
生产（物质生产和人种自身的生产）的价值观。[③] 尽管这些富有哲理性
的观念在布洛陀经诗中的发育还不是非常充分，但它们却是壮族传统文
化的重要精髓，更是壮族民族精神的根本和体现。因此，在某种意义上
而言，布洛陀经诗不仅是一部壮族创世经诗、宗教经诗、道德经诗，也
是一部壮族哲理经诗，对研究壮族社会的发展历史、生产生活方式、文
化形态、宗教信仰、道德规范以及思想观念具有极其重要的价值。

（三）布洛陀歌谣

歌谣是布洛陀文化体系中最具生活气息、最富有活力的部分，是布
洛陀文化生命力的重要表现形式。布洛陀是壮族及其先民心目中的创世
神、始祖神、智慧神、道德神和宗教神，受到壮族民众的顶礼膜拜。在
长期的生产和生活历程中，壮族民众采取了多种形式来祭拜布洛陀，以
歌谣颂扬布洛陀的伟大功绩即是其中一种最常见的方式，并由此形成了
丰富多彩的布洛陀歌谣文化。

布洛陀歌谣主要包括以下四大类：

1. 创世歌

创世歌的主要内容为布洛陀开天辟地、创造世间万物、造人造歌

---

① 潘其旭：《壮族〈麽经布洛陀〉的文化价值》，《广西民族研究》2003 年第 4 期。
② 凌春辉：《论〈麽经布洛陀〉的壮族生态伦理意蕴》，《广西民族大学学报（哲学社
会科学版）》2010 年第 5 期。
③ 潘其旭：《〈麽经布洛陀〉与壮族观念文化体系》，《广西民族研究》2004 年第 1 期。

等，其演唱形式为独唱或男女对唱，独唱一般为叙事排歌，对唱为问答歌，完整的套路通常包括开头歌、岩洞歌、造天地造万物歌、造火造水造稻谷歌、造牛造猪造鸡造狗歌和收尾歌等。

2. 祭祀歌

祭祀歌是麼公和长老在主持祭祀布洛陀仪式时演唱的歌谣，包括经调、巫调、唐皇调等。

3. 麼经歌谣

历代麼公手抄的麼经唱本中有许多融神话传说、宗教故事、民间风俗、道德规范等为一体的布洛陀歌谣，经数千年整理加工和传唱，其语言工整，多为五言或七言体，押腰脚韵，朗朗上口，易记易诵。

4. 山歌

壮族历来歌圩盛行，壮族民众赶圩的主要目的之一就是唱山歌。例如每年农历三月初七到初九，各地歌手云集那县敢壮山歌圩，除了唱那县本地的古美山歌、巴别山歌、排歌等地方山歌外，还有人演唱田东嘹歌、德保山歌、凌云排歌、平果嘹歌等。开篇一般都要先唱布洛陀开天辟地、创造万物等内容的古歌，然后再唱其他山歌。山歌的内容主要有：情歌、劳动歌、生活歌、时政歌、结义歌、孝义歌、绣球歌。也有唱"唐皇"的，其风格为长篇叙事，或单人独唱，或众人合唱。

（四）布洛陀神格

布洛陀文化是以壮族始祖命名的，核心就是对本民族始祖神——"布洛陀"的崇拜和信仰。因此，阐释布洛陀文化内涵，必须分析作为始祖神的"布洛陀"的形成和布洛陀神格的内涵，以及"布洛陀"在壮族社会发展史上的地位与作用。

神话是人类童年的产物，壮族先民基于自己对世界的认识创造了布洛陀神话。壮族先民的这种认识在《布洛陀经诗》中有着具体和生动的体现，如布洛陀麼经开篇都要先讲述三界之说，即说明宇宙分为天、地、水三界，雷神、布洛陀和图额分别掌管三界，然后再叙述经书要表达的其他内容。显然，雷神和图额是壮族先民由自然崇拜而创造出来的自然神，而布洛陀则是壮族先民以其自身形象为模板创造的人神。而且随着社会历史的发展，壮族先民不断把各种超人的智慧、过人的本领和高贵的品行等都附加到布洛陀身上，进一步将其神化，并尊奉其为本民族的创世神、始祖神、智慧神、道德神。此外，壮族麽教还尊奉布洛陀为本教的主神，因而布洛陀又成为壮族的宗教神。经过长期的集体加工和传颂，布洛陀的本领越来越高强，品德越来越高尚，形象越来越高大，无所不知、无所不能、法力无边，最终成为最受壮族民众崇拜和信仰的至高无上的圣神。布洛陀是壮族先民共同创造出来的圣神，其身上汇集了历代壮族先民的生产经验、生活理想与追求，并由此形成了布洛陀的神格。后人则以布洛陀的名义来教育人，如经诗所云："那是前人的故事，讲给天下人知道，流传到我们这一代，拿前人来比照，我们这代拿来遵循。"

综观壮族民间神话、歌谣以及经诗中的表述，布洛陀主要具有五大神格：

1. 创造天地万物的创世神

在布洛陀神话、经诗和歌谣中，布洛陀被描绘成为无所不知、无所不能的创造神，他不仅开天辟地，还安置世间万物，使其秩序井然，让人们安居乐业，因而被壮族及其先民尊奉为创世神。

2. 创造世间人类的始祖神

壮族先民认为，世上原本没有人类，是布洛陀开天辟地之后，才创造出来的。壮区各地流传的布洛陀神话和布洛陀经诗中都有布洛陀派四脚王造人、布洛陀和姆六甲共同创造大地上最早的人类——壮族的祖先的故事，虽然故事情节略有不同，但是主要内容和主旨都相同，都是颂扬布洛陀以及姆六甲创造本民族祖先的伟大功德，并世世代代尊奉其为壮族的始祖神。

3. 全知全能善教的智慧神

在神话和麽经中，布洛陀被赋予了超人的智慧和能力，无所不晓、无所不能。他在创造壮族祖先后，又教会他们摩擦取火、开荒造田、栽种水稻、制造水车、挖井筑坝、挖塘养鱼、围园种菜、饲养家畜、建造房屋、铸造铜鼓等一切生产和生活的技能。因此，壮族先民认为，正是有了布洛陀的智慧和教导才让他们得以安居乐业，让壮族得以不断发展壮大，故尊奉其为壮族智慧神。

4. 至善至真至美的道德神

在壮族及其先民心目中，布洛陀不仅智慧超群、能力不凡，而且品行高尚，是一位德高望重的道德神。布洛陀在开天辟地，创造万物之际，就为自然界和人类定下了规矩，如布洛陀经诗中，布洛陀就安排飞鸟在天、走兽在地、鱼游水中、日出东海、日落西方、春夏秋冬、四季更替；要求壮族先民尊老爱幼、互帮互助、和睦相处、日出而作、日入而息、勤劳俭朴。总之，要使自然环境生态平衡，让人类世界和谐美好。壮族先民认为，所有为人处世的道理，所有家庭伦理道德，所有村规乡约等一切社会道德规范，都要按照布洛陀的教诲和要求去做，如有违背，必然会引来灾祸，受到惩罚，不仅伤害本人，还会殃及家人。

5. 至尊至高无上的宗教神

布洛陀是壮族麽教至高无上的主神，其法力无边。麽公举行法事仪式必须吟诵布洛陀麽经，祈请主神布洛陀降临，法事才能灵验。各地流传的麽经中有大量布洛陀神话，其中心内容均为颂扬麽教主神布洛陀创造天地万物和教育壮族民众为人处世的万世功德。麽公诵唱经文，讲述布洛陀的谆谆教诲和无上功德，宣扬主神布洛陀的神通广大和无边法力，教育人们遵循主神布洛陀的教诲做人做事。

人类在自己的童年时期创造了神话，在某种意义上说，"神"化即"人"化，"神格"也即"人格"。换言之，"神"实际上是"人"的化身，所谓"神格"也就是现实生活中"人格"的体现，崇拜"神"也就是崇拜"人"自身。人根据自身的认知水平和利益愿望创造了神，神则给予人超越现实生活的终极关怀。[①] 布洛陀神格的形成，非一日之功，也非一人之力，而是壮族先民在长期的社会生产和生活实践中共同创造出来的，是一幅以宗教形式展现的壮族历史文化的绚丽画卷，是壮族民族特性和民族品格的体现。

二 布洛陀宗教文化

麽教是壮族历史上特有的民族民间宗教。[②] 壮族麽教认为，布洛陀是麽教的开山始祖和至高无上的主神，不仅创造了天地万物及人类，还创造了麽经。尽管这只是麽教为宣扬其神圣教义的自圆其说，但也从另

---

① 岑贤安：《论布洛陀神格的形成及演变》，《广西民族研究》2003 年第 4 期。

② 黄桂秋：《壮族民间宗教与布洛陀文化》，《广西民族研究》2003 年第 3 期。

一方面说明了麼经与布洛陀关系密切。布洛陀是壮族麼教尊奉的至高无上的主神，其神话传说也被写进麼教经书。黄桂秋认为，布洛陀作为麼教信仰真正确立应该是在西瓯、骆越方国的兴盛时期。[1] 李小文依据《布洛陀经诗译注》、《壮族麼经布洛陀影印译注》文本，运用"历史记忆"理论，推断麼经文本产生年代很可能为明末清初。[2]

学界一般认为，壮族麼教属于由原始自然宗教演变而来的民间宗教，也有一个形成、发展、成熟和衰落的过程。麼教与布洛陀是一个不可分割的整体。在某种意义上，壮族麼教的特点也就是布洛陀宗教文化的特点。考察壮族麼教的历史和现状，其主要特点体现在五个方面：

（一）尊布洛陀夫妇为麼教主神

壮族麼教尊奉布洛陀、姆六甲夫妇为本教主神，但最高神祇还是布洛陀，姆六甲更多的是作为一位陪神出现。在布洛陀经诗中，每篇都有"去问布洛陀，去问姆六甲；布洛陀就说，姆六甲就讲"的经文。壮族麼教主神布洛陀的形象系由神话中的布洛陀创世神形象发展演化而来，有些麼经手抄本中也将姆六甲和布洛陀并列，都尊奉为麼教的至上神。因为姆六甲也是壮族始祖，她不仅创造了人类，还乐于为人们排忧解难，有求必应、有问必答。传说姆六甲住在花山上，非常关爱妇女儿童，满山鲜花都是儿童的灵魂，谁家该生儿育女，她就送去一朵鲜花，故姆六甲也被尊为花王、花婆。有些麼公为主家祈福求子时插花施法即为祈求姆六甲显灵赐福，让主家早生贵子。

（二）融布洛陀神话入麼教经文

学术界一般认为原始宗教没有经典，至少是没有成系统的完整经书。但壮族麼教属于原始宗教与人为宗教之间的过渡形态，它将布洛陀神话融入麼经之中，经历代麼公整理加工、传承，内容越来越丰富，最终形成一本由麼公使用古壮字及少数汉字手抄，五言或七言押腰脚韵的诗歌体裁形式，中心内容以布洛陀神话为主，篇幅宏大、内容丰富、内涵深刻、风格独特且自成体系的壮族宗教经典。布洛陀神话是壮族麼经的基础。麼经以布洛陀神话为依托，生动形象地展现了布洛陀在壮族及

① 黄桂秋：《壮族社会民间信仰研究》，中国社会科学出版社2010年版，第163页。
② 李小文：《壮族麼经布洛陀文本产生的年代及其"当代情境"》，《中央民族大学学报》2005年第6期。

其先民心目中作为创世神、始祖神、智慧神、道德神和宗教神的神格风貌与演变过程，向世人宣扬了壮族麽教的精神信仰、思想观念、教规教义、道德原则和行事方式。

（三）奉布洛陀神谕为教规教义

布洛陀神话中关于布洛陀教诲壮族先民的内容几乎全被写进布洛陀经诗之中，成为壮族麽教的道德原则。布洛陀麽经包含着许多壮族伦理道德教条，还列举了家庭和族群之中的种种行为规范准则，如不准偷盗、不准争斗、不准损人利己等。壮族麽教尊布洛陀为至上神，其教诲理所当然也应列入教规教义。黄桂秋对麽教的教义教规进行了概括，其教义为：

> 建立在自然崇拜、生殖崇拜、祖先崇拜、勤劳创造、智慧福祉、亲善和睦、善恶报应等思想观念基础之上，在麽教教祖布洛陀和麽渌甲的灵光普照下，围绕着壮族社会生活中出现的人与自然、人与人、人与社会的矛盾冲突、天灾人祸，通过其教职人员布麽主持祭祖、祈福、传授、劝诫、赎魂、解冤、禳灾、超度亡灵等法事仪式，喃诵麽经经文，祈请教祖布洛陀和麽渌甲降临神坛，说人劝世，传授智慧，宣规明理，驱妖除怪，从而达到禳灾祈福、人寿年丰、国泰民安的美好愿望。并藉此使壮族及其先民的社会需要、道德需要、感情需要，以及能够托付自己的保护者的需要得到满足。①

其教规为：

> 入教者必须经过拜师受戒，见习三年，出师后方能入教；受戒后的布麽需终生敬奉布洛陀和麽渌甲为教祖，熟读牢记麽教经文；平时不吃狗肉，每月的初一、十五不能吃肉；不得偷盗或贪图他人钱财，不得调戏奸淫妇女；见到怀孕的妇女不能开口讲话，不能走过女人挂的衣裤下面，如果万不得已走过了，要翻掌遮天；要善待他人，不计较酬劳，有求必往等等。如有违犯，轻者作法会失灵，

---

① 黄桂秋：《壮族民间宗教与布洛陀文化》，《广西民族研究》2003 年第 3 期。

重者被逐出教门。①

（四）请布洛陀降临行法事仪式

壮族麽教经过长期的发展已形成一套较为固定和规范的法事仪式，壮语称之为"古麽"[ku⁶mo¹]，主要有三类：

（1）"麽唉"[mo¹pe：ŋ²]，即驱除不祥征兆；

（2）"麽呷"[mo¹kjap⁷]，即驱赶清除东西南北中各路冤鬼殃怪；

（3）"麽叭"[mo¹pja：t⁷]，即灾难发生后举行的驱赶剥离砍断的仪式。

麽公离家做麽之前，必须先给麽教主神布洛陀敬香后方可出门。举行法事仪式时，麽公必须首先诵唱经文恭请麽教主神布洛陀降临神位，然后再将主家的不幸和愿望相告，接着利用主神布洛陀的无边法力除魔驱邪，最后向主家转述布洛陀的教诲，要求主家依嘱行事，向布洛陀忏悔，求布洛陀赐福，从而达到消灾去祸、保佑家人平安、心想事成的目的。壮族民众认为，必须诚心诚意祭拜布洛陀，祈请布洛陀降临神位，麽公才有法力，做麽才能成功，法事才会灵验，主家才能受益。

（五）传布洛陀教诲为人界布麽

壮族麽教的"布麽"又称"麽公"，一般由成年男子担任，多为半职业性质，极少有不参加生产劳动而职业做麽的。根据壮族麽教教规教义，麽公收徒实行一师一徒制，不可父子相传，且必须先考核，合格后举行受戒仪式，从师三年方可自立门户单独做麽。麽公按由低到高分为"玄、文、道、天、善"② 等五个级别。麽公每隔一段时间，可请比自己级别高的麽公举行升级考核仪式，通过后即可提升一个级别，级别越高，法力越强。壮族麽公做麽的文献记录最早见于《龙津县志》：

> 龙州，男巫曰摩（麽），俗呼摩公，尊称之则曰老师，或称阿客。其传教无文字，口授而已。作业时席地盘坐，面向神，头戴巾，巾垂颈后，长尺许，巾色青红相间。衣服则服常服，无他饰

---

① 黄桂秋：《壮族民间宗教与布洛陀文化》，《广西民族研究》2003 年第 3 期。

② 同上。

也。法器有铁链、宝剑、木铎、小锣等具。咒语皆操土音，句整齐
而声悠扬，殊堪悦耳。操此业者，皆是乡村人，祈福消灾者多
用之。①

  麽公做法事吟诵布洛陀麽经的一个重要内容就是向主家传达主神布
洛陀的教诲，以神谕人。如麽经劝导人们尊老爱幼、孝敬父母，不仅有
专门的祭祖篇章特别强调要不忘祭祀祖先，还反复提醒人们："老人的
话就是宝，老人的话就是药。"这些都以转述布洛陀教诲的形式传达给
人们，而布麽则是沟通人界与神界的使者，请主神布洛陀教诲后人，指
点迷津。
  布洛陀宗教文化是一种原生态的壮族传统文化，是研究壮族古代社
会的发展历史、风俗习惯、宗教信仰、哲学思想、伦理道德、民间文学
和语言的一把"金钥匙"。首先，它以布洛陀麽经为经典文本生动形象
地再现了壮族古代社会的发展图景，是研究壮族古代社会历史文化的宝
贵资料。其次，它反映了壮族及其先民的自然崇拜、动物崇拜、图腾崇
拜、祖先崇拜、英雄崇拜等信仰，其中不仅有壮族本民族的神灵，还有
儒家、道家、佛教所推崇的神灵和英雄，展现了壮族的多元信仰文化体
系。再次，它包含着一些壮族的哲学思想，如壮族原始宇宙观、物质
观、朴素的辩证法思想等，对研究壮族先民的原始思维具有重要作用。
最后，它极力宣扬壮族推崇的伦理道德，倡导家庭和睦、族群团结、社
会和谐。当然，作为一种宗教文化，布洛陀宗教文化也有其糟粕，如在
家庭和社会道德伦理方面只强调妇女遵守妇道，却又轻视女权，不倡导
男女平等。

三　布洛陀歌圩文化

（一）"歌圩"与布洛陀文化

  关于歌圩，最早见于宋初乐史《太平寰宇记》中"聚会作歌"的
记载。历代文人诗歌、笔记及方志对这一习俗有着多重称谓："浪花
歌"、"跳月圩"、"墟会"、"赶季"、"唱欢"、"放浪"、"风流墟"、

---

① 李文雄、陈必明：《龙津县志》（铅印本），广西壮族自治区档案馆，1960 年。

"歌坡"和"歌圩"。① 潘其旭指出："所谓'歌圩',原是壮族群众在特定的时间、地点里举行的节日性聚会唱歌活动形式……由于这种活动是以相互酬唱为主体……犹如唱歌的圩市,后来人们把它统称为'歌圩'。"②

关于歌圩的由来,广西各地流传着各种传说故事。学界对于"歌圩"的起源也是见仁见智,其中具有代表性的观点有两种:

(1) 歌圩源于乐神。黄秉生指出,"原始宗教活动是壮族歌圩的母体,是它孕育了歌圩这种壮族人民所喜爱的形式",而男女爱欲的追求则是"促使歌圩从宗教母体中诞生的第一动力"。③ 邓如金也认为:"壮族先民聚集唱歌,目的是乐神。"④

(2) 壮族歌圩源于对偶生活。农学冠认为:"歌圩起源于远古对偶婚时代。"⑤ 胡仲实认为歌圩是古代实行族外婚姻的产物,通过对歌来相互了解和选择是古代壮族人民的一种民族形式。⑥

此外,还有壮族歌圩源于"祝捷娱乐"和"民族文化交流"等观点。

壮族歌圩起源的真实情况如今已无从得知,以上观点都有各自的依据和理由,我们也难以判断孰是孰非。但无论壮族歌圩是源于乐神,还是源于对偶生活,抑或源于"祝捷娱乐"和"民族文化交流",都与壮族始祖布洛陀及布洛陀文化有着密切的关系。"乐神"即以歌媚神,这里的"神"应为壮族先民的原始崇拜对象,而布洛陀是壮族先民心目中的创世神、始祖神、智慧神、道德神和宗教神,如果壮族先民"聚会作歌",以歌媚神,那么布洛陀作为一位地位显赫的神灵必定是极为重要的对象,广西各地流传至今的布洛陀经诗、歌谣中有许多颂扬布洛

---

① 陆晓芹:《"歌圩"是什么——文人学者视野中的"歌圩"概念与民间表达》,《广西民族研究》2004 年第 4 期。

② 潘其旭:《壮族歌圩研究》,广西人民出版社 1991 年版,第 287—292 页。

③ 黄秉生:《歌圩与壮族的审美意识》,《广西民族学院学报(哲学社会科学版)》1986 年第 1 期。

④ 邓如金:《漫谈壮族歌圩》,《民族艺术》1986 年第 4 期。

⑤ 农学冠:《壮族歌圩的源流》,载《少数民族文学论文集》,中国民间文艺出版社 1983 年版。

⑥ 胡仲实:《壮族文学概论》,广西人民出版社 1982 年版。

陀的内容就是明证。若壮族歌圩起源于对偶生活，那么其前提是壮族先民对族内群婚、乱婚等现象有了清醒的认识，如"从前人间没有伦理，世上还未曾立规矩道理"、"那时家公与儿媳共枕席"、"伯父与弟媳同睡"等，这些在布洛陀神话、经诗中都有记载，而壮族先民又将这种正确的认识归功于布洛陀的教诲，男女相会对歌，首先颂唱布洛陀，然后才唱情歌。"祝捷娱乐"与壮族先民的生产和生活密切相关，可以想象壮族先民集会庆祝胜利，分享丰收的喜悦场面，在喜悦之际，他们自然不会忘记是布洛陀创造了世间万物，并教给他们生产和生活的技能，如今聚会庆祝，理应饮水思源、歌之娱之。至于壮族歌圩源于民族文化交流之说，在某种意义上，就是汉族文化与布洛陀文化的交流。毋庸讳言，以上也是一种推测，甚至是一种想象性的推测。但"娱神"，是布洛陀的子孙"娱"以布洛陀为代表的神；"娱人"，是布洛陀的子孙"娱"自己。因此，从这一角度来说，壮族歌圩也可称作"布洛陀歌圩"，并由此形成了独特的布洛陀歌圩文化。

布洛陀歌圩一般根据壮族民众生产和生活的需要，固定在某个岁时节日举行，是民众表达思想、交流感情的重要聚会方式，是联结和巩固壮民族共同体的一种族群活动仪式和精神纽带。布洛陀歌圩文化是布洛陀文化体系的重要组成部分，它生动地体现了壮族民众的信仰观念、文化心理、民族性格、审美观念以及生活理想，从日常生活世界的角度展示了壮族及其先民的文化与生活概貌（见图1—1）。

图1—1　2003年敢壮山布洛陀歌圩

（二）敢壮山布洛陀歌圩

广西全区85个县、市中有40个有歌圩活动，共有642个歌圩点，大部分分布在桂西北左右江和红水河流域的河池、百色、南宁地区。其中，有10个歌圩点以上的有17个县、市；歌圩点最多的是百色市71个；歌圩规模在1万人以上的有75个。[1]　由此可

---

① 潘其旭：《壮族歌圩研究》，广西人民出版社1991年版，第50页。

见，广西歌圩主要分布在布洛陀麽经流传的区域，而百色盆地作为中国古人类发源地之一和壮族文化的发祥地，又是布洛陀文化主要的传承区域，其歌圩点数量最多，特别是那县敢壮山作为布洛陀文化遗址，这一圣地歌圩无疑具有典型意义。据那县县志记载：

> 春晓岩位于那县百育镇六联村那贯屯后背山上，离县城约 6 公里。……春晚岩歌圩持续三天，其中第二天人数最多，故有"初七人初聚，初八人满山，初九人渐散"之说。山歌对唱形式多样，有小组对小组，个人对个人，也有一人对数人的。对完山歌，男女双方你送我一双鞋子，我送你一条毛巾。"文化大革命"期间，歌圩被迫中断。1980 年改革开放以后复兴，每逢农历三月初七至初九，成千上万的男女从四面八方拥向春晓岩，山下停放着上百辆机动车和上万辆自行车，小摊点数不胜数。第三天，年轻人有的唱起流行歌曲，有的伴随收录机跳起迪斯科，有的举照相机拍摄，有的在树下弹吉他，有的登高远望，欣赏右江盆地秀丽风光。春晓岩歌圩富有现代生活气息。①

这虽然是那县县志对现代敢壮山歌圩状况的描述，但也从一个侧面证明了敢壮山歌圩是广西目前规模最大、人数最多、内容最丰富、风格最独特的壮族歌圩。据说敢壮山的形成也与布洛陀有关，是源于布洛陀的子孙给其拜寿。② 从古至今，壮族民众都视布洛陀为自己民族的祖先，壮族的神话、歌谣、经诗等都有大量传唱布洛陀开天辟地创造万物、教化后人等功德的内容。壮族麽经明确记载："祖公的家住在岩洞里，祖公的村寨在石山脚下。"敢壮山周围的壮族民众千百年来都把敢壮山视为布洛陀居住的圣山，各地的壮族民众出于对布洛陀的崇拜和信仰纷纷到敢壮山朝圣、对歌（见图 1—2）。

敢壮山歌圩与祭拜布洛陀相结合，使之成为壮族众多歌圩中文化底蕴最丰厚、最独具特色的歌圩。在歌圩上，人们一般先唱布洛陀古歌，

---

① 覃绍宽、陈国家：《田阳县志》，广西人民出版社 1999 年版，第 864—865 页。

② 黄明标：《敢壮山布洛陀文化圈之成因》，载牟钟鉴主编《宗教与民族》（第 4 辑），宗教文化出版社 2006 年版，第 295 页。

再唱情歌。布洛陀古歌包括祭祀歌和创造歌，祭祀歌包括经调、巫调和唐皇调，一般由麽公和长老演唱。创造歌主要以布洛陀造天造地造人造爱情为题材，其韵律、句式旋律以那县排歌为主。"布洛陀创世古歌有完整的套路，从形式来看有单独自唱的叙述排歌和男女对唱的问答歌，从内容来看有开头歌、敢壮山岩

图1—2   2003年敢壮山歌圩盛况

洞歌，有造天地、造万物、造人歌，有造火、造水、造稻谷歌，造牛、造鸡、造猪、造狗歌，还有收尾歌等，将这些歌组合起来，可汇成一部宏大的歌颂始祖布洛陀开天辟地造万物的史诗。"①

壮族自古以来就有"依歌择偶"、"以歌交情"的婚恋传统，敢壮山歌圩也是情歌荟萃之地。有歌为证：

> 男：初七有人去，初八满山前，
> 　　初九照样欢，不见妹你面，
> 　　今年妹不去，几时等明年，
> 　　明年水淹坝，妹出嫁后年，
> 　　当妻又当妈，想去敢壮山，
> 　　大的拦前面，小的拖后边。
> 女：初七妹就去，初八等哥连，
> 　　初九满山转，急不见哥脸，
> 　　妹等哥一年，几时等明年，
> 　　水淹坝容易，上敢壮山难，
> 　　哥当爸当郎，唱歌有人拦，
> 　　明年妹赶到，冷在敢壮山。

---

① 覃乃昌：《布洛陀寻踪：广西田阳敢壮山布洛陀文化考察与研究》，广西人民出版社2004年版，第81—82页。

这是一首由那县敢壮山下那贯屯农民黄婆于、黄公升演唱，那县人大常委会原副主任、博物馆馆长黄明标采录、翻译的情歌，每年农历三月初七至初九相聚敢壮山对歌在当地及周边壮族民众特别是男女青年心目中有着重要的地位。

（三）布洛陀歌圩的文化内涵与社会功能

布洛陀歌圩在壮族历史文化中有着特殊的地位和作用，是布洛陀文化体系的重要组成部分。

首先，布洛陀歌圩是传承布洛陀歌谣等民间文学的重要场所。布洛陀歌圩一方面要演唱传统的布洛陀创世古歌，颂扬壮族始祖布洛陀的无上功德；另一方面，男女对歌还会即兴创造许多优美的情歌，一对多、村对村、寨对寨等其他形式的对歌更是带有比赛的意味，这样就使布洛陀歌圩变成一个参与人数众多、内容丰富、极具壮族民族特色的群众性创作活动，其创作成果，如情歌、山歌等，是壮族民间文学的重要内容。各地每年定期举办的歌圩活动，在客观上为壮族民间文学提供了一个创作、交流、传播的自然载体。

其次，布洛陀歌圩是壮族婚姻文化的一个历史剪影。壮族各地历来就不乏歌圩起源于婚恋的传说故事，一些学者对此亦有精彩论述。青年男女共赴歌圩，"依歌择偶"的习俗，反映了壮族地区的婚姻关系，是建立在男女社交比较自由的社会生活的基础上，并使之在沿自原始群婚—对偶婚——一夫一妻制婚的发展历程中，从性质到形态都具有自己的民族特点。① 壮族歌圩中所反映的主要是从族外群婚到对偶婚和从对偶婚到一夫一妻婚发展阶段中的特殊过渡形式。

最后，需要指出的是布洛陀歌圩的形式和内容及其社会功能都在随着壮族社会历史文化的发展而变化。传统意义上的布洛陀歌圩更多的是发挥其"娱神"、"娱人"及"求偶"的社会功能，但如今的歌圩活动内容更丰富、形式更多样，而且还有政府或国家在场的影子，歌圩作为一种标志性的文化资本，也被加以经济的诉求。通过原始社会至今的长期实践与发展，布洛陀歌圩显示了其强大的生命力，并且还在全球化的舞台上不断对自身进行新的诠释。布洛陀歌圩的变化是一种常态，而且

---

① 潘其旭：《壮族歌圩研究》，广西人民出版社1991年版，第316页。

它对壮族民间文化传统还起着再建构的作用。

四　布洛陀文化精神

布洛陀文化是一种具有壮族民族特色的文化，它沉浸于壮族社会生活的各个领域，是壮族传统文化的核心和灵魂。布洛陀文化具有基于布洛陀崇拜和信仰的神圣性和超越性，用神话传说、民间歌谣和宗教等多种方式阐释了壮族先民关于宇宙社会人生的根本问题的认识，不仅使壮族及其先民得以安身立命，也使整个壮族传统文化有了一个主导方向。布洛陀文化精神主要体现在以下几个方面：

（一）开拓创造的实践精神

创造与创新是布洛陀文化精神的核心。布洛陀是创世之神，在布洛陀神话、经诗中，他开天辟地，创造了自然万物及人类。此外，他还发明了各种生产工具，并教育壮族先民如何摩擦取火、开荒造田、栽种水稻、制造水车、挖井筑坝、挖塘养鱼、围园种菜、饲养家畜、建造房屋、铸造铜鼓等所有生产和生活技能，这些实际上表现了壮族及其先民勇于开拓进取，善于创造创新的实践精神。正是这种精神鼓舞壮族及其先民战胜了强大的自然力量，使壮族得以繁衍生息，不断发展壮大。

（二）以“那”为本的农本主义

布洛陀神话传说和经诗中有大量有关“那”文化的内容，如布洛陀造谷、造田、播种、耕地、施肥、灭虫、收获等，俨然一幅早期壮族农业生产画卷。这实际上体现了壮族民众认为在各行各业中，稻作农耕是第一位的，是最重要的，是生活和生存的根本。这种稻作农耕至上的价值取向，形成了壮族及其先民千百年来未曾改变的以“那”为本的农本主义。

（三）兼容并蓄的民间信仰

布洛陀文化所包含的布洛陀信仰是多元的，既具有壮族的民族特点和地方特色，又受到汉族和其他民族文化的影响，形成了一种兼容并蓄的多元化的民间信仰。如前文所述，布洛陀神话的形成、发展及成熟与原始社会壮族先民对神灵的信仰和图腾的崇拜密切相关，“万物有灵”和“灵魂不灭”是它们共同的思想观念基础，如自然崇拜、动物崇拜、图腾崇拜、祖先崇拜、英雄崇拜等以原始崇拜为主的多神信仰，以及赎魂、占卜、祈祷等巫术宗教活动。这些壮族民间信仰形式不仅具有壮族民族特点和地方特色，而且还深受其他民族特别是汉族儒、道、佛文化的影响。比如，布洛陀经诗还提到"太上老君造了天地，太上老君安置阴阳"、"盘古重造百姓"、"佛道归佛道，佛道退给天仙"等，同时还特别强调伦理道德，重视祭祀祖先、孝丧之礼、兄弟之谊，这些内容应是受到道、佛、儒家思想的影响。伏羲、女娲、有巢氏、燧人氏、太上老君等汉族神祇，在某种意义上讲，都是创造者、发明家，代表了先进的生产力和文化。壮族及其先民没有盲目排外，让他们与布洛陀同列神位，也受到祭拜。如此一来，布洛陀文化就吸收了与壮族交往密切的其他民族文化的影响，表现在民间信仰上就呈现出多元共存、兼容并蓄的特点。

（四）互助互爱的道德伦理

道德伦理是布洛陀文化的重要内容。布洛陀麽经列举了壮族家庭内部及族群社会中的道德规范和行为准则，说明壮族自古以来就有尊老爱幼、互帮互助的传统美德。在麽经中，"去问布洛陀，去问姆六甲；布洛陀就讲，姆六甲就说"这四句话出现的频率最高，壮族先民遇到难题，只要请教布洛陀或姆六甲，所有问题都会迎刃而解。这实质上是壮族传统社会中村寨长老在生产生活中调解矛盾、组织生产、排忧解难的写照，并在壮族民众中形成了助人为乐、能帮就帮、替人排忧、为人解难的社会风尚。至于重视祭祀祖先、尊老爱幼、丧葬礼节、兄弟之谊等伦理道德更是为壮族民众所推崇和践行。这种互帮互爱的伦理道德观念形成了良好的社会风尚，对调节壮族群体及家庭内部关系，维系民族生存，促进社会和谐具有积极作用。

（五）安定和谐的生活理想

布洛陀文化重视生活安定，追求社会和谐。布洛陀经诗和神话都谈到布洛陀在创造世间万物后即花费大量精力调节人与自然、人与人、个人与家庭、个人与族群、家庭与家庭以及村寨群体之间的关系，制定相应的规范。布洛陀麽经要求人们不违天道、顺应天时，尊重自然运行的规律，善待自然、敬畏生命，确立人与自然的友善关系，以谋求人与自然和谐有序的发展。在《壮族麽经布洛陀影印译注》中有《解父子冤》、《解婆媳冤》、《解兄弟冤》等一系列解决家庭矛盾的行动，在《布洛陀造方唱本》中建立伦理道德，在《占杀牛祭祖宗》里建立孝道，规定了做人的道理和家庭成员间的义务权利。这种安宁有序和谐的价值取向，适应了稻作农耕的需要，①并在长期的生产生活实践中，成为壮族民众的生活理想和追求。

（六）民族团结的力量源泉

布洛陀文化是壮族的民族标志。它之所以对壮族特别重要，是因为它能够认同壮族的共同始祖，并形成具有壮族特色的民族文化，在壮族形成和发展历史进程中有着不可代替的作用。林耀华指出："共同文化特点是构成民族的最基本特征，或者说，文化是民族的根本尺度。"②作为一种"同种同文"的始祖文化，作为整个壮族民族文化的起点，布洛陀文化无疑是认定壮族民族身份的根本标志。"人类有一种与生俱来的本能，这就是寻根的欲望。文化越是发展，社会越是进步，人类的寻根意识越是强烈，越是自觉。"③布洛陀越神圣，地位越崇高，壮族的自信心和认同感便越增强，他们以布洛陀的伟大而自豪，以共同崇敬布洛陀而亲近和团结。④布洛陀文化包含着壮族及其先民对始祖的无限崇拜，展示了壮族的民族发展轨迹，为民族寻根提供了线索和路标，唤醒了壮族人民的民族自信心，激发了壮族人民的民族自豪感，增强了民族凝聚力，促进了民族团结与社会稳定。

布洛陀文化是在壮族人民长期的创造和积累中形成的，是延续壮民族"血缘"和"文缘"的纽带。它有着深厚的根基，在合适的条件下，会浴火重生，成为当代壮族人民重要的精神信仰和文化生活方式，让人们从中吸取智慧、勇气、德性和创新精神，守护壮族的精神家园，促进壮族经济社会和谐发展。

---

① 梁庭望：《布洛陀文化——壮族价值观的摇篮》，载牟钟鉴主编《宗教与民族》（第4辑），宗教文化出版社 2006 年版，第 244 页。

② 林耀华：《民族学通论》，中央民族大学出版社 1997 年版，第 196 页。

③ 陈建宪：《神祇与英雄——中国古代神话的母体》，生活·读书·新知三联书店 1994 年版，第 3 页。

④ 牟钟鉴：《从宗教学看壮族布洛陀信仰》，《广西民族研究》2005 年第 8 期。

第三节　布洛陀文化的现代解构

　　解构是后结构主义时代的典型产物。20 世纪 60 年代，德里达、利奥塔、福柯等人倡导解构主义，其目的是要反对自柏拉图以来西方哲学的形而上学传统。所谓解构，就是拆解完美结构。德里达等人试图将文化设想为一种文本，并认为任何文本都是一个不统一的、不稳定的、最终是自行拆毁的构造。解构主义"将文化视为一个文本其实是对文学文本的一种扩展，也就是将文学文本的范围加以扩大，进而包括所有形式的文化制品。换言之，我们只有假定不同的文化产品可以基本上按照德里达阅读传统文学文本的方式来'阅读'，文化解构才成为可能"。①解构主义类比性的表述对我们理解壮族布洛陀文化的解构具有一定的指导意义。

一　布洛陀文化现代解构的原因

（一）解构在布洛陀文化历史和文化生活之中

　　任何文化在历史变迁中，始终处于解构、建构，再解构、再建构过程之中。这种解构是文化自身运行的一部分。可以说，没有解构，就不可能有文化的发展。布洛陀文化自我拆解在纵向承继与横向传播两种过程中均有体现。由于早期布洛陀文化是一种言传身教的文化。无范本的布洛陀无论是言说的，还是仪式的，其纵向传承和横向传播都有遗漏、误读、添加、转义等现象出现。实际上，每一次传承和每一次传播，对布洛陀文化就是一次解构。我们今天所能看到的各地布洛陀文化，虽其核心元素较为一致，但其差异是相当巨大的。这种差异性正是布洛陀文化在纵向传承和横向传播的过程中不断被解构和建构的结果。大约在清康（熙）、乾（隆）年间，壮族地区出现了用古壮字抄写的经诗文本。②但文本在传抄的过程中也出现了诸多误抄和增删，于是出现了许

---

　　① 肃草：《关于文化解构》，《国外社会科学》2010 年第 6 期。
　　② 李小文：《壮族麽经布洛陀文本产生的年代及其"当代情境"》，《中央民族大学学报》2005 年第 6 期。

多结构差异的版本。版本结构的差异正是文本解构的产物，也是经典文化传承与传播过程中的普遍现象。

（二）政治化解构

由文化自省与反思，或由文化自我中心与文化偏见引发的文化批判始终对文化的变革产生重要影响。文化批判的权力化或政治化是文化解构的重要力量。近代以来的政治化解构直接导致了布洛陀文化的中断与消退。

广西壮族地区自改土归流以来，由于受到汉文化的影响加剧，风俗改革运动不断，布洛陀文化始终是风俗改革的重点对象。如民国二十五年（1936 年）广西省政府《改良风俗规则》第三十四条规定："凡麇集歌圩唱和淫邪歌曲，妨碍善良风俗，或引起斗争者，得制止之；其不服者，处以一元以上五元以下罚金，或五日以下之拘留。"中华人民共和国成立后，歌圩渐行恢复，但到 20 世纪 50 年代中期又遭禁止，"文化大革命"时期更是作为封资修的产物加以批斗，不少歌手含恨死去，人们谈歌色变。具有讽刺意味的是某地歌圩在进行时，政府派纠察队员前来抓人，用路边的红薯藤将歌圩场上的男男女女双手绑起，让他们去从事各种劳作。歌圩活动除了偏僻山村外，其他地方几乎销声匿迹。

据报道人黄达佳（壮族，男，1942 年出生，布洛陀非物质文化遗产国家级传承人）介绍，他父亲是麽公，但其眼睛不好，因此每次父亲出门做麽都得带上年幼的他，一来作伴，二来给父亲引路。父亲做麽所唱的麽经，他全部都能够背诵下来，耳濡目染，时间久了一同跟随的他在父亲的影响下学会许多做麽的技术，同时也能够背诵出许多经书的内容。谈到父亲做麽、自己学做麽期间的遭遇，黄达佳难掩面部痛苦的表情。他回忆说，最难忘的是"四清运动"和"文化大革命"期间的遭遇了，那时候父亲和他都被当作"毒草"和"牛鬼蛇神"被拉去批斗，背上插着长长的标语牌，头顶戴着高高的帽子，被游街示众，被罚站罚坐，被拉去扫大街，做麽用的法器和经书一波又一波被查抄销毁。

根据对黄达佳的访谈和查阅相关文献资料，20 世纪 90 年代末至 21 世纪初期，那县开展了声势浩大的"精神文明建设"活动，数次进行扫除封建迷信的政治运动。仅 1999 年就炸毁庙宇 977 座，2001 年，政府不仅召开大会宣传扫除封建迷信，还分发传单，利用广播、电视、墙板、墙报等形式进行全方位大规模的造势宣传。政府将麽公、道公、巫婆作为危害人们生活、阻碍社会进步的对象组织起来开办学习班，对他们进行思想改造，并且要求麽公、道公、巫婆带头拆庙宇，砸神像。根据资料记载，在这场政府组织进行的"精神文明建设"会战中，那县共召开了81场大会，参与大会受到精神洗礼的群众约3万人次，政府出宣传板报22期，印刷宣传资料1.3万余份，广播电视宣讲83场，收缴销毁麽公、道公、巫婆做法事所用的法器若干，烧毁大量的麽经、道公经书和巫婆所用的经书。此外，政府要求麽公、道公、巫婆写下保证书，保证不再做法事，不再从事封建迷信活动，危害社会危害人民群众。[①]

政治化解构造成的布洛陀文化在其生存发展过程中中断的事实从笔者对广西壮族自治区文化厅艺术研究院廖明君先生的访谈中也能够得到证实。廖先生在那县玉凤镇进行田野调查时对麽经抄本和麽公从业人员的探访并不顺利。他说：

> 人们根本不敢大大方方地承认自己是麽公，更不敢承认自己家里有麽经抄本，尽管当地群众介绍谁谁谁是麽公有手抄本，但当我们去找的时候都被他们否认拒绝，也是事后才知道，前几年或就在最近他们才被拉去派出所教育警告过，又怎么会承认呢？

（三）现代化的影响

现代化作为人类文明的一次巨大变革，其对民族社会文化变迁产生着重要的影响。现代化对于布洛陀文化解构的影响是多层面的，现代技术的进步和工业化、城市化进程不仅改变着布洛陀文化的物质基础，而且改变着布洛陀文化的消费模式和知识学习与传播方式。在现代社会，麽公不再成为人们学习传承布洛陀文化的重要力量，也不再是有一定影响的民族知识分子。再加上布洛陀传说故事、经诗的收集翻译出版，使得不懂古壮字、不会唱山歌的人亦可通过阅读布洛陀经诗译文和布洛陀

---

① 田阳县志编纂委员会办公室：《田阳年鉴（1996—2000年）》，广西人民出版社2004年版，第308页。

神话传说来了解布洛陀文化。歌圩的社会功能也在发生变化，不再是人们依歌择偶的重要场所。现代社会中人们交往方式多样，不需要再像过去通过赶歌圩对歌来寻找婚恋对象。随着社会的发展，歌圩作为男女相识定情的功能也逐渐式微，被解构的命运自然是不可避免。

二　布洛陀文化现代解构的表现

列维—斯特劳斯认为，文化结构必须具备四个方面的条件：首先，一个结构表现出系统的特征。对于它的某一组成成分做出任何变动都会引起其他成分的变动。其次，任何一个模型都隶属于一组变化，其中每一种变化都对应于同类模型内的一个模型，以致所有这些变化加起来便构成一组模型。再次，上述特质使我们能够预见，当模型的某一成分被更改的时候，该模型会如何反应。最后，构拟一个模型应当使其运行能够解释全部被观察到的事实。①

布洛陀文化是壮民族的一种文化体系，以神话故事、民族史诗、歌圩、民间麽教为核心内容，融传统体育、宗教、服饰、饮食、歌舞、语言等文化为一体，通过讲故事、做仪式、对山歌等符号活动模式来展现其文化内涵。布洛陀文化是一个多种文化特质的复合体，由外显构型和内隐的精神心理结构所构成。外显构型主要是指布洛陀文化被人们看得见的、定制化的物态内容和动态形式。内隐结构主要是指布洛陀文化的显性构型背后所蕴含的布洛陀文化精神及壮民族的心理结构。

布洛陀文化的现代解构主要表现在如下方面：

（一）布洛陀文化系统的破坏与文化断裂

布洛陀文化结构的拆解首先表现为布洛陀文化系统的破坏。一种文化系统一般包括环境系统与结构系统两部分。布洛陀文化系统的破坏在环境系统与结构系统两方面都有表现。

从环境系统的破坏看，由于现代化导致的壮族传统社会文化的变迁，布洛陀文化生存的环境系统遭到破坏，主要表现为城市化、工业化背景下的农耕生产与壮民族生计系统的改变，打工浪潮的出现导致的布

---

①　［法］克洛德·列维—斯特劳斯：《结构人类学》（一），张祖建译，中国人民大学出版社 2009 年版，第 257 页。

洛陀文化传播与传承的社会关系的变化以及与布洛陀文化形成互动与依存关系的壮族物质形态与精神形态的文化元素的变迁等。

从结构系统的破坏看，布洛陀文化的外显结构与内隐结构的组成元素均不同程度地出现变异、缺损。由于受到政治化解构和现代化的影响，作为布洛陀文化重要元素的经诗文本、宗教用具被查封销毁，布洛陀祭祀神堂、神像被捣毁，麽公等宗教神职人员被改造等。仅1999年，那县在全面清理县内的封建迷信场所时，就捣毁庙堂53处、神堂53间，收缴销毁道书、道具等一批封建迷信道具，举办道公、巫婆、神汉学习班22期，参加人数478人；2000年，又出动警力及各级领导干部近1万人次，对全县537名道公、巫婆、神汉、风水先生分别进行法制教育，共缴获封建迷信道具325套1198件，迷信书籍525册，摧毁庙堂神台977座。① 除此，大量的歌圩在政治化改造过程中也出现不同程度的破坏，许多歌圩场地凋落破败，无人问津。与此同时，麽公等神职人员被改造后，很少再进行布洛陀仪式活动。

由于布洛陀文化系统整体地被破坏，布洛陀文化的传承出现了断裂，不再成为一个传统的历史连续体。由于麽公陆续过世而又无传人，随着壮族地区现代文化进程的加快，传统口述文化被现代文本文化或网络文化的结构性取代，布洛陀神话、史诗等口传内容大量失传；大量布洛陀经诗被销毁，致使散落在民间的经诗文本难以形成相互印证的完整结构。

（二）布洛陀文化的"解构阅读"与"解构记述"

德里达等人的文化解构的主要目的之一是要确定文化作品作者的位置，即将由编辑"清洗"的作者实际意图和真实身份挖掘出来，以达到读者与作者的对话。② 这种所谓的"解构阅读"在布洛陀文化的阅读与记述中是一种反向解构，即将文化主体与文化意义等大量屏蔽，导致解读的碎片化。

近代以来，国内外学者，特别是壮族学者对布洛陀文化进行了抢救性调查、搜集、整理，使散存在民间的布洛陀文化得以记述，取得了较

---

① 田阳县志编纂委员会办公室：《田阳年鉴（1996—2000年）》，广西人民出版社2004年版，第308页。

② 肃草：《关于文化解构》，《国外社会科学》2010年第6期。

丰硕的成果。但由于受到时代背景，解读理论、方式，记述工具与技术，搜集整理者的学科局限等因素的影响，学者们在阅读和记述布洛陀文化时，进行了"解构阅读"和"解构记述"。其一，对布洛陀神话、传说、故事，经诗文本，以及宗教等文化事象进行选择性阅读与记述，以致许多有价值的布洛陀文化消失在田野中，人们永远无法知悉其真貌。笔者曾访谈了20世纪70年代曾到巴马所略乡收集布洛陀麽经手抄本的何承文。据何承文说，在收集布洛陀神话文本的时候有很多关于"性崇拜"的情节都被人为地删掉，因为在当时那样的情节被认为是"黄色的"、"不健康的"，必须予以摒弃。这无疑会造成布洛陀神话失去原有面貌，被解构。其二，对布洛陀文化进行碎片式阅读与记述。在布洛陀文化搜集、整理和研究中，常常出现文本的误读，文化元素的省略、遗漏，意义的漠视等现象，以致展示的布洛陀文化被有意无意肢解后，与其本真性渐行渐远。其三，阅读、记述即写作。阅读即写作是解构主义的基本观点。对布洛陀文化的阅读、记述，涵盖了大量作者的写作内容。这包括麽经由古壮文的转译，神话、传说、故事的作者转述与情节添加，更有甚者，还存在作者假借民间之口，有目的地编写故事等。

（三）建构的解构

建构的解构是文化发展的常态，它既是文化解构的原因之一，也是文化解构的一种方式。布洛陀文化的历史发展始终处于建构、解构，再建构、再解构之中。但我们这里要强调的建构的解构是在布洛陀文化传统"发现"过程中的解构，即当代重构的解构。布洛陀文化的当代重构不是也不可能是对布洛陀文化传统的原貌恢复，只是当代人解构后的建构。布洛陀文化解构是重构的前提，解构在建构之中。布洛陀文化建构的解构是借用部分布洛陀文化传统的元素，将其与现代文化元素和他族文化元素相互包裹。尽管人们对重构的布洛陀文化有恢复传统的宣称，但布洛陀文化传统无论其结构、功能和意义都在建构中被拆解了。

第二章

布洛陀文化当代重构的历程

　　布洛陀文化的当代重构始于 2002 年 6 月 26 日古笛①对布洛陀古居的"发现"，后经彭洋②的策划、新闻媒体的报道、专家学者的考察论证、地方政府的组织引导和民众的参与，迄今已走过 10 多年的历程。这一过程纷繁复杂，有众多的组织成员参与其中。从布洛陀文化重构的层次来看，包括布洛陀文化的观念重构和实体重构。布洛陀文化观念重构主要是确立敢壮山——"布洛陀遗址"和布洛陀——"壮族人文始祖"的神圣地位，而这一系列观念的认同必须通过专家学者考察论证、媒体广泛报道、政府组织引导、民众积极参与等环节形成"合力"才能实现。布洛陀文化实体重构，即布洛陀文化元素的时空展示。换言之，就是将布洛陀文化元素镶嵌在相关实物中，再通过该实物体现相应的布洛陀文化观念。

---

　　① 古笛，本名施学贵，中共党员，1932 年出生于广西南宁市南阳镇，壮族著名诗人、词作家，在中国当代诗坛有"南古（古笛）北乔（乔羽）"之誉。1949 年参加革命工作，历任广西永淳、南阳等粮支前委员会委员、宣传干事，解放军 0060 部队文艺战士，广西邕宁县文化馆馆员，广西歌舞团创作员，广西艺术创作中心调研员，广西民族文化艺术研究院研究员，国家一级编剧，曾获广西壮族自治区荣誉勋章、首届国际文化艺术金球奖、首届人类贡献奖文学金奖。

　　② 彭洋，作家、书法篆刻家、文艺理论家、旅游和文化产业策划人，中国作家协会会员、中国书法家协会会员、广西收藏协会会长、广西文化产业协会常务副会长、广西北部湾书画院副院长、岭南印社社长，南宁国际民歌艺术研究院和广西纵横文化发展有限责任公司的法人代表，其公司主要成员为广西一些知名作家、学者和成功企业家。

第一节　"发现"与"策划"

2002 年 6 月 26 日，古笛在那县敢壮山"发现"了"布洛陀古居"。南宁国际民歌艺术研究院院长彭洋获悉古笛这一重大"发现"后，立即着手策划、运作，首先是通过新闻媒体的报道将古笛的"发现"告知公众，而后又与那县地方政府合作，邀请有关专家学者实地考察并召开敢壮山布洛陀遗址座谈会，通过专家学者的论证确立了敢壮山布洛陀遗址的神圣地位，从而揭开了布洛陀文化当代重构历程的序幕。

一　古笛的"发现"

敢壮山"布洛陀古居"的"发现"确实具有一定的偶然性和戏剧性，因为它不是考古学家或人类学家等专家学者的"发现"，而是一位具有浪漫情怀的壮族诗人、词作家的"发现"。对于这一发现，至今学界不乏异议。为了解当时的真实情况，2011 年 10 月 13 日，笔者在原南宁日报社副主编谢寿球和南宁市艺术研究所所长梁肇佐的陪同下前往南宁市邕江医院看望古老。听说有学生要来请教一些关于那县布洛陀的事情，病重的古老让侄子为他梳洗干净坐在轮椅上等待我们的到来。此次访谈约三个小时，由于病情导致发音模糊，古老的一些话语还需经谢寿球翻译转述。关于 2002 年"发现"之旅的访谈主要内容如下：

L[①]：古老师，6 月并不是歌圩时节，当时是什么原因促使您要到敢壮山去看看的？

G（即古笛）：我和我的好朋友黄勇刹[②]一直都在寻找老祖宗的老家，也常常听他提起敢壮山，只是自己以前没有仔细地去看过，现在黄勇刹不在了，我到田阳了，时间又有富余的，一来为了看看常被人提起的敢壮山，二来看能不能对寻找布洛陀的老家有新

---

① "L"即笔者，访谈人与访谈对象均取姓氏第一个拼音字母大写，下同。
② 黄勇刹，原名玉琛，壮族，民间文艺学家，广西奉议（今那县）人。

的收获，所以我当时要求县里的人陪我一起到敢壮山去看看。

　　L：到了敢壮山之后，您凭什么就说敢壮山是布洛陀的老家呢？

　　G：我一到那里就发现，虽然不是歌圩时节，但是通往山上祖公祠的小道上到处插满了香烛，这个使我心头微微一震，但最让我受震动的是当我听到"敢雄"① 这个发音的时候，我就认定这里是老祖宗的家了。

　　在访谈中，经谢寿球补充，笔者得知古笛的"发现"缘于一次答谢之旅。2001 年 7 月 1 日，古笛曾应邀担任那县山歌大赛评委，时任县委书记于开林代表那县赠送给他一本县志。2002 年 6 月 26 日，已是 70 岁高龄的古笛先生专程将自己从艺 50 年的成果汇集——《古笛艺文集》（一至十卷）送到那县，作为答谢。访谈结束后，笔者根据古老的说法，查阅到了《古笛艺文集》中的有关记述：

　　　　由于不逢歌圩时节，看不到前人所说的盛况；但在那县县委宣传部黄部长、县人大副主任兼博物馆馆长黄明标，县文联副主席以及那籍著名作曲家李学伦②先生等的陪同下，我终于代表黄勇刹和蓝鸿恩先生到了春晓岩。考察过程中黄明标同志给我介绍了极其重要的情况，据他所知春晓岩这一名字是明代一位过往的风水先生（江西秀才郭子儒）所题。而自古以来这一带的人都叫这座山作"敢壮"。山上原有"祖公庙"和"母娘岩"、"望子岩"、"鸳鸯泉"、"圣水池"、"蝗虫洞"……诸多亭、台、阁、塔等名胜古迹，可惜早于 1958 年大跃进时都被人为毁掉。我听到"敢壮"这一说豁然心胸开朗，茅塞顿开，情怀为之激动而非常振奋，略为思忖后

---

　　① "敢雄"在壮语里是"山洞"的意思。壮语称岩为"敢"，称洞为"仲"；即"敢"是石岩，"仲"（壮）是洞穴；居住于"敢仲"（敢壮）的人——布洛陀和他的子孙就成了"仲"（壮）族人。故此布洛陀从远古时代就自称为"布仲"（布壮），也就是壮族族名的起源。

　　② 李学伦，原右江民族歌舞团团长、国家一级作曲家。

心中的话脱口而出：“噢！布洛陀的古居，终于找到了！”①

此外，《古笛艺文集》还记录了 2002 年 8 月 8 日古笛在那县县委、县政府和南宁国际民歌研究院联合召开的敢壮山（春晓岩）布洛陀遗址研讨会上的发言，再次讲述了当时“发现”布洛陀遗址的情形：

> ……到这儿来，我强烈要求县委宣传部黄部长带我到春晓岩看一眼，不能到山顶，在山脚下感受一下也可以。要知道这是我几十年的追求，就像孤鸟寻巢一样，找不到它的老窝死也不瞑目。那天，那县的领导觉得我的年岁比较大了，天气很热，就想改天再去，下次再说。另外当时又不是歌圩季节，也看不到什么东西，所以想婉言拒绝，但我非去不可，于是几位领导还有与我长期合作的李学伦先生（国家一级作曲家）等只好陪我一起去了。我苦苦地追求了几十年的布洛陀古居，终于在黄明标同志向我介绍情况时提到的“敢壮”和“敢雄”这两个地方找到了，当时我心情很激动，几乎想大声欢呼：“啊！我找到了，找到我的根了！”后来黄明标同志给我写了信，提供了很多非常珍贵的资料。加上谢寿球同志从《布洛陀经诗》里找出了一些很有说服力的依据，经过进一步思考，我认定那县敢壮山就是我们始祖布洛陀和姆六甲生活过的地方，这是绝对没有疑问的。布洛陀是那县当地人没错……②

以上有关情况笔者也曾访谈了当时在场的黄明标③，其说法与古笛基本一致。另外据黄明标说，尽管古笛当时为自己的“发现”而激动不已，但并未引起那县陪同官员的重视，在当地也未产生什么反响。

二 彭洋的“策划”

2002 年 6 月 30 日古笛回到南宁后，将自己的“发现”告知关门弟

---

① 《古笛艺文集》（第十一卷），中国广播电视出版社 2004 年版，第 5 页。

② 同上书，第 13—14 页。

③ 黄明标，时任那县人大副主任、县博物馆馆长。

子若舟①和南宁国际民歌艺术研究院院长彭洋。彭洋作为广西本地的文化精英和文化商人，极为重视古笛的"发现"，是敢壮山布洛陀文化遗址早期策划和运作的主要推手。他以专家和商人的敏感洞悉了这一"发现"的文化价值和经济价值，并以南宁国际民歌艺术研究院为平台，围绕敢壮山布洛陀文化遗址的认定、布洛陀文化产业的开发积极策划运作，主动与新闻媒体、那县政府和专家学者沟通、合作，协同那县政府先后召开了三次布洛陀遗址座谈会。2011 年 10 月 12 日，笔者在谢寿球陪同下到南宁国际民歌艺术研究院拜访了彭洋，详细了解了布洛陀文化遗址认定、策划运作的有关情况。

　　L：彭老师，您好！听说您是敢壮山布洛陀文化得以实现旅游开发的主要策划人，您能回忆一下当时的情况吗？

　　P（即彭洋）：可以。时间应该是 2002 年，当时应该是夏季，古笛从那县回来就找若舟讲了敢壮山这个事情，说那里很有可能就是布洛陀的老家，若舟觉得事关重大，立马叫上我，还有谢寿球，我们几个人在一起开了个小型座谈会。一致觉得古笛的这个发现很有意义。我虽然不是壮族人，但也算半个吧，我妻子孩子都是壮族，所以这种民族感情我也应该具备，找到一个民族的"根"的意义非常重大。再说，我是搞文化产业策划的，什么东西具有策划的价值、具有经济价值，我有自己的敏锐的感觉，"敢壮山"这个"发现"不低于"乐业大天坑"②的商业价值。

　　L：那您能记得起当时您是怎样和那县政府沟通，又是怎样推动布洛陀成功策划的吗？

　　P：我记得当时应该是 7 月份，具体时间记不清楚，一起去的还有谢寿球、农超③。到那县后，我至今记得当时有趣的情节，因为我是搞文艺评论出身的，他们以为我是为文学而来的，那县的工

---

① 若舟，本名黄景林，广西诗人、词作家，南宁国际民歌艺术研究院副院长。
② 1998 年国土资源部在广西壮族自治区百色地区乐业县进行土地资源调查时，发现一种世界罕见的地质奇观——喀斯特漏斗群，又称乐业天坑群。乐业县被誉为"世界天坑之都"、"世界天坑博物馆"。
③ 农超，南宁日报社记者。

作人员还专门派了他们宣传部的同志过来接待。我就告诉他们，我这次来不是为了文学，而是为了布洛陀为了敢壮山。在我的要求下，黄明标陪同我们一起上敢壮山考察。一路上他详细地给我们介绍了敢壮山歌圩状况以及每年农历三月初七到初九的祭祀盛况。回到县城，我给当时的县委相关领导谈了我对古笛"发现"敢壮山的看法，也讲了自己的初步预想，不过当时的政府领导并不在意这件事情，也不怎么热心。

L：那县政府不热心这件事情，那后来的一系列状况又怎么会发生呢？

P：从那县回来后，谢寿球和农超就写了关于发现壮民族根的相关新闻报道，并在媒体公开发表，实际上是应了一句"墙内开花墙外香"的古语，在那县及壮族人自己还不知道情况的时候外界就已经知道了。在这种情况下，我们又先后好几次去那县考察，因为当时媒体的宣传已经把布洛陀把那县推到风口浪尖，这时的县委领导对于我的构想在某种程度上是非常认同的。

L：您说政府认同您的构想，能否具体说说他们怎样表现他们的认同和支持？

P：可以。在我的记忆中，那县当时的县委书记于开林在这个过程中作用是非常大的。可以说没有于书记的鼎力支持这个事情的进度不会这么快。我记得当时我和于书记坐同一辆车从那县出发到南宁接学者到那县参加"布洛陀遗址论证会"，在车上，于书记跟我说："彭洋，敢壮山、布洛陀的事情我就交给你办了，你要什么跟我说，要钱我给，要开研讨会我支持，我给你准备场地，总之，只要是做与布洛陀有关的事情合理的我都支持，你最好给我做一个切实可行的方案出来。"我当时就觉得热血沸腾，你知道，在中国办事只要政府支持那就好办了，这给我以后的工作增加了无限的力量和勇气。

L：您能具体谈谈当初对敢壮山包装策划的思路吗？

P：可以，但时间已经很久，记不清楚，不过我的策划方案都有存档，有机会可以给你，那样你会更明白。我现在只能大概说说。我觉得一个项目要策划首要的是项目本身具有策划的价值才行。首先得让你知道它的存在以及存在的意义，之后就是要有科学依据，这样就需要学术论证。最后还要有行之有效周密的策划方案。方案的内容很多，涉及的面很广，不仅有敢壮山本身的包装，还有相应产品的开发。这些我都设计过，至于那县有没有执行那是后话。

访谈结束后，笔者根据访谈录音和彭洋先生提供的有关材料，进一步理清了布洛陀早期策划与运作的有关情况：

（1）2002 年 7 月 2 日，彭洋邀请古笛、谢寿球、农超到南宁国际民歌艺术研究院开座谈会。彭洋认为古笛的"发现"可与"乐业天坑"媲美，布洛陀古居的"发现"是事关壮族全民族的大事，应立即向社会公开这一重大发现。①

（2）2002 年 7 月 6 日，彭洋邀请谢寿球、农超和何健渣②等人前往敢壮山考察。7 月 13 日，《南宁日报》首次向社会公开报道古笛的"发现"。

（3）2002 年 8 月 4 日，彭洋邀请古笛、黄振南③、谢寿球等人到南宁国际民歌艺术研究院座谈，并请与会人员传阅了其草拟的敢壮山寻祖探访方案。④ 座谈会后，彭洋确定了前往敢壮山考察和召开研讨会的初步方案，着手与那县有关方面联系和磋商，并将南宁国际民歌艺术研究院和广西纵横文化发展有限责任公司拟定的《百色那县布洛陀遗址保护开发基本思路》提交给有关部门参考。该策划方案共六个部分，主要内容如下：

> 第一部分前言认为古笛先生的"发现"及南宁国际民歌研究院组织的考察认定，壮族始祖布洛陀遗址发现将了却分布于全国乃

---

① 根据彭洋先生提供的南宁国际民歌艺术研究院《那县敢壮山布洛陀发现考察纪事》整理。

② 何健渣，右江日报记者。

③ 黄振南，广西社会科学院历史研究所所长、研究员、历史学博士。

④ 根据彭洋先生提供的南宁国际民歌艺术研究院《那县敢壮山布洛陀发现考察纪事》整理。

至世界各地数千万壮民族及壮泰语系民族寻根问祖的文化情结，也将揭开壮族"根"在何处的千古之谜。第二部分主要阐述布洛陀遗址发现及保护开发的学术方面和旅游开发意义。第三部分为布洛陀遗址保护开发的初步规划，强调"准确定位，突出特点"的原则和"学术开路，文化先行"的保护开发原则，并建议当地政府"开展深层次的学术研究和论证，促使遗址得到国家及国际权威机构的确认"、"聘请国家级旅游规划设计院对敢壮山规划设计，建设一个类似黄帝陵、孔庙的敢壮山壮族文化园"。第四部分是布洛陀纪念馆（祖庙）等遗址保护开发十大项目。第五部分为遗址保护开发的组织协调。第六部分综述指出："百色那县布洛陀遗址保护开发基本思路是南宁国际民歌艺术研究院从今年6月古笛先生首次推出布洛陀遗址观点以来，综合了百色部分专家学者及各界人士的意见后，组织专业人员调研后提出的，供百色地委和百色行署、那县县委和县政府参考。"①

（4）2002年8月8日，那县召开"敢壮山（春晓岩）布洛陀遗址研讨会"，这是在彭洋南宁国际民歌艺术研究院策划运作下成功举行的第一次布洛陀文化遗址研讨会。彭洋在此次会议上两次发言，指出敢壮山壮族始祖古居遗址的发现具有重大意义，应抓住机遇，尽快通过专家学者考证，全面策划，实现"学术的布洛陀"——"文化的布洛陀"——"旅游的布洛陀"的转化，促进民族文化的产业开发，并建议政府加大人力、物力、资金的投入，大力发展具有民族特色的旅游业。

（5）2002年9月2日，在彭洋的策划和推动下，那县向百色地区行署请示邀请中国社会科学院和中央民族大学等有关科研机构和高校的专家学者实地考察敢壮山，并召开学术研讨会。

（6）2002年9月10日，应那县县委、县政府邀请，彭洋会同谢寿球、罗宾②前往那县协助有关部门筹备"壮族始祖古居遗址暨布洛陀文化大观研讨会"，准备了大量会议材料，并确定了会议时间、研讨方式

---

① 参见《那县敢壮山布洛陀遗址考察座谈会材料（一）》，第8—13页。
② 罗宾，广西壮族自治区少数民族古籍整理规划出版领导小组办公室主任、研究员。

及活动安排等有关事宜。

（7）2002 年 9 月 16—17 日，经彭洋的策划和协助，那县召开了第二次敢壮山布洛陀遗址研讨会，中国社会科学院、中央民族大学及广西本地的专家学者、领导干部和记者 30 余人参加会议。

（8）2002 年 9 月 24—25 日，在彭洋南宁国际民歌艺术研究院和那县政府的共同策划下，第三次那县敢壮山布洛陀遗址研讨会召开。

（9）2002 年 12 月 1 日，那县布洛陀旅游开发领导小组办公室决定委托南宁国际民歌艺术研究院作为开发以布洛陀文化品牌为中心的那县壮族文化旅游资源的总策划公司。具体策划的内容包括：

> 基础案策划，2003 年那县布洛陀文化旅游品牌广告宣传策划，2003 年敢壮山歌圩活动策划，大型艺术多媒体史诗剧《布洛陀》策划，百米壁画长卷《布洛陀》策划，布洛陀碑林及楹联策划，音乐光盘《布洛陀古歌》、《壮族祖歌》策划，布洛陀文化书库策划，布洛陀文化系列旅游纪念品市场营销策划，壮王酒或布洛陀酒产品设计及市场营销策划，布洛陀菜系列策划，那县布洛陀文化旅游 VI 系统策划，敢壮山雕塑群策划及设计方案策划，布洛陀宫、土司衙门、碑林、歌圩三维动效光盘制作策划，敢壮山布洛陀大型沙盘策划，50—100 集动画故事片《布洛陀》策划和民族旅游商品集散策划等 11 项。①

（10）2002 年 12 月 20 日，南宁国际民歌艺术研究院与那县政府签订合作协议，明确了委托项目及相关费用和各项目完工时间，要求整体项目在 2003 年 1 月 20 日前完成，整个策划费用为 50 万元。到 2002 年底，在彭洋主持下，南宁国际民歌艺术研究院先后完成了《布洛陀遗址开发策划思路》、《布洛陀文化艺术大典策划方案》、《敢壮山雕塑群策划及设计方案》等，提出了对敢壮山开发建设的基本思路、敢壮山歌圩开圩仪式，以及布洛陀和姆六甲雕像设计策划方案。

---

① 根据那县布洛陀旅游开发领导小组办公室给南宁国际民歌研究院的委托书有关内容整理。

关于方案内容，兹以《布洛陀文化艺术大典策划方案》为例说明：

《布洛陀文化艺术大典策划方案》包括 14 个方面的内容：一、导言；二、背景分析；三、主题设计的根据和理由；四、大典活动总体构想；五、现代民歌歌咏大赛；六、大典开场晚会；七、敢壮山歌圩；八、经贸活动及饮食一条街；九、纪念品创意；十、基础设施建设；十一、安全与消防；十二、广告宣传策划；十三、费用概算；十四、组织形式。

······

九、纪念品创意①

1. 十二子部落图腾"五色吉祥伞"：以鸟、蛙、鱼等十二子部落形象图案，制作"五色吉祥伞"有实用性，又具有收藏价值。敢壮山歌圩上还可以点缀成美丽奇特的景观。

2. 布洛陀、姆六甲等众神红陶塑像：以红陶为材料，取其色泽古朴厚实、艺术特色浓郁、价格经济实惠的特点，让人民群众花几块钱就能买到一尊神明塑像。

3. 《布洛陀经诗》CD 光盘：抓紧保护和利用好国宝级民间歌手黄达佳等一代名师，录制汉、壮两种口语的《布洛陀经诗》CD 光盘，其纪念性和实用性极强。

4. 创作、制作《布洛陀古歌》、《壮族祖歌》CD 光盘：把布洛陀史诗般的经诗和传奇浓缩创作成《布洛陀古歌》、《壮族祖歌》，并制作成 CD 光盘，扩大那县敢壮山布洛陀文化遗址的影响。

5. 出版布洛陀文化遗址考察专著、画册：详细记叙布洛陀文化遗址发现、考察、确认的经过，展示布洛陀民族文化源远流长，壮族古风盛世的壮丽画卷。让世界了解那县敢壮山，让那县敢壮山走向世界。

客观地说，彭洋关于布洛陀的策划还是比较成功的。首先，借助媒体报道将古笛的"发现"公之于众，引起社会各界关注。其次，主动

---

① 该资料由谢寿球提供电子版，后经彭洋确认并同意使用。

与专家学者和地方政府沟通,连续举办了三次敢壮山布洛陀遗址研讨会,确立了敢壮山布洛陀遗址的神圣地位。再次,主动向那县政府提出关于布洛陀遗址保护开发的基本思路,与那县签约制定了《布洛陀文化艺术大典策划方案》等一系列策划方案,为那县布洛陀遗址的早期开发提供了参考依据。

第二节 媒体报道与学界论证

《南宁日报》的报道,将古笛个人的"发现"曝光成一件受到广大公众关注的重要事件。此后,各大媒体特别是《人民日报》、中央电视台等国家级权威媒体的介入,更是助那县布洛陀热升温。专家学者们经过实地考察和研讨论证,最终确立了敢壮山布洛陀遗址的神圣地位。学界论证为地方政府保护和开发敢壮山布洛陀遗址提供了学术依据和智力支持,媒体报道则为之鼓与呼,营造了一个保护壮族精神家园的社会舆论环境,成为布洛陀文化重构的两大重要力量。

一 媒体报道

笔者在那县进行田野调查的时候不止一次听到当地老百姓说:"都是记者炒出来的布洛陀,原来我们根本没有听说过。"关于出现这一说法的原因我们暂且不论,但这一说法无疑从普通民众的视角说明了媒体报道在布洛陀文化当代重构历程中的重要作用。

谢寿球是一个全程关注并参与报道布洛陀文化重构历程的重要媒体人和见证人。如前所述,他在获悉古笛的"发现"后即赶赴南宁国际民歌艺术研究院参加了彭洋主持的座谈会,并随后前往那县实地考察采访。他和记者农超采写的消息《那县发现壮族始祖布洛陀遗址 专家称如果遗址得到确认将揭开壮族族源的千古之谜》在2002年7月13日《南宁日报》头版显著位置发表,这是新闻媒体首次向社会公众报道那县发现布洛陀遗址。

根据谢寿球提供的《关于寻找布洛陀遗址报道策划情况的汇报》材料,笔者发现他们原来计划在《南宁日报》报道后立即在《广西日报》、《南国早报》和《当代生活报》这三家媒体同时报道，营造声势。
但是出乎意料的是从网上传给这三家媒体的稿件全被退回，而且原来约
定一起采访发稿的《右江日报》也一字不发。为打破广西媒体反应冷
淡的局面，谢寿球在原报道计划遭挫折后决定采取迂回的办法争取高层
的支持，于2002年7月22日通过网络把《那县发现壮族始祖布洛陀遗
址》的消息发往中央的各个主流媒体和网站。2002年7月25日，人民
网全文转发了《那县发现壮族始祖布洛陀遗址　专家称如果遗址得到
确认将揭开壮族族源的千古之谜》。

　　2002年7月31日，《人民日报·华南新闻》也以《那县发现壮族
始祖布洛陀遗址，专家称可能揭开壮族族源千古之谜》为题在一版转
发了谢寿球、农超采写的消息，原标题和内容略有删改。《人民日报》
的报道引起了社会各界的广泛关注。新华社记者黄革见报当天立即采访
了古笛。2002年8月1日，中央人民广播电台播发了《那县发现壮族
始祖布洛陀遗址》的消息。8月2日，中央电视台西部频道也报道了
"那县发现壮族始祖遗址"的消息。同日，百色地区《右江日报》也转
发了这一消息，并于8月6日报道了地委书记高雄到那县考察壮族始祖
遗址的消息。2002年8月3日，《南宁日报》在文化版发表本报记者谢
寿球、农超撰写的特稿《寻找壮民族的根·壮族始祖布洛陀遗址寻访
记》，那县政协将其编印为宣传手册在右江地区广大壮族群众中广为散
发。8月4日，新浪网、搜狐网、网易网、雅虎网、中新网、联通网、
中华网、北方网、东方网、大洋网等主要新闻网站转发了人民网和
《人民日报》由谢寿球、农超采写的消息《那县发现壮族始祖布洛陀遗
址》。到8月10日左右，共有1800多个网站及港、澳、台及国外的许
多华文报纸如《大公元报》、《旧金山日报》等转发该消息。一时之间，
那县敢壮山布洛陀遗址成为海内外关注的热点。

　　2002年8月初至9月底，在彭洋策划下召开的三次布洛陀研讨会
都有记者参加，各相关媒体也在第一时间报道了研讨会的有关情况。新
华社广西分社记者黄革、《南宁日报》记者谢寿球和农超、《广西日报》
主任记者蓝阳春、广西电视台新闻中心记者蒋维和韩劲松等人参加了
2002年8月8日第一次研讨会。广西电视台新闻频道、新华社新华网、
《右江日报》、《人民日报·华南新闻》、《广西民族报》等多家新闻媒

体先后报道第一次研讨会的有关消息，使得社会各界对那县敢壮山布洛陀遗址的发现更为关注，那县政府有关部门也随即紧锣密鼓地开展相关工作。

参加 2002 年 9 月 16—17 日举行的第二次那县敢壮山布洛陀研讨会的新闻媒体界人士有：新华社对外部记者王瑾、《南宁日报》记者谢寿球、《南宁日报》特刊部主编农超、广西美术出版社副社长兼阳光之旅杂志社社长叶斌、《广西民族报》社长蒙飞、广西民族出版社主任编辑覃承勤、《广西日报》副刊部编辑甘毅、《南国早报》采访中心副主任罗劲松、《当代生活报》记者谭众和李军、《广西民族报》记者蒙树起、《广西政法报》特刊部编辑苏林、《八桂都市报》摄影部主任蒙海，以及广西电视台制片人畅剑泽和两名随行记者。《右江日报》、新华网、《广西日报》、新桂网先后报道了第二次研讨会。有报道还指出"北京来的专家一致认为，可以认定那县敢壮山是壮族先人们生活过的地方，是壮民族共同的精神家园"。第二次研讨会的有关报道也被国内多家网站转发，"北京来的专家"的观点也为世人所知，给公众带来了一种"国家在场"和认同的象征性的暗示，在一定程度上加快了布洛陀文化重构的步伐。

2002 年 9 月 23—25 日，谢寿球随同广西壮学学会专家及南宁国际民歌艺术研究院彭洋等人到敢壮山考察，并参加第三次布洛陀文化遗址考察座谈会。那县及百色电视台、《广西日报》对第三次考察研讨会进行了报道，随后国内其他媒体、网站及香港、台湾地区的一些媒体也纷纷转发有关报道。

此后，新闻媒体一直密切关注着那县敢壮山布洛陀文化遗址的开发，并重点围绕 2003 年以来定期举办的敢壮山歌圩、布洛陀文化旅游或民俗文化节进行了一系列报道。特别是中央电视台（CCTV—4）2006 年在那县敢壮山歌圩拉开当年新推出的系列直播节目《传奇中国节》的序幕，首场直播《放歌三月三》，使布洛陀文化走出广西，走向世界。2007 年中央电视台（CCTV—10）《探索・发现》栏目推出专题节目《寻踪布洛陀》，节目从考古学、人类学和语言学的角度指出："根据统计，在今天的世界上，大约有 1 亿人使用壮泰语系，其中在中国的约有 2500 万人，其余的 7000 多万人都在东南亚地区。虽然分属不同的地域，但在整个壮泰语系的民族中，都流传着布洛陀的神话传说。不论关于布洛陀的传说有多少真实的成分，在这些民族的心灵深处，布洛陀是他们共同的人文始祖，维系着他们对过去的记忆和对未来的信念，人类的文明曾经以缓慢却坚定的步伐在这里逐渐推开和延伸。"①

二　学界论证

2002年古笛在敢壮山"发现"布洛陀古居的消息经媒体报道后引起了社会的广泛关注，当时社会各界对这一"发现"也存在一些不同看法。对此，彭洋在接受笔者访谈时曾毫不隐讳地说：

> 当时我组织在那县召开第一次学术论证会的时候，我请南宁壮学会的一些专家学者去参加会议，人家都不同意去，认为古笛的"发现"比较荒谬，不值得相信，所以他们不去参加会议，个别学者反应还比较激烈。广西博物馆的郑超雄②去了，那是因为我和他的私人交情不错，还有其他参加会议的基本上都是以我个人的名义邀请他们参加的。

广西区内的专家学者有持异议者，区外也有学者认为：

> 古笛提出的几点依据大多只是主观性的推测和感情上的认同，如果此后没有商家的策划、媒体的跟进和地方政府的介入，这不过是个文人一时激情的逸事。③

古笛本人也曾说：

> "敢壮"这一发现，必须经过人类学家、民族学家、考古学家、历史学家等方面专家学者的权威论证才能确立。考证之前需要

---

① http://news.sohu.com/20070325/n248950259.shtml.
② 郑超雄，广西壮族自治区博物馆学术研究部主任、广西壮学学会副会长、研究员。
③ 刘大先：《非物质文化遗产的生意——敢壮山布洛陀的神话塑造和文化创意》，中国民俗学网（http://www.chinesefolklore.org.cn/web/index.php?Page=1&NewsID=6360）。

提供足够的依据来研究讨论，否则单凭传说是难以判断和论定的。①

毫无疑问，敢壮山布洛陀遗址被"发现"之后，还必须有一个"认证"的过程，只有经权威专家学者论证认可，那县敢壮山布洛陀遗址才可能被全体壮族人民认同。事实上，敢壮山正是在专家学者介入考察、论证后才得以最终确认其壮族始祖文化遗址的正统地位，遗址保护与开发工作基本上也是按照专家学者的建议实施。

从 2002 年 8 月至 2012 年 4 月，那县以敢壮山布洛陀遗址或布洛陀文化为主题，先后举行了七次学术研讨会。

（一）第一次学术研讨会

2002 年 8 月 8 日，那县举行第一次敢壮山布洛陀遗址研讨会，与会专家学者有：黄振南、郑超雄、覃圣敏②、李学伦、古笛、彭洋、谢寿球。此外还有新华社广西分社、《广西日报》、《南宁日报》和广西电视台新闻中心记者黄革、蓝阳春、农超、蒋维、韩劲松等媒体人士参加会议。那县县委副书记严秋元、副县长李国平、县人大副主任黄明标等领导出席研讨会。与会专家学者发言的主要内容如下:③

（1）布洛陀只是一个历史符号，而不是具体的人，布洛陀神话传说的历史背景应为氏族公社时代。

（2）目前全区收集到 22 本古抄本《布洛陀经诗》，有 19 本在那县，而《布洛陀经诗》中有"布洛陀的家在安东"、"布洛陀的家在山洞"、"布洛陀的地在石山下"、"布洛陀的家在紫石山"等记载，与那县县城古称及敢壮山的环境相吻合。

（3）敢壮山具备布洛陀诞生地的四个基本条件：第一，布洛陀是壮族创世始祖，传说中布洛陀出生地周围在历史上或现在居住的人群，其宗教信仰、生活习俗、农耕模式都应当具有浓郁的壮族文化特点，而敢壮山有与传说内容相对应的文化背景；第二，敢壮山有传说中的布洛陀出生地必需的庙、神坛、奇异的石头、大树、岩洞等历史标记；第

---

① 根据 2002 年 8 月 8 日布洛陀研讨会上古笛发言的录音整理。
② 覃圣敏，广西民族研究所副所长、研究员。
③ 根据那县县委办公室提供的《那县敢壮山布洛陀遗址考察座谈会材料（一）》整理。

三，敢壮山当地流传故事传说、巫师唱本、歌圩唱本等有关布洛陀的共同内容；第四，敢壮山具有圣地性质，每年都有周边县市的数万群众前来朝拜。

第一次布洛陀遗址研讨会经媒体报道后，引起了许多学者的关注，部分学者亲临敢壮山考察并开展相关研究。2002 年 8 月 11 日，潘其旭①、罗宾②应邀参加南宁国际民歌艺术研究院召开的布洛陀遗址研讨工作的座谈会。2002 年 8 月 18 日和 9 月 2 日，罗宾、朱蓝霞③、郑超雄等学者先后考察敢壮山。

（二）第二次学术研讨会

2002 年 9 月 16—17 日，那县举行第二次敢壮山布洛陀遗址座谈会。与会专家有：梁庭望④、黄凤显⑤、罗汉田⑥、苑利⑦、农学冠⑧、农冠品⑨、罗宾、廖明君⑩、黄桂秋⑪、李福高⑫、覃承勤⑬、古笛、彭洋、谢寿球、若舟等。新华社、《广西日报》、《南国早报》、《当代生活报》、《广西民族报》、《广西政法报》、《八桂都市报》、《南宁日报》、广西电视台等新闻媒体记者参加研讨会。广西壮族自治区文化厅产业处处长李萍出席研讨会。⑭

与会专家首先到敢壮山实地考察，然后座谈。座谈会上专家们各抒己见：梁庭望认为布洛陀为鸟部落的首领，并认为布洛陀的核心精神为"开天辟地、创造万物、安排秩序、排忧解难"；黄凤显根据其他专家的考证，结合亲自考察的感受，认为这里的确是壮族先民活动的地方，

---

① 潘其旭，广西壮族自治区民族研究所研究员。
② 罗宾，广西壮族自治区古籍办主任、研究员。
③ 朱蓝霞，南京博物院教授。
④ 梁庭望，中央民族大学原副校长、教授、中国壮学学会顾问。
⑤ 黄凤显，中央民族大学副校长、教授、博士生导师。
⑥ 罗汉田，中国社会科学院少数民族文学研究所副研究员。
⑦ 苑利，中国社会科学院少数民族文学研究所研究员。
⑧ 农学冠，中国少数民族文学学会副理事长、广西民族学院中文系教授。
⑨ 农冠品，中国民间文学学会副主席、研究员。
⑩ 廖明君，广西民族文化艺术研究院副院长、研究员。
⑪ 黄桂秋，广西少数民族古籍办公室副主任、研究员。
⑫ 李福高，广西少数民族古籍办公室副主任、副研究员。
⑬ 覃承勤，广西民族出版社主任编辑、山歌协会会长。
⑭ 资料来源于《田阳敢壮山布洛陀古居遗址考察研讨会材料（二）》。

而且是壮族始祖的生活地，并提出遗址开发的建议；罗汉田回忆了自己儿时对敢壮山的印象和 20 世纪 70 年代在巴马收集布洛陀文本①的情景，认为敢壮山的岩洞是始祖布洛陀生活居住过的地方这个说法成立；农学冠认为，对布洛陀文化着重从非物质文化角度来考察更好，如果是作为一种考古或者是作为遗址来考察恐怕有很多物质的东西是没办法考察的，但是作为非物质文化来考察恐怕我们现在的材料已经非常丰富了。②

第二次座谈会后媒体报道称，专家们综合考察敢壮山的地理位置、地质条件、文物资料、敢壮山歌圩的规模、周边群众的信仰、布洛陀始祖庙及众多的民间传说等多方面条件，可以确定，敢壮山就是壮族文化的发祥地和精神家园，布洛陀遗址就在敢壮山。由于此次研讨会有来自北京的梁庭望先生等专家学者参加，经媒体报道后，"北京来的权威专家认定敢壮山是壮族文化发祥地和精神家园"的消息不胫而走，引起了社会各界的广泛关注。

此次研讨会无疑对确立敢壮山布洛陀文化遗址的地位具有极为重要的作用，梁庭望先生还专门向笔者介绍了有关情况：

> 2002 年 9 月初，百色市右江民族歌舞团团长李学伦以地方政府代表的身份到北京找我，诉说在认定田阳敢壮山是否布洛陀文化遗址问题上产生分歧，并请求我带一个专家组去帮助考察认定。我随即联系了三位专家：时任中央民族大学副校长、教授、博士生导师黄凤显（壮族），中国社会科学院民族文学研究所研究员罗汉田（壮族），中国社会科学院民族文学研究所研究员、文化学专家苑利。我们对壮族的历史文化和布洛陀相关资料做了研究，做好了准备。我们四人到广西南宁市，县委副书记严秋元、副县长李国平亲自到南宁迎接，从南宁到田阳县一路居然用警车开道，可见县里的重视程度。

---

①　笔者曾经访谈过当时同去的何承文，由于"文化大革命"的余波尚未消除，他们二人去巴马所略乡收集布洛陀口传文本的经历并不顺利，三进三出，老麼公在确认他们没有危害的情况下才把布洛陀的故事讲给他们听。

②　根据《田阳敢壮山布洛陀古居遗址考察研讨会材料（二）》整理。

在田阳的考察，我们做了如下几件事：①到敢壮山实地考察。②先后和黄明标、黄达佳等多人进行访谈。③考察敢壮山周围部分乡村。④披阅相关资料，阅读部分麽经。⑤经过反复琢磨对比后，认定敢壮山确实是布洛陀文化圣地、壮族的精神家园，于是在研讨会上表态。经过讨论，基本上取得一致意见。⑥到百色向地委领导汇报，听取汇报的有百色地委书记高雄（现为广西壮族自治区人民政府副主席），地委副书记、行署专员马飚（现为全国政协副主席）以及有关的地委常委，马飚专员代表地委、行署认定了专家组的考察意见。

特别值得强调的是，高雄书记和马飚专员的大力支持起了重要作用。在考察过程当中，行署副专员刘侃同志全程陪同，可见百色地委和行署的重视程度。

（三）第三次学术研讨会

2002年9月23—25日，那县县委、县政府邀请原广西壮族自治区政府副主席、广西壮学学会名誉会长、研究员张声震等专家学者考察敢壮山，并参加第三次敢壮山布洛陀遗址研讨会。与会专家除了张声震还有覃乃昌①、岑贤安②、潘其旭、郑超雄、赵明龙③、黄桂秋、彭洋、谢寿球等。百色地区地委副书记、行署专员梁春禄和百色地区政协工委主任卢新贵出席研讨会。④

此次研讨会有一个比较特别的现象，那就是应邀前来的专家几乎全都来自广西壮学学会。2011年3月，笔者曾就这个"奇怪的"现象访谈了赵明龙：

> L：赵老师，您能谈谈壮学会在那县布洛陀案例中的角色定位吗？
>
> Z（即赵明龙）：壮学会一开始并不怎么赞成古笛在那县的这

---

① 覃乃昌，广西民族研究所所长、广西壮学学会会长、研究员。
② 岑贤安，广西壮学学会副会长、研究员。
③ 赵明龙，广西壮学学会副秘书长、副研究员。
④ 根据《田阳敢壮山布洛陀古居遗址考察研讨会材料（三）》整理。

一发现，更反感新闻媒体人的炒作。所以一开始我们壮学会对这个事情是不看好的，他们请我们去开研讨会我们都不去。后来，那县一次次的研讨会，媒体的报道宣传来势也很猛，再加上政府在一定程度上也默认支持，张老先生有一次把我们几个人召集起来说，那县这个事情我们不能够再反对了，我们应该支持。所以后来，我们壮学会就参与到那县布洛陀文化学术论证中去了。现在基本上每年都会参与，从研讨会的组织到田野考察，我们都参与。《布洛陀寻踪》一书就是壮学会一班人搞的嘛。

张声震在此次研讨会上发言时也明确表示：

> 这次应邀前来研究的所谓新课题，是考察布洛陀遗址，我对这个题目，昨天、今天先后一个看一个听，大体上有一个轮廓的了解，我们广西壮学学会来之前对你们这个题目做了一点思想准备，我们来的用意可以概括为两句话：一是帮助那县布洛陀热，为布洛陀造势、升温再点一把火，使它更热一些；二是帮助那县开发民族旅游业方面创造软件，硬件也尽量帮助一点，主要是软件。①

在第三次研讨会上，广西壮学学会专家肯定了敢壮山布洛陀遗址的重大意义和价值，并就遗址的开发和保护提出了若干建议。广西壮学学会的介入和明确表态支持，为那县政府提供了来自广西本地学术界特别是壮学界专家学者的智力支持，进一步确立了敢壮山布洛陀遗址的神圣地位。

2003 年 2 月 11—18 日，那县布洛陀文化旅游开发领导小组办公室会同广西壮学学会邀请了 8 位长期从事民族学、人类学、考古学、语言文化学和古籍整理等方面研究的专家学者，就敢壮山的自然地理环境及其周边的考古学文化、敢壮山祭祀布洛陀的历史及其成因、敢壮山歌圩源流及其影响、敢壮山布洛陀神话传说及其文化内涵、壮族人文始祖布洛陀神格的演化、《麽经布洛陀》的历史文化价值等问题，运用民族学

---

① 根据谢寿球提供的座谈会录音整理。

田野调查方法，深入那县开展实地调查研究。考察期间，那县于2月16日晚还召开了一次"广西壮学学会专家敢壮山布洛陀文化遗址考察反馈会"。覃乃昌代表专家组总结发言时指出，"布洛陀是珠江流域原住民族的人文始祖，那县是布洛陀圣地，敢壮山是布洛陀圣山，布洛陀岩洞和祖公庙是布洛陀圣府"，并就如何开发布洛陀文化旅游提出了几点意见。① 2003年4月30日，那县布洛陀文化旅游开发领导小组办公室与广西壮学学会签订协议，委托广西壮学学会完成敢壮山布洛陀文化旅游景区规划设计中布洛陀文化内容的布局设计和文化展示规划。2003年6月，广西壮学学会根据协议完成了《那县敢壮山布洛陀文化旅游景区展示规划方案》的编制任务，明确了布洛陀文化展示的意义、敢壮山旅游景区的文化定位、规划依据和原则、功能分区，为那县地方政府开展布洛陀文化遗址保护与开发提供了重要依据。

（四）第四次学术研讨会

2005年4月15—18日，由广西壮族自治区社会科学院、广西壮学学会、广西壮族自治区民族事务委员会、百色市人民政府主办，那县人民政府承办的壮学第四次学术研讨会在那县举行。部分与会人员名单如下：

韦家能　广西壮族自治区人大常委会副主任

张声震　广西壮族自治区原副主席，广西壮学学会名誉会长、研究员、"壮学丛书"总主编

刘志勇　百色市副市长

韦纯良　那县县委书记

黄　铮　广西社会科学院副院长、研究员、"壮学丛书"副总主编

覃乃昌　广西民族研究所所长、研究员、广西壮学学会会长、"壮学丛书"副总编

李甫春　广西社会科学院壮学研究中心研究员

廖　扬　广西师范大学社会文化与旅游学院博士、副教授

---

① 根据那县布洛陀文化旅游领导小组办公室提供的材料整理。

段宝林　北京大学中文系教授

牟钟鉴　中央民族大学教授

梁庭望　中央民族大学教授

张公瑾　中央民族大学教授

赵志忠　中央民族大学教授

过　伟　广西师范学院教授，中国民间文化遗产抢救工程专家
　　　　委员会委员

潘其旭　广西社会科学院壮学研究中心研究员

刘亚虎　中国社会科学院民族文学研究所研究员

罗汉田　中国社会科学院民间文学研究所副研究员

蒋廷瑜　广西壮族自治区博物馆研究员

岑贤安　广西社会科学院壮学研究中心研究员

农冠品　广西壮族自治区文联研究员

农学冠　广西民族学院教授

覃彩銮　广西民族研究所研究员

廖明君　广西民族文化艺术研究院研究员

郑超雄　广西博物馆研究员

黄桂秋　广西师范学院民族民间文化研究所研究员

王光荣　广西师范学院教授

潘朝霖　贵州民族学院科研处副处长、研究员

韦兴儒　贵州省民间文艺家协会主席

黄燕熙　广西民族艺术研究院副院长、研究员、副编审、广西
　　　　文化厅壮文处副处长

黄明标　那县博物馆副研究员

此外，还有来自北京、云南、广东、贵州、广西等地及泰国、澳大利亚、韩国等国的专家学者，共计 120 余人参加会议。[①] 此次研讨会的主题为："壮侗语民族文化与中国—东盟自由贸易区、麽经《布洛陀》

　　① 覃乃昌、覃彩銮：《壮学第四次学术研讨会论文集》，广西民族出版社 2008 年版，第17 页。

与布洛陀文化"。会议结束后，与会专家论文按照"壮侗民族文化与中国—东盟自由贸易区"、"麼经《布洛陀》与布洛陀文化"、"壮学研究"、"布洛陀文化的保护与开发"等四大类编排结集出版。① 部分与会专家学者还专门为敢壮山布洛陀遗址题词，后来那县政府请工匠将题词刻在石碑上，即今敢壮山"碑林"。

（五）第五次学术研讨会

2010 年 4 月 22 日，那县举行"2010 年布洛陀文化研究与旅游开发学术座谈会"，参加会议的专家学者及领导共 63 人。会议主要议程包括：张声震先生讲话；覃彩銮通报近年布洛陀文化研究成果；廖明君就如何深入开展布洛陀文化研究作主题发言；赵明龙就布洛陀文化旅游开发问题作主题发言。泰国川登喜大学素攀府分校孔子学院管理委员会委员 Paitoon Patyaiying 博士还就泰国布洛陀神话研究状况做了发言。

（六）第六次学术研讨会

笔者参加了 2011 年 4 月 9 日在那县举行的"2011 年布洛陀文化研讨会"。会议共收到来自国内外的专家学者 133 人提交的论文 91 篇。其中，有 16 位专家学者来自越南、老挝、缅甸、泰国和印度，他们共提交了 8 篇论文。②

此次研讨会开幕式结束后即分成三个分会场，分别以"布洛陀文化研究"、"布洛陀文化旅游开发及文化产业开发"、"布洛陀是否为珠江流域人文始祖"展开研讨。笔者参加了第三分会场的讨论，这个会场国外学者较多，包括越南岱族和侬族、老挝佬族、缅甸掸族、泰国泰族、印度阿萨姆邦阿含人。由于似乎先设定了一个主题，即"布洛陀是珠江流域的人文始祖，你们自己列举证据来认祖归宗"，对于这个主题部分学者颇有微词，如 HL 先生就认为：

> 如果这些国家自己认为他们的人文始祖是布洛陀，自己举证来认我们表示欢迎，但现在这种局面看起来像强迫人家承认一样，打个比方，我很厉害，够当你爹，我不可能说因为我厉害你来认我当爹

---

① 覃乃昌、覃彩銮：《壮学第四次学术研讨会论文集》，广西民族出版社 2008 年版。
② 广西壮学学会：《2011 年布洛陀文化学术研讨会论文集》，2011 年。

吧，但是，如果你自己觉得我厉害，心甘情愿认我当爹那是可以的。

另一位学者 W 先生也说：

> ……对于这种提法我觉得还是不妥的，学术研究讲的是科学性，而不是单凭民族感情用事，所以，你在进行学术研究的时候一定要客观地看待这件事，我们做学问的人要拥有学术道德……

由此可见，对于"布洛陀是珠江流域的人文始祖"这一观点，学界还是存在不同意见的，但是这并没有影响到布洛陀是壮族人文始祖和敢壮山布洛陀遗址的神圣地位。

（七）第七次学术研讨会

2012 年那县布洛陀文化学术研讨会定于 3 月 28—29 日举行。笔者收到的邀请函确定《2012 年布洛陀文化学术研讨会选题参考》① 内容如下：

> 一、敢壮山布洛陀麽经长廊的展示形式、内容
> 二、《布洛陀麽经》研究
> 1. 麽经布洛陀的历史、文化、文学、艺术、宗教、伦理道德、学术价值研究；
> 2. 麽经布洛陀或布洛陀史诗在壮族文化中的地位；
> 3. 麽经布洛陀或布洛陀史诗在中华民族文化中的地位；
> 4. 麽经布洛陀的内容、意蕴、特点、功能等问题研究；
> 5. 壮族麽经布洛陀与侗、布依、水、仫佬、毛南、傣、黎族民间同类经诗比较研究；
> 6. 壮族麽经布洛陀的收集、整理、译注问题研究；
> 7. 壮族麽经布洛陀的保护与传承现状问题研究；
> 8. 壮族麽经布洛陀版本问题研究；
> 9. 麽经布洛陀与广西民族文化强区建设研究。

---

① 资料来源于会议邀请函附件。

　　从上述选题参考内容来看，此次研讨会的内容与往年相比还是有一些新意：一是"敢壮山布洛陀麽经长廊的展示形式、内容"的参考选题从一个侧面反映了那县开始重视学界对地方政府在敢壮山布洛陀文化重构中的举措，特别是实体重构方面的意见，希望进一步明确并深化以敢壮山布洛陀麽经长廊为代表的一系列布洛陀文化实体符号的象征意义和标志作用（见图2—1）；二是《布洛陀麽经》研究部分的参考选题主要是围绕麽经布洛陀等文本展开相关研究，侧重于布洛陀文本和布洛陀文化内涵研究。

图2—1　布洛陀经诗长廊（局部）

　　综上所述，那县举行的第一、二、三次敢壮山布洛陀遗址研讨会的目的和主题都非常明确，就是要确定"敢壮山是壮族始祖布洛陀古居"。敢壮山的神圣地位一旦确立，学界特别是广西壮学学会的专家学者又成了那县敢壮山布洛陀遗址保护与开发的智囊库。自第四次研讨会开始，会议主题不再是涉及敢壮山的地位问题，讨论的话题也越来越丰富，越南、老挝、缅甸、印度等东南亚国家的专家学者也介入讨论，对话的范围及内容进一步扩大，因此第四至第七次研讨会的主题实际上是深化布洛陀文化内涵研究，进一步提升布洛陀文化的影响和地位。

　　就学界而言，在敢壮山发现布洛陀遗址的消息见报后，来自北京及广西壮学学会和当地高校、研究机构的一些长期研究壮学的具有强烈的民族文化自觉性和责任感的学者，虽然大都认为"发现"布洛陀或者重构布洛陀文化是一个增强壮族民族自信心、强化民族认同和促进壮族文化发展的契机，但这些专家学者并没有盲目地附和或认同，陷入狭隘的文化民族主义的误区，而是亲赴敢壮山进行田野调查，并结合《布洛陀经诗》文本，展开研究，形成了自 1986 年《布洛陀经诗》和 1991年《布洛陀经诗译注》出版后又一次布洛陀文化研究热潮，并且三次较为集中地展示了布洛陀文化研究成果：一是 2003 年 2 月广西壮学学会覃乃昌等人到那县进行田野调查的成果汇编《布洛陀寻踪：广西田阳布洛陀文化考察与研究》；① 二是《广西民族研究》从 2003 年第 3 期开始陆续刊发了一批专家学者从民族学、人类学、考古学、文化学、宗教学、神话学等角度对敢壮山及其周边地区的调查研究的论文；三是2006 年《宗教与民族》第 4 辑刊发了牟钟鉴、梁庭望、潘其旭、黄明标、卢敏飞等专家学者关于布洛陀文化研究的论文。

　　据不完全统计，自 2002 年 6 月古笛"发现"布洛陀文化遗址至今，先后有近 800 名国内外专家学者、博士和硕士研究生到敢壮山进行田野调查。经过实地考察和研究，学界逐步就布洛陀文化内涵、价值及布洛陀文化遗址等问题达成了共识。总而言之，专家学者的论证，特别是广西壮学学会的田野调查研究成果，不仅从学术上确立了敢壮山布洛陀文化遗址的合法身份，而且在实践中直接或间接地指导了那县敢壮山布洛陀文化遗址的保护与开发工作。

第三节　政府组织与群众参与

　　那县地方政府对敢壮山布洛陀文化遗址的态度经历了一个从"沉默观望"到"主动出击"的过程。那县及其周边县市的一些群众，特别是敢壮山周边的部分群众起初对老祖宗布洛陀遗址并不十分认同，甚至在敢壮山上和政府围绕原来神像的处置问题打起了"拉锯战"。在新闻媒体报道和专家学者论证的影响下，特别是"被组织"参加了 2003年敢壮山歌圩活动后，才逐渐认同敢壮山布洛陀文化遗址，布洛陀民间信仰开始复苏，一些布洛陀文化传承人也重新开始在民间活跃起来。

---

　　① 覃乃昌：《布洛陀寻踪：广西田阳敢壮山布洛陀文化考察与研究》，广西人民出版社2004 年版。

一　政府的组织

（一）从"沉默"到"主动"

据 2002 年 6 月 26 日当天陪同古笛上敢壮山并讲解布洛陀传说的黄明标说，从 2002 年 7 月 13 日至 8 月 1 日，那县县委和县政府对古笛的"发现"都是持"沉默观望"的态度。其原因并非那县领导不懂这一"发现"的文化和经济价值，而是因为当时无法立即确定古笛这一"发现"的可靠性。况且 1999 年和 2000 年建设精神文明县时，那县曾组织警力炸过庙堂，"破除封建迷信"，当时包括布洛陀信仰在内的所有民俗宗教行为和信仰空间都被禁止和毁坏，此刻对认同古笛先生的"发现"也难免有些顾虑，因而选择暂时保持"沉默"，看看事情的发展再做决定。

2002 年 8 月 2 日，时任百色地委书记高雄获悉《人民日报·华南新闻》发表的消息"那县发现壮族始祖遗址，专家称可能揭开壮族族源千古之谜"之后，立即率有关领导干部赴敢壮山考察，并指示要通过招商引资进行文化和旅游开发，让敢壮山成为祭祀壮族祖先、生态旅游的景点。时任那县县委书记于开林等人陪同考察，黄明标陪同讲解。次日，于开林率县委、县政府、县人大、县政协及有关部门领导考察春晓岩（敢壮山）。此后，那县县委和县政府与南宁国际民歌艺术研究院密切合作，邀请有关专家学者实地考察春晓岩（敢壮山），并于 2002 年 8 月 8 日、9 月 16—17 日、9 月 24—25 日召开了三次敢壮山布洛陀遗址研讨会（或座谈会），经学界论证确立了敢壮山布洛陀遗址的神圣地位，为地方政府名正言顺地介入敢壮山布洛陀遗址保护和开发扫清了障碍。同时，海内外众多媒体的报道也为地方政府实施敢壮山布洛陀遗址保护和开发工作营造了良好的社会舆论环境。

那县县委和县政府的"沉默观望"非常短暂，其"主动出击"也极为果断。就第一次敢壮山布洛陀遗址研讨会的策划、组织工作而言，首先是时任县委书记于开林于 2002 年 8 月 7 日亲赴南宁市迎接与会专家学者，并安排时任县委副书记严秋元、时任副县长李国平等县领导全程陪同考察，这可视为那县给予了专家学者极高规格的礼遇。同时，第一次敢壮山布洛陀遗址座谈会也是由那县县委和县政府共同组织安排，副县长李国平主持会议，主要有四个议程：首先是严秋元副书记致辞，然后是黄明标副主任讲话，接下来是古笛讲话，最后是与会人员自由发言。严秋元在致辞时明确表示：

> 我代表县委、县政府表三个方面的态度：一、对布洛陀遗址的挖掘工作要继续组织有关人员进行下去，要组成专门的人员深入到群众中去，深入到村、屯，深入到老人、老同志当中去，很好地挖掘我们的祖先在田阳留下的遗迹和珍贵的遗产。这里面包括传说、山歌等等，还有其他一些过去的食具、用品等。二、要很好地保护祖先给我们留下的现在还仅存的遗产。正如古老先生和其他学者、专家所谈到的，这一大发现可以说相当于过去不知道自己爹娘的孩子一样一直在寻找，今天我们终于找到我们壮族祖先的所在地，古老先生和一些专家、学者和老前辈欢欣鼓舞，作为那县、作为壮族人民的子孙也是非常的高兴。因为大家经常讲认祖归宗，我们终于有了曙光，所以说我们要对存下的遗产很好地从人力、物力、财力上不惜一切代价把它保护好，等待着各位专家的考察研究。三、要管理好我们敢壮山，管理好我们敢壮山所在地的一草一木。我们很快要组织工作队，下到村里面去，下到屯里面去，要常驻这个地方，向人民群众进行宣传。一是在山上面和山周围的一草一木不允许破坏；二是在敢壮山的任何建筑不得破坏，包括不能乱写、乱画、乱刻等等方面的。根据县委初步的决定，这次研讨会结束后，我们要组织田阳的学者进驻，进行进一步的考察、论证、取证。第三要通过百育镇组织六联村的人民群众，特别是周围的群众要保护好祖先给我们留的这一块风水宝地。[①]

百色地区对敢壮山布洛陀遗址的"发现"和专家学者实地考察研讨也非常重视。2002年8月8日下午，第一次敢壮山布洛陀遗址研讨会从那县移至百色市，时任百色地区副行署专员刘侃主持会议并讲话。

---

① 根据那县布洛陀研究会秘书长潘敏文先生提供的那县2002年8月8日学术研讨会录音整理。

刘侃指出：

> 要形成品牌、树立精品、吸引客商、提高效益，当务之急——
> 宣传！尽管当前已有不少记者、不少媒体争相发表见解，但这与人
> 类千古之谜的解惑差得很远，形成不了多大气候。乐业大石围旅游
> 景点的宣传就是我们眼前最好的例子。首先，在我们当地的报刊、
> 电台、电视台大做文章，营造浓厚的宣传氛围。其次，要投入资
> 金，在省一级乃至中央一级的新闻媒体做好系列报道、专题报道，
> 使壮族遗址的发现一下子呈现在世人面前。①

　　第一次敢壮山布洛陀遗址研讨会结束后，那县根据百色地区行署领
导的指示精神和与会专家学者的建议，加快了敢壮山布洛陀遗址的有关
工作。时任那县人大常委会主任曾朝旭、县长张良等领导于 2002 年 8
月 16 日和 9 月 1 日先后考察敢壮山。2002 年 8 月 9 日和 13 日，时任副
县长李国平和县委副书记严秋元分别主持召开专题会议，研究部署敢壮
山布洛陀遗址保护与开发的有关工作。同年 8 月 19 日，县委书记于开
林主持召开县委扩大会议，专门研究敢壮山布洛陀遗址问题。会议决定
成立那县敢壮山布洛陀文化旅游工作领导小组，有计划、有规划地对敢
壮山进行保护和开发。时任县委副书记严秋元任领导小组组长，副县长
李国平、宣传部长黄承红、人大副主任黄明标、政协副主席陈君华任副
组长，形成了那县县委、县政府、县人大、县政协四大家领导共同致力
于敢壮山布洛陀遗址保护开发的工作机制，敢壮山成为那县重要的工作
内容。② 2002 年 8 月 24 日，严秋元、黄承红、黄明标等人前往百色，
向百色地委副书记、行署副专员梁春禄专门汇报敢壮山工作情况。百色
地委和行署随即也成立了以地委副书记、行署副专员梁春禄为组长，行
署副专员刘侃、毛裕玲为副组长的百色地区布洛陀文化旅游工作领导小
组。至此，那县和百色地区建立健全了敢壮山布洛陀文化旅游工作的领
导机制。

---

①　根据那县布洛陀研究会秘书长潘敏文先生提供的那县 2002 年 8 月 8 日学术研讨会录
音整理。

②　根据那县县委办公室提供的会议记录及文件整理。

2002年9月6日，时任百色地委书记高雄批示同意那县关于邀请中国社会科学院和中央民族大学等科研机构和高校的专家实地考察敢壮山的请示。随即，百色地区原右江歌舞团团长李学伦作为政府代表到北京拜访梁庭望先生，请其组织有关专家前往敢壮山考察。在梁庭望先生率领的专家组到达南宁时，那县县委副书记严秋元、副县长李国平亲自前往迎接，从南宁返回那县时，甚至动用警车为专家组开道。9月16日，百色地区行署副专员刘侃赶赴那县参加了第二次敢壮山布洛陀遗址研讨会并讲话。9月17日，时任百色地委副书记、行署专员马飚亲自听取了梁庭望等参加第二次敢壮山布洛陀遗址研讨会的专家学者的考察意见。由于梁庭望等来自北京的权威专家学者的考察结论，事实上确立了敢壮山布洛陀遗址的神圣地位，所以，百色地委、行署领导在作第二次研讨会总结时宣布：敢壮山布洛陀遗址研讨工作取得了阶段性成果，敢壮山布洛陀遗址保护和开发等相关工作提到重要的议事日程上来。

敢壮山布洛陀遗址的神圣地位既已确立，那县开展敢壮山的各项工作也就有根有据了。于是，在当地政府的组织引导、专家学者的科学策划和群众的广泛参与下，那县布洛陀文化的当代重构全面展开了。

毋庸置疑，广西壮族自治区和百色市以及那县地方政府在布洛陀文化重构中发挥了极其重要的作用。而来自北京方面的支持，特别是国务院有关部门和领导在关键时刻旗帜鲜明的肯定和支持，更是那县布洛陀文化重构得以顺利进行的"尚方宝剑"。梁庭望先生告诉笔者：

> 布洛陀文化遗址的认定和运作一波三折，并不顺利。为了取得高层的认可支持，在国务院新闻办五洲传播中心项目主任策划梁越（壮族，广西武鸣人）的策划下，2005年7月17日我向国务院新闻办副主任孙良刚（孙主任时兼任新闻办视点文化传播有限公司艺术总监）和新闻办下属视点文化传播有限公司编导主任向光作了汇报，向他们说明开掘布洛陀文化对继承优良传统，振奋民族精神，增强民族凝聚力，加强民族团结，激发壮人在改革开放中的热情释放，在新形势下做出新贡献的重大意义，得到他们的理解和大力支持，当即决定派五洲传播中心到田阳拍摄布洛陀文化专题片。
>
> 消息传到广西，有人不高兴了。不久，广西区党委某重要部门

派了一个"空降"副厅局领导到国务院新闻办告状,"罪名"一是"搞封建迷信";二是"搞民族分裂"。国务院新闻办接待的正好是接待过我的孙副主任,孙主任很明白中央的精神,思想解放,主持正义,当即对这位"空降"进行批评。据透露,孙批评他不懂得尊重少数民族,汉族可以有炎黄,少数民族为什么不能够有自己的人文始祖?这涉及到民族平等团结问题,与"封建迷信"毫不相干,说"搞民族分裂"更是荒谬,壮族没有分裂的传统。特别严厉地批评他,"文革"以后拨乱反正、思想解放,乱扣帽子的"左"的思想被扬弃,你们广西看来"左"的思想还没有解决。根据你的思维定式,新闻办还要特别支持布洛陀文化的重铸,在拍摄专题片之外另有举措。

所谓另有举措,就是后来的现场直播。经过近一年的准备,2006年4月3日,由国务院新闻办下属五洲传播中心运作,派出新闻办掌控的中央电视台现场直播团队100人和专题片摄制组,到达南宁与我会合,三辆转播车同时到达。我带领他们浩浩荡荡直奔田阳。4日做好准备,5日中午现场直播两小时,通过新闻办掌控的中央电视台的4、9频道播出去,顿时引起很大震动。这次直播一共花了170万元,全部由新闻办支付。打这以后,反对的声音才哑然。

新闻办的表态,代表了国家的肯定、中央政府的支持,布洛陀文化的开发才有今天的宏大规模。否则广西领导层什么人一句话,就有可能半途夭折,百色市委也顶不住,更别说田阳县委了。这次运作,是改革开放思想解放给布洛陀文化开发的尚方宝剑,没有这个重大的时代背景,布洛陀文化开发不会有今天这样的红火,谁还敢重构布洛陀文化?中国的事向来都离不开政府的支持,这次也一样。

梁庭望先生所讲述的这一内幕,外界鲜为人知。为此,梁先生还反复嘱咐笔者一定要在"稿子中对国务院新闻办的重大作用,对梁越的贡献,应予特别书写几句"。在那县、百色和南宁调查期间,笔者也多次向有关人员问及一些相关问题,但大都不知情,抑或语焉不详,欲言又止。在知悉梁先生提供的这一内幕后，心中原有的一些疑问，顿时豁然开朗。中央电视台的直接介入、广西地方高层的反应迟缓等等，其原因也就一目了然了。

（二）年年办节

从 2003 年至 2012 年 4 月，那县及百色市已连续举办了十届敢壮山歌圩、布洛陀文化旅游或民俗文化节。每年定期、年年办节是那县及百色地方政府开发和保护布洛陀文化的主要举措。那县县委、县政府对历年的活动都非常重视，各方面的组织、准备工作都做得很到位。例如 2003 年 2 月，那县县委、县政府成立了"敢壮山歌圩活动筹备领导小组"，下设办公室、民间文化活动组、文艺演出组、商贸组、宣传组、后勤接待组、安全保卫组，积极组织、精心策划，本着"以民间为主，政府正确引导"的精神制定了《敢壮山布洛陀歌圩筹备工作方案》，并于当年 4 月 8—10 日，举办了以"万民纪念祖公，万人同唱山歌"为主题的敢壮山歌圩活动，来自瑞典、美国、英国、越南、澳大利亚、法国、泰国、日本等国家及港澳台、区内外的专家学者、新闻媒体记者 300 多人和数万群众参加盛会。

2004 年 4 月 16 日，百色市召开了"百色市首届布洛陀民俗文化旅游节"协调会，决定邀请市四大家领导参加敢壮山景区开发仪式，并通知右江河谷地区五县组织山歌手参加敢壮山歌圩活动。4 月 21—27 日由百色市委、市人民政府主办，那县县委、县人民政府承办的百色首届布洛陀民俗文化旅游节成功举办。2005 年，敢壮山景区被广西壮族自治区旅游局评为"民族风情旅游示范点"。

那县政府 2005 年的布洛陀祭祀活动策划工作得到了广西壮学学会和区内外壮学学者的支持，由民间祭祀转变为公祭，许多在职或离退休干部参加了祭祀活动，那县人大常委会原副主任黄明标替换了前两次的主持人黄达佳。西藏自治区原党委书记、国家民委副主任伍精华出席庆典仪式，并亲自上香。自治区原副主席、广西壮学学会名誉会长张声震和自治区政协百色地区工委原副主任黄健衡分别用壮语、汉语宣读祭文。

2006 年百色市布洛陀民俗文化旅游节最大的亮点就是中央电视台（CCTV—4）当年新推出的系列直播节目《传奇中国节》在那县敢壮山

歌圩进行首场直播《放歌三月三》，拉开《传奇中国节》的序幕，使布洛陀文化走出广西，走向世界。

2007年第四届百色市布洛陀民俗文化旅游节继续受到社会各方的高度关注。北京、广西以及全国其他地区的壮学专家学者以及旅游业从业者、媒体代表等都纷至沓来进行考察、交流和报道，来自台湾的少数民族文化交流团在台湾"立委"、台湾知名少数民族代表高金素梅女士的带领下亲临百色市那县观摩第四届广西百色市布洛陀民俗文化旅游节并举行文化交流活动，而来自泰国、老挝、越南、韩国、美国等东盟国家和其他外国的专家学者也亲临现场参与节庆活动。

2008年4月12日那县举行第五届布洛陀民俗文化旅游节。之前（3月19日）那县县委、县人民政府曾在南宁举行新闻发布会，县委常委、宣传部长、副县长凌祖壮和副县长张芝杰在发布会上介绍文化旅游节的有关情况。

2009年4月2—4日以"节俭、简约、安全"为主题的百色市布洛陀民俗文化旅游节在那县敢壮山旅游景区和县城隆重举行，一批企业、单位、个人在旅游节上参加抗旱救灾捐赠。

2010年4月20—22日在那县敢壮山旅游景区举行了2010年布洛陀民俗文化旅游节。由于百色市遭遇近60年来最为严重的旱灾，为确保投入抗旱救灾，取消开幕式、布洛陀圣夜文艺晚会、圣女池摔跤等活动，增加了抗旱救灾捐赠活动和抗旱科普知识宣传活动。

2011年4月9—11日百色市布洛陀民俗文化旅游节在那县敢壮山布洛陀文化遗址景区隆重举行，自治区副主席李康（壮族）出席开幕式并讲话。布洛陀祭祀大典是本届旅游节的重头戏，有来自泰国等东南亚国家及国内的云南、广东、贵州、广西四省（区）1万多人参加祭祀仪式；壮侗语系同根同源的布依族、水族、黎族、侗族、傣族、仫佬族、仡佬族、壮族等8个民族同胞共同祭拜始祖布洛陀，重现万把香火敬祖公的壮观场面。泰国等东南亚国家朝拜队与国内朝拜队一起祭祀游行，云南文山州广南县、富宁县代表队还抬着壮族坡牙歌书（模型）参加祭祀游行。

2012年3月28—30日，由百色市人民政府、广西壮学学会主办，中共那县县委、那县人民政府承办的2012年百色市布洛陀民俗文化旅游节在敢壮山隆重举行。全国人大常委会委员、全国人大民族委员会副主任委员陆兵，自治区政协副主席苏道俨出席开幕式，百色市市长谢泽宇在开幕式上致辞。有来自泰国等东南亚国家及国内多省（区）1万多名群众参加布洛陀祭祀大典活动，祭拜壮族人文始祖布洛陀。2012年百色市布洛陀民俗文化旅游节期间，初步统计共有40多万人次的国内外游客及群众汇聚敢壮山，实现旅游综合收入3800多万元。本届旅游节较往届准备更充分，硬件更完备，活动内容更丰富，亮点更多，进一步宣传了布洛陀文化，扩大了壮民族文化的影响力，对凝聚壮侗语系民族，增强壮泰语系等民族之间的情感交流、文化交流和经贸交流有很大的促进作用。

那县及百色地方政府在每年的活动策划、准备、组织和实施等方面，都投入了大量的人力物力财力，活动的内容一年比一年丰富，品位规格不断提升，社会各界参与面广，初步实现了保护和开发布洛陀文化，促进地方经济社会发展的预期目标。正如牟钟鉴先生所言，布洛陀越神圣，地位越崇高，壮族的自信心和认同感便越增强，他们以布洛陀的伟大而自豪，以共同崇敬布洛陀而亲近和团结。[1] 2003—2012年的敢壮山歌圩活动规模不断扩大，参加的群众也越来越多，不仅有那县本地及周边和区内其他县市的群众，还有云南、广东等省的壮族同胞，泰国、越南、老挝等东南亚国家及英国、美国、澳大利亚等国壮族华侨也纷纷回国共赴盛会，祭祀布洛陀。布洛陀信仰极大地强化和延续了壮民族血缘的纽带，民族意识由此得到进一步培育，壮族共同体也由此更加巩固。

二 群众的参与

2009年12月至2012年3月，笔者到那县、田东县和百色市进行田野调查数次，前后有近1年的时间在那县敢壮山及周边乡镇农村实地考察，走访当地麽公道婆26人、歌手30多人、乡镇干部及中小学教师10余人、普通农户50余户。在田野调查中，笔者发现至少有90%的群

---

① 牟钟鉴：《从宗教学看壮族布洛陀信仰》，载牟钟鉴主编《宗教与民族》（第4辑），宗教文化出版社2006年版。

众对政府组织引导下的敢壮山布洛陀遗址开发—布洛陀文化重构工作持肯定态度，借用敢壮山下居民 AM① 的话：

> 政府出钱，修了路，通了电，来了水，每年都办节，我们不出门都可以做生意，卖点香纸和水果，把靠路边的旱田改成停车场，两三天就可以赚上千块钱。

但同时也还有一些群众不完全认同布洛陀，农民 BN 还私下告诉笔者：

> 之前我就不知道布洛陀，当时我只信山上原来的关老爷和观音菩萨，暗地里还同当官的较过劲呢。现在，我还是信关老爷和观音菩萨，有乡里组织每年也参加三月三的活动，也上去拜拜布洛陀。

笔者在那县县城民权街的大榕树下也发现摆放着关公、观音、土地等神像，香火还很旺盛。这就说明当地民众的信仰比较复杂，不仅有信仰布洛陀的，也有信仰关公、观音等神灵的，有的甚至同时信仰好几个神。尽管有媒体的报道和政府的组织引导，那县及其他地区的普通壮族民众对敢壮山布洛陀遗址也有一个逐步认同的过程。

2002 年 6 月古笛"发现"敢壮山布洛陀遗址后，一些专家学者、新闻媒体、政府官员纷纷至敢壮山考察。那县当地政府有关部门为突出民族特色，决定清理山上原来的"关公"、"观音"、"玉皇"等瓷像，代之以布洛陀、姆六甲和布洛陀守护神等壮族神牌。但当地信仰玉皇、观音和关公的群众又把三块神牌扔到观音洞（姆娘岩）下的杂草中。随后，群众和政府展开了一场神像"拉锯战"——在玉皇庙中，布洛陀神位和玉皇、和尚（弥勒佛）被双方反复摆放：政府为了应付领导，群众则等政府走后，再把玉皇和和尚摆上去。② 2004 年 12 月 31 日，布

---

① 因访谈内容比较敏感，涉及报道人隐私，故用字母代替，字母为任意选取，没有任何实际含义，仅作代号。下同。

② 时国轻：《广西壮族民族民间信仰的恢复和重建——以田阳县布洛陀信仰研究为例》，博士学位论文，中央民族大学，2006 年，第 84 页。

洛陀雕像安放进祖公祠后，当地一些曾经信仰观音、关帝、玉皇的群众，又在田东县修建了一座新庙，供奉这些神灵。至此，敢壮山上的一场"拉锯战"以原先的神灵"搬家"告一段落。但时国轻 2005 年 12 月 24 日在敢壮山上又发现"将军洞中，关公神像又一次被摆在了画像和神牌之间"。当然，每逢政府组织的歌圩活动、政府官员或专家学者来考察，有关部门事先都会上山"清理"，而事后不久，往往就会有群众将关公神像又放回将军洞中。笔者在敢壮山上也曾目睹观音、关公等神像与布洛陀"和平共处"，并就此访谈了时任那县旅游局局长罗朝快：

　　L：罗局长，我在山上看见除了有布洛陀、姆六甲神像外，还有观音、关公和土地的神像，这些汉族神像应该是老百姓摆上去的吧？你们旅游局或者政府其他部门管不管呢？

　　L（即罗朝快）：你都看到了，那些神像都是老百姓摆上去的。起初我们还是管的，至少领导来、旅游节期间我们还会组织人员上山清场，但是，等过后他们依然摆上，反反复复次数多了，我们也累了，现在也就睁一只眼闭一只眼，懒得管了。不过，这也正说明我们壮族人性格中的包容，这样的事情要是放在别的民族是绝对不允许的。

其实这种少数民众与政府部门"私下"的"拉锯战"也无伤大雅，既没有影响这些民众继续自己的信仰，也没有妨碍政府运用行政手段组织引导民众参加每年的文化旅游节或民俗文化节主题活动。例如，2003 年 2 月 10 日，那县发布的《敢壮山布洛陀歌圩活动工作方案》就明确了民间文化活动组的具体工作：

（一）民间文化活动组
组长：黄明标
副组长：黄层波、班昌飞
成员：梁政辅、潘培本、黄达佳
其他工作人员根据需要从有关单位、乡镇抽调。

主要工作：负责敢壮山歌圩"万民共祭祖公，万人同唱山歌"活动。

具体工作安排：分两个阶段进行，第一阶段为农历二月十八、十九两天，第二阶段为三月初七至初九3天，以农历三月初八为高潮。

第一阶段：活动的序幕，主要为举行布洛陀神像开光入位仪式，因此，神像必须于农历二月十六日前做好运回县城，十八日上午送到敢壮山会场，下午3时举行仪式，护送神像、新神牌上山入位。

1. 参加人员：道班10人，祭拜人20名，旗手55人，抬神像8人，护神牌3人，打护伞3人。除道班外，其他人员从当地群众中组织。

2. 服装：道人长袍6件，布鞋6双，帽6顶；玉女服装配套2套；其他人员服装自备，要求黑衣黑裤或黑衣蓝裤；石牌位3块。

3. 道具：（1）布洛陀、姆六甲、守护神像；（2）图腾旗5面，分别为雷神、山神、水神、火神、青蛙，分别为五种不同原色。三角牙旗（长1.50米，宽80厘米）；（3）五色牙旗50面（规格为100厘米×60厘米）；（4）神像轿1顶（就地取材）；（5）罗伞3顶（自备）。

4. 开光仪式程序：（1）道人念唱布洛陀经诗，请布洛陀上山；（2）道班、祭拜人员、旗手护送神像上山；（3）举行安放神像仪式；（4）举行安放神像仪式后，道班跳彩灯舞；（5）妇女主诵布洛陀经诗，自由唱到十九、二十日。

第二阶段：主要内容为祭祀活动及歌圩。具体日期安排为：

1. 三月初七举行接神位下山，安放进祭祀广场上的神台。下午3时开始，5时完成。护送人员：当地村庄长老3人，那贯、那了、新民各1名；打伞3人；旗手55人；道班10人。接神位下山仪式结束后自由祭拜。五色旗插于神台两旁及上山沿路。

2. 三月初八为本次活动的高潮，所有祭祀及民间文化活动均安排在这一天。祭祀活动时间为上午10时至中午12时。

（1）进香仪式，由各村长老带队，以百育镇为主，各乡镇、村派代表参加，举行万人进香；（2）由那贯、那务、那宁、那骂、那笔、那化、塘布、塘喊（鹅）、那大（背褛）、亭怀（牛）、那厚（谷子）等屯进供品鸭、鹅、狗、猪、布匹、稻谷、背褛、戽桶、黑裤、牛头等，供品自备；（3）土枪队12人鸣放土枪；（4）唢呐队吹唢呐20人；（5）万人祭拜祖公；（6）百名道人同唱"十请十供布洛陀"经，做道场；（7）开台山歌，由歌王唱开台歌，抛出布洛陀绣球；（8）分布在山上山下的各路歌手自由对唱山歌、抛绣球，达到歌海的效果。

民间文艺活动时间为中午12时以后，由民间狮队、土戏班、拳师分散在各处举行，时间长短不限，形成到处开花的效果。具体场点另定。

晚上8时开始，在祭祀广场举行民间文化表演，主要内容：师公舞、斗火把、踩火炭、走灯图。

三月初九上午10时护送神位上山归位仪式，由二月十八日原班人员负责，要求在12时前结束。

几点要求：

1. 百名道人统一服装，演出结束后服装归个人使用。

2. 初八参加歌圩的各路歌手要达到200个队以上，要求每个乡镇有10个队100人以上，其中百育每个村都要有歌队参加，所有歌手按不同歌种着不同服装，服装式样由大会统一安排。田州、百育、那满、那坡、头塘、玉凤、坤平每乡镇要出绣球歌队4个队以上，每队人数最少4人，绣球由大会安排统一购买，经费由各乡镇负责。土枪队由公安局负责。

3. 田州镇出舞狮队20队，60人。

4. 坡洪派出民间演出队一个队，主要表演民间传统节目"春牛舞"等。

5. 头塘平四屯出采茶演出队，表演民间传统采茶戏。

6. 民间拳术表演，由坡洪、新美、田州、头塘等出队。

7. 要求在舞台后的土坡上，于初五之前搭建好神棚一座，木棚高3.5米，长5米，宽（深）3.5米。

8. 神台用3张八仙桌。

9. 在舞台靠土坡处安放一尊长 4 米、宽 2.5 米、高 0.9 米的大香炉，供万人进香（香火自备）。

10. 方案落实后，于本月 10 日发通知至各乡镇，部署工作任务：（1）要求各乡镇相应成立筹备工作小组，落实领导及具体工作人员名单；（2）拟于本月 17 日召开各乡镇长会议，汇报各乡镇筹备工作计划，落实歌手、民间艺人、师公名单、人数。

11. 本月 22 日召开各队师公道长培训会，培训师公一天，部署各队师公学习念唱布洛陀经。

12. 春节后，本筹备组人员深入各道班，检查、辅导练唱经诗，要求每个队到 2 次以上。

13. 筹备组深入各乡镇检查歌手准备情况。

14. 三月初六百名道人祭祀活动彩排。

15. 三月初六培训进供祭品的各村人员、长老走场。①

首届敢壮山布洛陀歌圩活动筹备工作伊始，民众就在各级政府的组织引导下，有序参与各项活动。此后，历年敢壮山布洛陀主题文化节会活动，政府的组织也越来越细致、有效，群众参与的积极性越来越高，人数越来越多，节会规模也越来越大。广东、云南等省的壮族同胞，泰国、越南、老挝、英国、美国、澳大利亚等国壮族华侨也纷纷回国寻根问祖，祭祀布洛陀。

此外，那县是布洛陀口传史诗主要流传的地区，作为国家级非物质文化遗产布洛陀口头文学的传承人及一些麽公巫婆在这场文化重构中也发挥了一定的作用。如歌王黄达佳不仅于 2004 年 12 月 31 日带领自己的道公班子举行了敢壮山布洛陀神像的开光仪式，② 而且还担任了 2003 年那县敢壮山歌圩活动和 2004 年百色市首届布洛陀民俗文化旅游节开幕式的主持人。2005 年的布洛陀公祭大典上 50 名女艺人（巫婆）齐唱《十拜布洛陀》，此后每年的祭祀活动也都有麽公巫婆参加。毋庸讳言，这些麽公巫婆在布洛陀文化的当代重构过程中，特别是敢壮山布洛陀文

---

① 摘自《敢壮山布洛陀歌圩活动工作方案》（2003 年）。

② 时ande轻：《广西壮族民族民间信仰的恢复和重建——以田阳县布洛陀信仰研究为例》，博士学位论文，中央民族大学，2006 年，第 57 页。

化遗址的早期开发的祭祀活动中，发挥了重要作用，也吸引了许多信仰布洛陀的当地群众。

第四节 布洛陀文化实体重构

敢壮山布洛陀遗址的神圣地位确立之后，特别是得到上级政府的明确表态支持之后，那县即以南宁国际民歌艺术研究院和广西壮学学会提供的相关设计规划方案为基本依据，投入大量资金，全面实施敢壮山布洛陀遗址开发工程，先后完成了敢壮山祭祀空间及配套设施、布洛陀芒果风情园以及布洛陀文化广场等布洛陀文化主要实体的建设。

一 敢壮山祭祀空间

敢壮山祭祀空间即敢壮山布洛陀文化空间，包括敢壮山大门、神道、十二图腾、碑林、祭坛、布洛陀文化陈列馆、香火道、将军洞、姆娘岩、祖公祠等。那县实施敢壮山祭祀空间的重构的基本依据来源于两个方案，一个是南宁民歌艺术研究院的方案，包括"布洛陀遗址开发策划思路"、"布洛陀文化艺术大典策划方案"、"那县敢壮山雕塑群策划及设计方案"① 等；另一个是由广西壮学学会制定的《敢壮山布洛陀文化旅游景区壮族文化展示规划》。该规划明确指出，敢壮山祭祀空间需"全景式立体化展示布洛陀文化体系"。广西壮学学会的方案重新设计了布洛陀、姆六甲形象，此外还设计了圣殿、十二图腾和香火道。

那县以南宁国际民歌艺术研究院和广西壮学学会提供的设计方案为基本依据，投入 500 多万元建设敢壮山大门平台、风水湖、风景桥、凉亭、上山护栏、名人碑林、绕景区公路等工程建设，制作了布洛陀塑像、十二图腾塑像以及全国最大的香炉——布洛陀大鼎等。

需要说明的是，敢壮山祭祀空间的重构尽管是以南宁国际民歌艺术研究院和广西壮学学会提供的设计方案为基本依据，但那县当地政府还是对方案中的有关项目进行了选择，然后逐一落实。在实际实施的过程

---

① 此方案主要是对布洛陀、姆六甲神像的策划。

中，有的项目也不是完全依照最初的方案执行。如布洛陀神像就是一个各方面不断参与设计、制作的结果。首先是那县于 2003 年 5 月成立了"布洛陀"神像民间调查组，在本县及百色市右江区、田东县等地走访 17 位民间艺人，为制作布洛陀神像提供参考。随后，那县委托广州美术学院教授曹崇恩先生制作布洛陀雕像。百色市有关领导也就布洛陀雕像设计和制作事项作出批示，要求那县充分尊重专家意见。2004 年 9 月中旬，那县布洛陀旅游开发领导小组就布洛陀雕像设计问题专程到广西民族研究所征求专家意见，张声震、覃乃昌、潘其旭、廖明君、郑超雄、蓝春阳、覃彩銮等人参加座谈并提出各自的看法和意见。2004 年 10 月 4 日，曹崇恩到那县实地考察敢壮山，根据有关专家的意见修改了设计方案。同年 10 月 27 日，那县再次征求张声震先生对该修改方案的意见。此后，曹崇恩对方案还有数次修改，但众口难调，直到 2004 年 12 月底，经多次沟通协调后，其设计方案才获得了有关专家和地方政府领导的首肯，这才开始制作雕像。除了官方主持设计制作的布洛陀神像外，那县还有一尊来自民间自发设计制作的布洛陀雕像，放置于那县博物馆。该雕像由广西著名雕塑家张弓也设计、雕刻，并于 2003 年 1 月 30 日将布洛陀雕像无偿捐献给那县。此外，南宁国际民歌艺术研究院也组织了一些艺术家参与布洛陀和姆六甲雕像的设计。① 2005 年，广西天运时行壮学文化传承发展有限公司出资仿制了一尊布洛陀神像，同时还制作了十二图腾雕像列于仿制的布洛陀神像两旁。

二　布洛陀芒果风情园

布洛陀芒果风情园并不在南宁国际民歌艺术研究院和广西壮学学会的策划方案之列，而是那县 2003 年推出的农业旅游项目，也是敢壮山布洛陀文化遗址"发现"后，那县充分利用布洛陀文化开展新农村建设的一个成功个案。

布洛陀芒果风情园位于那县东部，距县城 7 公里，总面积 704 公顷，种有芒果、龙眼、荔枝、大青枣等水果，集芒果生产、农业观光旅

---

① 时国轻：《广西壮族民族民间信仰的恢复和重建——以田阳县布洛陀信仰研究为例》，博士学位论文，中央民族大学，2006 年，第 51—54 页。

游、休闲娱乐于一体。2003—2005 年，那县投入资金 500 万元，将布洛陀芒果风情园打造成全国农业旅游示范点。那县布洛陀芒果风情园内现已建成桂香庄、香芒庄、金穗庄等三个大庄园，以及水上度假木屋、游泳池、游客摄像区、芒果文化廊、摘果区、茶趣馆、垂钓区、水上娱乐、网球场、民族歌圩广场、饮食场所等设施。笔者发现以布洛陀文化为代表的壮族文化元素在园区随处可见，庄园农家几乎都供奉布洛陀和姆六甲神位（见图 2—2）。

新农村建设不仅需要物质条件的改善和建设，还需要重新唤起农民对自己家园的记忆、归属和认同。没有集体记忆、归属感和身份认同，就没有了生活的尊严，这样的新农

图 2—2　布洛陀芒果风情园金穗庄主楼

村只不过是一个废弃的空壳。修复自然环境、保护乡土文化生态是唤起记忆、归属感和身份认同感的基础。① 那县在芒果风情园建设中植入布洛陀文化元素，作为社会主义新农村建设的一个重要举措，特别是结合布洛陀非物质文化遗产保护和开发，将本身就来自民间社会的布洛陀文化纳入新农村文化建设，既提升了芒果风情园的文化品位，又实现了经济发展和文化保护的"双赢"。在某种意义上，那县的新农村建设实际上做了布洛陀文化生态的建设性恢复工作，包括传统记忆、群体认同和文化空间的重建，这种乡土文化生态建设是布洛陀非物质文化遗产保护的一项基础工程，也是布洛陀文化重构历程中的一个亮点。

三　布洛陀文化广场

布洛陀文化广场是那县布洛陀文化重构的主要实体之一。2010 年 7 月笔者初到那县调查时就到过布洛陀文化广场，广场中央有一喷泉，四周有很多大榕树，树下有石凳。但是笔者整理材料时发现，2002 年 11 月 15 日，那县在新世纪广场举行了布洛陀文化旅游开发领导小组办公

---

① 高小康：《非物质文化遗产与乡土文化复兴》，《人文杂志》2010 年第 5 期。

室暨广西那县布洛陀文化研究会授牌仪式。① 而如今，在那县的县城城区分布图上，新世纪广场却不见踪影。2010 年 8 月笔者再次前往那县时，曾就广场的有关情况访谈了那县县城退休壮族干部杨国际：

L：杨叔，布洛陀广场的名称一直都是叫这个名字吗？

Y（即杨国际）：不是。布洛陀广场以前叫做新世纪广场。其实，新世纪广场也不是最初的名称，最初的时候这里安放的是那县英雄纪念碑，后来政府不知为什么把纪念碑搬到了金狮山了，这个地方就建成了一个广场，取名为新世纪广场。

L：您能讲讲新世纪广场当时的环境及广场布局吗？

Y：好的。新世纪广场建成后主要成为县城里面的人休闲娱乐的地方了。广场周围有很多榕树，还有许多石凳，白天有太阳的时候，会有人来树下乘凉，晚上也有人坐在树下聊天啦，当然晚上更多的是来唱山歌的，现在还有唱歌的，但你得等晚上，不下雨的时候他们一般都会来，我有时也会来。中央的空地上还有一班中年妇女、中年男人跳现代交谊舞，他们把音响都搬来了呢。对了，还有就是，广场上有一个大大的喷泉，喷泉池里面还有彩灯呢，逢年过节的话会开。

L：那什么时候改叫布洛陀广场的呢？

Y：改叫布洛陀广场应该是布洛陀研究中心大楼建好以后的事情。布洛陀大楼从 2006 年开始修建，2008 年建好，那就是 2008 年改叫布洛陀文化广场的。

2011 年 1 月 22 日，笔者再次前往那县调查时，发现布洛陀文化广场已面目全非，中央的喷泉没有了，四周的树木似乎也少了几株，水泥铺成的广场地面已全部拆除重建，工人正在铺正方形石砖。面向布洛陀研究中心大楼，广场的左右两边正在安装橱窗。为了弄清楚广场重建的缘由，笔者向正在施工的工人们打听，他们说修建工期赶得很紧，必须

---

① 参见《田阳县布洛陀文化旅游开发领导小组办公室暨广西田阳县布洛陀文化研究会挂牌仪式方案》。

在年前完工，因为要迎接旅游节。据在广场遇到的负责现场施工的那县建设局工作人员说，广场的修建主要是建设局负责，包括橱窗在内的设计方案主要是布洛陀研究会负责（见图2—3）。后来，笔者通过电话访谈了那县布洛陀研究会会长黄明标：

图2—3　2011年1月重建中的布洛陀文化广场

L：黄会长，您好，我想请教您，现在布洛陀广场为什么要重新修建呢？

H（即黄明标）：重修是为了迎接4月的旅游节，因为原来的广场布洛陀文化的元素太少了，希望这次能够多一些，更好地体现布洛陀文化精神。

L：广场设计方案出自您手是吗？

H：不全是。最初是由建设局设计的方案，我看他们那个不好，我又提出了我的修改意见，但是除开布洛陀文化元素以外的比如地板之类的还是他们建设局搞的。

L：布洛陀研究中心的修建为了体现布洛陀文化什么内容呢？

H：布洛陀文化中心实际上是县里的会议礼堂和相关部门的办公地点，以布洛陀命名一来是为了争取资金投入的方便，二来也是为了迎合那县这个布洛陀文化旅游节的开发。

重建后的布洛陀文化广场依旧是那县每年举行敢壮山布洛陀文化旅

游节或民俗文化节活动的主要场所之一，笔者曾在广场上观赏 2011 年布洛陀之夜文艺晚会。布洛陀文化广场从人民英雄纪念碑广场、新世纪广场，到布洛陀文化广场，几经更名，现已成为那县的一个地标。如今，广场仍是那县县城居民休闲、纳凉的好去处，而且如杨国际老人所言，广场上几乎每晚都有"小型的歌圩活动"。

第三章

布洛陀文化的广场化

传统文化的广场化是当代文化重构的普遍现象。国内黄帝文化、炎帝文化、盘瓠文化的重构均采取了广场化的方式。那县布洛陀文化广场是 2011 年 3 月底前重新修建的。布洛陀文化广场的修建也是布洛陀文化当代重构的基本方式之一，布洛陀广场的修建动机和文化展示，反映了布洛陀文化重构的实践逻辑。

第一节　布洛陀文化广场的策划

一　广场的策划

布洛陀文化广场原名为"新世纪广场"，2008 年那县布洛陀文化中心大楼竣工后，才改名叫"布洛陀文化广场"。改名之后，广场仍旧保持了"新世纪广场"的原貌。那县布洛陀文化研究会的黄明标会长告诉笔者：

> 文化中心刚建成时县委领导和百色市委领导来看后觉得文化底蕴不够，要我们搞些关于布洛陀文化的内容进来，于是我弄了大概有 80 多幅的图画贴上去了，题材分别为那县的历史传说人物、古代历史上的人物以及我根据神话传说故事而绘制成的图画。只是当时是直接贴上去的，管的时间不长，风吹日晒都脱落了。

笔者曾多次到那县布洛陀研究会去查资料，但都没有见过黄明标所说的图画，应该是早就脱落了吧。正如那县和百色市领导所言，布洛陀文化中心"文化底蕴不够"。布洛陀文化广场"改名不改貌",同样也缺乏文化底蕴。2011年1月,那县决定重建布洛陀文化广场,增加广场的文化底蕴,突出广场的布洛陀文化特色。

根据笔者的访谈和《布洛陀文化广场文化图腾设计方案修改意见》,那县布洛陀文化广场的策划与设计主要情况如下:

(1) 广场的策划、修建由那县建设局负责,因建设局请的策划人不懂得布洛陀的文化内涵,所以涉及广场布洛陀文化元素的部分最后还是由那县布洛陀研究会会长黄明标策划。

(2) 广场的整个设计主题要求突出"布洛陀作为创世始祖的创世神的地位"。

(3) 广场采取浮雕画的形式来表现这一主题,用八块浮雕来分别表现:布洛陀造人、造文字、造水稻、造干栏房、造火、造江河、种麻制衣、造牛马这八个创世之举。

(4) 浮雕的位置先后次序根据布洛陀神话所体现的世界产生规律来安排,先是造天地,接着造人、造火、寻找水源、造耕地、造牛马、造衣服、造文字、安排人间秩序。

(5) 浮雕的内容均取材于布洛陀麽经。

(6) 黄明标负责指导整个浮雕的创造过程,要求人物的面部神态、人物头顶戴的羽毛、服饰都必须与布洛陀时代的社会生态环境相符合。

二　策划手稿的解读

根据笔者调查,那县布洛陀文化广场重建时所有涉及布洛陀文化的策划与设计都是由那县人大常委会原副主任、县博物馆馆长黄明标负责。黄明标自幼受布洛陀文化熏陶,早在20世纪80年代就曾负责那县民间文学三套集成的收集整理工作,退休后被返聘担任布洛陀研究会会长兼博物馆馆长,对布洛陀文化较有研究。布洛陀文化广场的设计则由靖西县第三中学的美术老师曾丹负责。曾丹(壮族)之前曾负责敢壮山祖公祠设计,此次负责雕刻广场浮雕时主要根据黄明标提出的《布洛陀文化广场文化图腾设计方案修改意见》并结合自己的理解来执行。

(一)"文化图腾"

那县布洛陀研究会会长黄明标的《布洛陀文化广场文化图腾设计

方案修改意见》关于"文化图腾"的说明如下（见图3—1、图3—2、图3—3、图3—4、图3—5）：

关于"文化图腾"，首先应该弄清楚"图腾"是什么意思，"图腾"是以图像来反映民族信仰，而以动物来表示的一种图案，壮民族信仰图腾分别是"牛、青蛙、象、虎、鸡、鹅、猴、马、鳄、狗、鹭鸟、山羊"等，统称12图腾。现在设计的所谓"文化图腾"并不是图腾，而

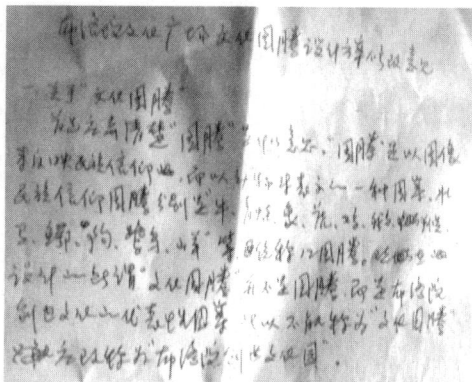

图3—1　《布洛陀文化广场文化图腾设计方案修改意见》手稿（一）

是布洛陀创世文化的代表性图案，所以不能称为"文化图腾"，应该为"布洛陀创世文化园"。

"图腾"一词来源于印第安语"totem"，意思为"它的亲属"、"它的标记"，所谓图腾，就是原始时代的人们把某种动物、植物或非生物等当作自己的亲属、祖先或保护神，相信他们有一种超自然力，会保护自己，并且还可以获得他们的力量和技能。在原始人的眼里，图腾实际上是一个被人格化的崇拜对象。何星亮认为，"与图腾有关的各种观念、现象、习俗，以及其他方面的文化现象，非'主义'、'制度'、'宗教'、'观念'等词所能概括。唯独'文化'一词，包罗万象，各种图腾文化元素均可囊括其中。故在泛指时，当称'图腾文化'为宜。在说明具体的某一方面时，也可称'图腾制度'、'图腾崇拜'等。"[①]图腾体现了一种血缘关系，图腾崇拜的根本意义即确认族群成员在血缘上的统一性。

---

① 何星亮：《中国图腾文化》，中国社会科学出版社1992年版，第19—20页。

显然，《布洛陀文化广场文化图腾设计方案修改意见》执笔人黄明标对于"文化图腾"和"图腾文化"的理解还是有一定的差异的。后来在访谈时，笔者根据黄明标的解释，发现他所说的"文化图腾"实质上就是何星亮所指的"图腾文化"。有的学者认为"图腾文化"就是一种宗教信仰。如英国的 J. E. 麦克楠（Mac－Lenan）就认为图腾具有原始宗教的性质。①

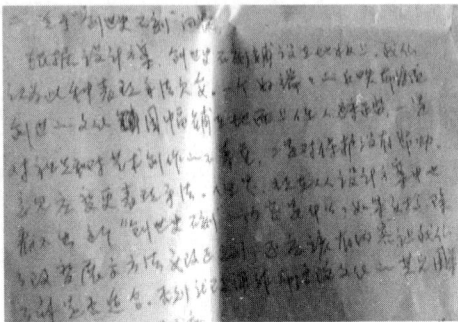

图 3—2　《布洛陀文化广场文化图腾设计方案修改意见》手稿（二）

根据《布洛陀文化广场文化图腾设计方案修改意见》手稿及笔者对执笔人黄明标的访谈可以确定，那县在重建布洛陀文化广场时是将"图腾文化"作为一种信仰来看待的。

（二）"创世史石刻"

《布洛陀文化广场文化图腾设计方案修改意见》关于"创世史石刻"问题是这样表述的：

根据设计方案，创世石刻铺设在地板上，我们认为此种表现手法欠妥。一个好端端的反映布洛陀创世的文化图幅铺在地面上任人踩踏，一是对祖先和艺术创作

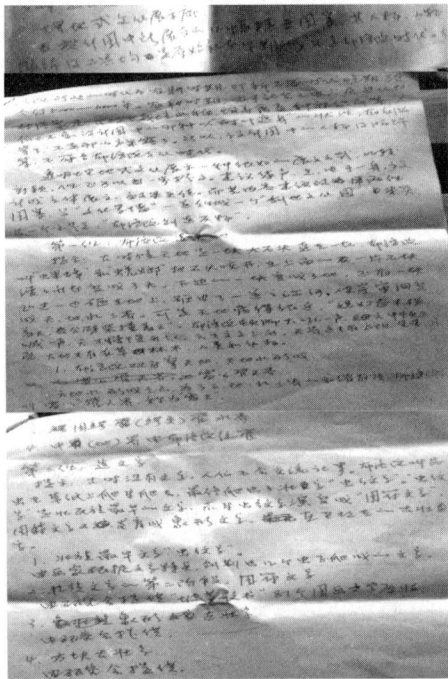

图 3—3　《布洛陀文化广场文化图腾设计方案修改意见》手稿（三）

---

① ［英］埃里克·J. 夏普：《比较宗教学史》，吕大吉等译，上海人民出版社 1988 年版，第 97—100 页。

的不尊重，二是对保护没有帮助。意见：应变更表现手法。但是，从现在的设计方案中也看不出这个"创世史石刻"的内容是什么。如果要搞，除了展示方法要改正之外，还应该有内容让我们了解是否适合。否则就改用布洛陀文化的其他图案。

从上面内容可以得知：那县建设局原设计方案中的表现方式为铺地石刻，而且石刻内容不明朗。黄明标认为铺地的方式除了对表现的主体对象——祖公布洛陀不尊重外更不利于保护，石刻的内容也不能很好地表达需要表达的主题，如果要表达"布洛陀创世"这一主题的话需要更改表现的形式和用以表现的内容。

（三）埋地式文化展示廊

《布洛陀文化广场文化图腾设计方案修改意见》关于埋地式文化展示廊的意见如下：

设计图中的 12 幅提示图案，其人物、人物的服饰及工具均是原始社会早期的，不是布洛陀时代的。布洛陀所处的时代为农耕时期，即新石器时代晚期，距今约 5000—6000 年，农耕时期，由于社会已由穴居进化到村落聚居，出现了栽培水稻、饲养禽兽、种麻织布等，人们

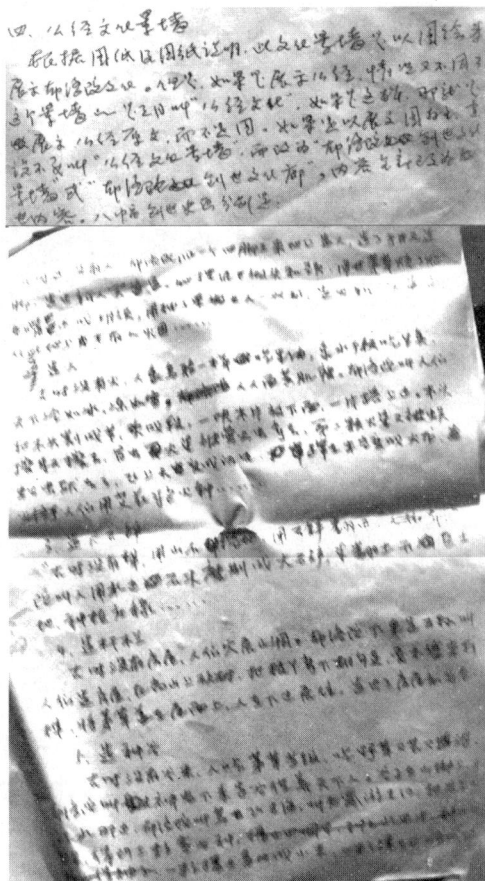

图3—4　《布洛陀文化广场文化图腾设计方案修改意见》手稿（四）

已不像设计图中那种以"树叶遮身"的状况，有衣服穿了，不是

那么裸露了。所以，设计图中的人物及服饰等不符合布洛陀文化时代。

透明埋地式文化展示是一种很好的展示方式，比较新颖，但还可以进一步提高。建议集声、光、电于一身，设计成主体展示，效果更佳，而其内容建议改用两组图案与"文化景墙"一道组成一个"创世文化园"来突出一个主题"布洛陀创造万物"。

第一组：布洛陀造天地

提示：古时候天地是一块大石头连在一起，布洛陀叫"蝶蜂"和"蛲螂"把石头咬开，在上面的一块石头慢慢升起变成了天，下边的一块变成了地，还有一块飞过一边砸在地上，砸出了一道道江河，使宇宙变成天、地、水三界。可是天地离得很近，"媳妇舂米碰着天，公公劈柴撞着云"，布洛陀顿足大吼一声，姆六甲顿足大喊一声，天才慢慢升起，云才慢慢上升，天界这才有太阳、星星、月亮，大地才有花草林木、人类和动物。

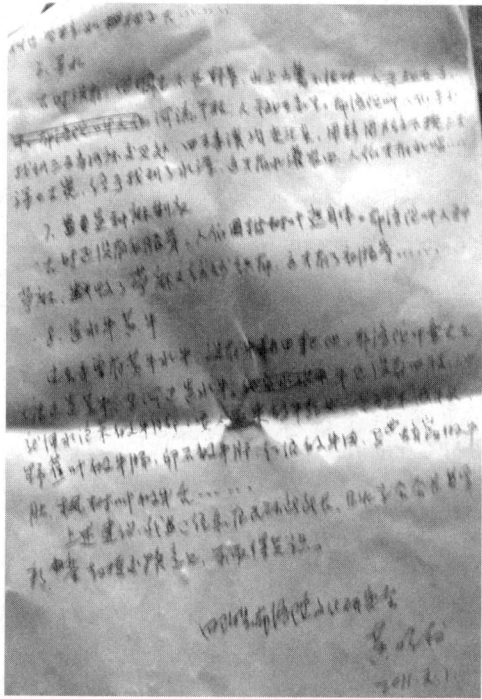

图3—5　《布洛陀文化广场文化图腾设计方案修改意见》手稿（五）

1. 布洛陀双手擎天地，天地水形成。

2. 雷公管天界。天地水形成之后，为了天、地、水三界的和谐有序，布洛陀叫"雷公"管天界，称为"雷王"。

3. 图鳄（鳄鱼）管水界。

4. 中界（地）界由布洛陀管。

第二组：造文字

提示：古时没有文字，人们不会交流记事，布洛陀叫昆虫在草纸上爬来爬去，最终爬出了壮文"虫纹字"。"虫纹字"是壮民族最早的文字，后来虫纹字演变成为"图符文字"，图符文字又发育成象形文字，直到现在的古壮字。

1. 壮族最早的文字"虫纹字"。

由画家根据文字特点创制出几个虫子爬成的文字。

2. 壮族文字的第二阶段：图符文字。

由布洛陀研究会提供"坡芽歌书"81个图画文字原版（见图3—6）。

3. 象形古壮字：由布洛陀研究会提供。

4. 方块古壮字：由布洛陀研究会提供。

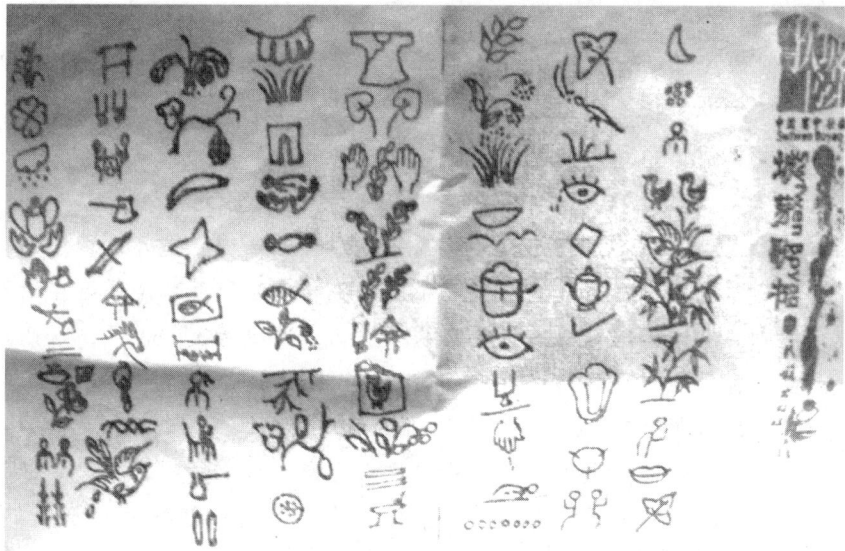

图3—6　"坡芽歌书"81个图画文字

以上的修改意见透露出来的信息是：（1）原策划案中人物的服饰不符合布洛陀文化产生的时代；（2）在原来的展示方式上增加了声、光、电的现代元素以更好地凸显主题；（3）利用"文化景墙"、"布洛陀创造万物"这两组文化景墙来表现主题。信息（1）是在尊重布洛陀文化本真性；信息（2）是为了表现这种本真性而采用的更加有效的方式；信息（3）是表达主题有利用的具体材料内容。归根结底都是为尊重布洛陀文化的本来面貌而做出的努力。

同时我们也不可忽视，在第二组造文字的景墙中，关于壮族最早的文字"虫纹字"的书写纯属重构范畴，重构主体为浮雕画工艺师。

（四）麽经文化景墙

《布洛陀文化广场文化图腾设计方案修改意见》关于麽经文化景墙的设计意见如下：

> 根据图纸及图纸说明，此文化景墙是以图绘来展示布洛陀文化。但是如果是展示麽经，情况又有不同了，这个景墙应该叫"麽经文化"。如果是这样，那就是展示经文原文，而不是图，如果是以展示图为主，图设不要叫"麽经文化景墙"，而应该为"布洛陀创世文化景墙"或"布洛陀创世文化廊"，内容全部改为八幅创世史画，分别是：
>
> 1. 造人
>
> 古时候还没有人，布洛陀派一个四脚王来地上造人，造了手又造脚，造出新人笑盈盈。他捏泥巴做头和颈，用茅草烧了贴在嘴巴上成为胡须，用柚子果做女人的一双奶，造成新人笑盈盈，从此地上才有人烟……
>
> 2. 造火
>
> 古时候没有火，人像乌鸦一样吃生肉，像水獭一样吃生鱼，天下冷如冰，冻如雪，人人面黄肌瘦，布洛陀叫人们把木头割成节，砍成段，一块木片放下面，一片搭上边，木头擦来擦去，冒出火星被萤火虫拿去，第二颗火星又被蜈蚣驮去了，飞上天变成闪电，蹿在半空变成火龙，人们用艾花来包火种……
>
> 3. 造大石铲
>
> 古时候没有犁头，用山石挖地，用石铲翻田。布洛陀叫人用水边石头磨制成大石铲来翻土开垦土地，种植庄稼……

4. 造干栏房

古时候没有房屋，人们穴居山洞。布洛陀下来造万物，教人们造房屋，在高山上砍树，把枝丫弯曲相勾连，要木签来打椽，将茅草盖在屋面上，人在下边居住，造出了房屋和谷仓。

5. 造稻谷

古时候，没有谷米，人们吃茅草当饭，野草又苦又涩，布洛陀叫神农下来造谷种供养天下人。谷子在山坳上，在水那边，布洛陀叫鸟飞过海，叫老鼠游过江，把谷子运过来，得到三粒畲谷种，一粒播在畲地成小米，一粒播在田垌成粘米，种出的谷子如柚子大……

6. 寻水

古时候，田垌里不长野菜，山上山薯不结块，河流干枯，人干死在家里。布洛陀叫人们寻水，找到三百条河床交叉处，四万条溪沟交汇点，用铲用力往下挖三丈深七丈宽，终于找到了水源，这才有水灌溉农田，人们才有水喝……

7. 造种麻制衣

古时候还没有衣服穿，人们披树叶遮身体，布洛陀叫人种苎麻，收了苎麻又纺纱织布，这才有了衣服穿……

8. 造水牛黄牛

过去未曾有黄牛水牛，没有牛耕田耙地，布洛陀叫盘古在塘边造黄牛，在河边造水牛，牛还没有四肢，他就用水泡木做牛脚，要人面果做牛乳头，坚硬木做牛头，野蕉叶做牛肠，卵石做牛肝，红泥做牛肉，马蜂窝做牛肚，枫树叶做牛舌……

上述建议我已经和区民研所所长、区壮学会会长覃彩銮教授交换过意见并取得共识。

由此可见，布洛陀文化景墙的设计是在布洛陀研究会的指导下进行的。笔者在访谈工艺师曾丹的时候，他很明确地说：

我绘制这个浮雕主要是遵从研究会黄会长的意思来的，之前他跟我已经讲过要求，现在还有文字说明，所以绘制起来并不是太难，再说，我对布洛陀还是有一点点了解，敢壮山上的祖公祠全部是我设计的，祖公祠没有人告诉我怎么做，全部是按我自己对布洛陀文化的领悟来搞的。不过现在也没有见人有反对意见呢！

第二节　广场布洛陀文化展示

那县布洛陀文化广场紧邻布洛陀文化中心，广场上的八幅浮雕为：布洛陀造火、布洛陀造江河、布洛陀种麻造衣、布洛陀造牛马、布洛陀造人、布洛陀造文字、布洛陀造水稻、布洛陀造干栏房，这些内容集中展示了布洛陀创世史诗文化。

一　展示内容

布洛陀文化广场位于那县县城中心地带，与街道连接，人们可以直接从公路进入广场。站在广场门口，我们面对的是布洛陀研究中心大楼，广场两边各四幅，共八幅浮雕画：左边四幅为布洛陀造火、布洛陀造江河、布洛陀种麻造衣、布洛陀造牛马；右边四幅为布洛陀造人、布洛陀造文字、布洛陀造水稻、布洛陀造干栏房（见图3—7）。

图3—7　2011年11月的布洛陀文化广场

（一）布洛陀造人

第一幅浮雕为布洛陀造人（见图3—8）。浮雕左边文字说明为：

> 从前还没有人，布洛陀、姆六甲用泥巴造人，用龙须草做泥人头发，芦苇节做喉结，灯心草做肠衣，泥人还不分男女，布洛陀又找来红辣椒和杨桃，使抢到辣椒的泥人变成男人，抢到杨桃的泥人变成女人。

图3—8　布洛陀文化广场浮雕之一：布洛陀造人

浮雕画的中间部位有一男一女两个人，两人被六个小孩包围。男子头戴羽冠，颈戴项圈，上身赤裸，下身围一衣裙，手中拿一串杨桃，膝下依偎着一孩童，似乎在等待大人为他做些什么；坐在男子对面不远处的是一女子，她头戴羽冠，留有一长长的马尾辫，颈戴项圈，上身赤裸，下穿一长裙，女子正跪坐在地上为一孩童"创造"着面部器官。远处一轮红日当空。

（二）布洛陀造文字

第二幅浮雕为布洛陀造文字（见图3—9）。浮雕左侧的文字说明为：

> 壮族的文字也是布洛陀创造。壮族文字伴随着农耕的出现而产生，并且从"虫纹字"开始，逐步发育、发展成"图符文字"、

"象形文字"，和后来的"古壮字"，促进了壮民族的社会文明和进步。

图 3—9　布洛陀文化广场浮雕之二：布洛陀造文字

浮雕画面：右边为一男一女，男子头戴羽冠，上身赤裸，下系衣裙。一只手撑地，另一只手拿着一只小动物正准备放手让其爬行，前面正好还有几只正在爬行的虫子。女子跪坐在男人身后，她头戴羽冠，上身赤裸，下穿衣裙，正用左手抱握一器皿，右手拿一工具准备在器皿上刻画什么。浮雕的左半部分分布着三块大小不一的字画卷。最上方的画卷上绘制着 81 个坡芽歌书的图形字符；中间一卷字画较小，上面的文字奇形怪状，似虫蚁爬行过后留下的痕迹；最下方一卷上全部书写的是壮族的古壮字。

（三）布洛陀造水稻

第三幅浮雕为布洛陀造水稻（见图 3—10）。浮雕左侧的文字说明为：

> 原始社会时期人们不懂得种庄稼，人们只能以野果当餐、兽肉当饭，布洛陀派麻雀去寻找生野稻种回来播撒，教会子民造田栽秧，使壮民族先民首先吃上米饭。

浮雕画面的最上方是一只小鸟，嘴衔稻穗飞舞；浮雕中间部分为一群农人在田里耕耘劳作；最前方站立着右手怀抱稻穗的男子，男子的左手紧握铁铲；离男子不远处有一正在灌溉的女子。

图3—10 布洛陀文化广场浮雕之三：布洛陀造水稻

（四）布洛陀造干栏房

第四幅浮雕为布洛陀造干栏房（见图3—11）。浮雕左边的文字说明为：

> 远古时期不会造房子，人们住在山洞里，走夜路累了就睡在路边，布洛陀教子孙们弯下树枝相勾连，砍下大树做柱子，木签做榫，茅草做盖，做出了壮家的干栏房。

图3—11 布洛陀文化广场浮雕之四：布洛陀造干栏房

浮雕画面正中为一男一女，他们正在凿木，周围还散放着一些原木。浮雕画面的远处是一座座木质结构的房屋。

（五）布洛陀造火

第五幅浮雕为布洛陀造火（见图3—12）。浮雕右边的文字说明为：

> 古时候没有火，人们生吃东西身瘦如柴，布洛陀用艾叶垫石头击石取火，又发明了用火照明，烤兽肉，煨山薯，大地才有了炊烟。

图3—12　布洛陀文化广场浮雕之五：布洛陀造火

浮雕画面中间为一头戴羽冠，长须飘飘，上身赤裸，下穿衣裙的男子，他双手分别拿着石头，正全神贯注地相互摩擦。男子身后的左右两侧是两群围着火堆载歌载舞的人们。

（六）布洛陀造江河

第六幅浮雕为布洛陀造江河（见图3—13）。浮雕右侧文字说明为：

> 古时候的河是干的，溪是旱的，所以地不长草山不长薯，布洛陀告诉人们去寻水，找到长无花果的山谷，长大野芋的山野，三百条旱溪交汇的地方挖下去三丈深，七丈宽，就会有水冒出来，终于造出了三百条旱溪变成纵横交错的江河。

浮雕画面包括两方面的内容：其一，头戴羽冠、长须飘飘的长者带领众人，用长铲开挖沟渠；其二，长者手捧水缸给众人碗里倒水，另一群羽冠长发的妇人载歌载舞。

图3—13　布洛陀文化广场浮雕之六：布洛陀造江河

（七）布洛陀种麻造衣

第七幅为布洛陀种麻造衣（见图3—14）。浮雕右侧的文字说明为：

　　过去不懂做衣服，人们冷了只有披树叶挡风，布洛陀教子孙移栽野生麻，用麻皮泡水漂洗做成了麻皮衣，使子孙后代穿上了衣服。

图3—14　布洛陀文化广场浮雕之七：布洛陀种麻造衣

浮雕画面的中央站立一男一女两个人。与前几幅图不同之处在于，这两人穿着整齐，不再是随意披挂着草裙。远处有一对人正在用织机织布，旁边还有一个人正在漂洗麻皮。更远处有一正在耕作（种麻）的农人。

（八）布洛陀造牛马

第八幅浮雕为布洛陀造牛马（见图3—15）。浮雕右侧的文字说明为：

在没有牛马的古代，人们只能双手刨地石挖土。布洛陀在河边造水牛，要硬木做牛骨，野蕉叶做牛肠，卵石做牛肝，红泥做牛肉，马蜂窝做牛肚，这才有牛马犁田耕地造福人类。

图3—15　布洛陀文化广场浮雕之八：布洛陀造牛马

浮雕画面的正中端坐一头戴羽冠、长须飘飘、上身赤裸、下穿衣裙的长者，他左手掌托一马，右手掌托一牛。长者四周还有羊、兔子、猪、鹿以及水中的鱼，它们都悠然自得。远处还有一策马奔腾的人。

二　浮雕内容与布洛陀创世神话

布洛陀广场浮雕内容取自布洛陀创世神话，其中布洛陀造人、造文字、造水稻、造干栏房、造火、造江河、造牛马等创世神话在《布洛陀经诗》中都有详细的记载。

（一）布洛陀造人

布洛陀经诗中关于造人的经文共有两篇：一篇讲述布洛陀如何造人；另一篇讲述人类出现以后，洪水为灾，把天下人类灭绝。只剩伏羲兄妹，两人结为夫妻，再造人类。布洛陀造人的篇章《造人（一）》：

> 布洛陀神仙／飞来天下做主／做把印来分／他就第一放只鸡／第二放只狗／第三放只猪／第四放只羊／第五放只水牛／第六放只马／第七放个人／时那地王回去上／人不成完全／头连上不有／成块肉不有／喉管气不有／不有腮下巴／不有脚有奶／要走就碰树／要去就打滚／公在上望见／仙在上做决定／做把印来分／他才放个王四脚／下来下面造人／造做手做脚／草山坡来烧／捏泥做头颈／成仔人笑盈盈／个男就放胡子／人女肚放奶／成个青个老／成小孩大人／时那下地转有人／人下天有齐①

经文的大概意思为：布洛陀到人间来做主人，传下命令来，首先放下一只鸡，第二次放下一只狗，第三次放下一只猪，第四次放下一只羊，第五次放下一只水牛，第六次放下一只马，到第七次的时候才放下一个人。放下人之后布洛陀神仙就回去了，但是人长得不完全，没有头，没有肉，喉管也没有，下巴腮腺也没有，女人没有乳房，一走路就会碰到树，稍微一动就会打滚。布洛陀在天上看见了这种情形，就派四脚王蜥蜴来到人间造人，先造手再造脚，用泥巴来造头和脖子，这个时候人会笑了。于是蜥蜴在男人的嘴边放上胡须，在女人的肚子上安上乳房，并且还区分老幼。从此人间就可以繁衍后代、生生不息了。

其主要故事情节为：（1）布洛陀造人和其他动物，但没有把人造完整；（2）布洛陀派四脚王蜥蜴到人间补造不完整的人类；（3）四脚王蜥蜴用泥巴来区分男女。

布洛陀造人的功绩除在《布洛陀经诗译注》中有记载外，在那县

---

① 张声震：《布洛陀经诗译注》，广西人民出版社1991年版，第127—133页。《布洛陀经诗译注》中的经文每一句都有不同的语言文字表述，分别为古壮字、拉丁壮文、国际音标注音、汉语直译和汉语意译。本书引述其汉语直译的译文。下同。

的口传文学中也有讲述。那县流传的《布洛陀造人》① 是这样描述布洛
陀造人的：

传说远古的时候，大地曾泛起滔天洪水，生灵灭绝，现在山顶
上有贝壳的化石，便是这民间传说的依据。那时有一对兄妹，生性
异常聪慧，他俩预见有一天会洪水滔天，所以别人挑水浇菜园，他
俩挑水淋瓜苗。他俩种的冬瓜长得异常之大，挖空了瓜心可容人进
里面居住。泛洪水那时，他俩随冬瓜漂流，幸免一死。他俩是此次
天灾的幸存者。

这对兄妹有名有姓，兄叫福兮，妹叫女娲。洪水退去的时候，
他们又回到了陆地上，但他们已经失散。福兮回到陆地后，首先遇
到的是布洛陀和咪洛甲，便问他们："你们见我的妹妹在哪里吗？"

布洛陀说："我见你妹女娲往淮河南水去了。"

福兮按照布洛陀的指示找到了妹妹女娲。女娲坐在一块石头上
哭泣，福兮走到她身边。这时候布洛陀也来到他们兄妹俩身边，鬼
哭先生也来了。布洛陀说："三年汉绿岭，七年旱绿林（壮话音
译），石上黄蜂生，菜园有鸡扒。岳母见了女婿不招呼。塘角鱼吃
星星，泥鳅吃太阳。"人说："你光说也没有用，有只鸡才好。"布
洛陀果然变出只鸡来。鸡说："鸭生蛋，我孵崽。"

福兮对布洛陀说："世间现在只剩下我们兄妹两人了，怎么
办？"布洛陀说："福兮攀接着天，女娲下接着地。"布洛陀和咪洛
甲叫福兮在上池洗澡，叫女娲在下池洗澡，结果女娲有了身孕。

女娲分娩了一团肉，鬼哭先生说："生出来的不是人，用刀剁
碎它！"他便剁碎那团肉，撒向四面八方，这样就有了三百五十九
个姓，但咪洛甲说："要有三百六十姓才行。"于是，鬼哭先生去
刮来砧板上的肉末，这样才凑够了三百六十个姓，这最末的姓叫
"岑"。第三个早晨到来的时候，四面八方升起了烟火，在菜叶上
生了人虫，我们这些人类就是从这菜叶里生长出来的。这时四面八
方传来了哭声，有了声音，但还看不见人。

---

① 转引自农冠品《壮族神话集成》，广西民族出版社 2007 年版。

　　这则神话把洪水之后福兮（即伏羲）、女娲的造人说成受布洛陀、姆六甲的指点才完成的。尽管故事中融入更多汉族的神话传说因素，但丝毫不影响"布洛陀造人"这一主题。在这则神话，不是布洛陀、姆六甲亲自动手，而是授意第三者完成造人的任务。

　　（二）布洛陀造文字

　　布洛陀经诗关于造文字的经文把文字说成是昆虫爬行创造出来的。这个神话很独特，比之仓颉造字更原始更神奇。

　　《造文字历书》① 的经文为：

　　　　三样三王制/四样四王造/世先未造书/世先未拿道/书皇帝未有/历皇帝未有/历皇帝未造/书世古未制/皇书历不有/甲子书不有/时好坏不懂/做屋对禄存/死留门闩连夹/嫁女对"大答"/死留担连抬/娶媳妇对"破军"/死留裙连衣/王才感不对/王才觉不好/王做地谷粳/王做田米粘/蝗虫下咬田/蝗虫下咬地/下咬地敢卡/下咬田皇帝/肝王恨得很/胆王恨得很/要蝗虫回枷/拿螟虫回夹/蝗虫不愿枷/蝗虫不愿夹/虫世先会讲/虫世先会论/你别剪条命/你别杀条命/我有样一好/我还有宝一好/王才说喋喋/王才问滔滔/你还有样哪好/你有宝哪好/虫懂听话这/虫才说喳喳/虫才讲吱吱/你要手臂来攀/你要纸来包/七早王才解/九早王才开/虫爬去爬来/成字大放上/成字圆放下/成笔墨字迹/成书官书皇/虫造书给王/虫给书给王/定做日做时/王要纸来立/王立纸做本/造做本书历/造做初做十/造初一十五/定做年做月/造作年做号/造月小月大/造大败白扶/造做建做除/造做满做平/造做丙做戊/造五富要安/造做屋做仓/三十天做月/十二月做年/造时好时坏/虫造书出来/书皇帝才好/历皇帝才美/书世前才制/土司掌印怕乱/也要书这管/皇管国怕乱/也要书这管/说什么怕漏/嘱什么怕忘/也要书这记/别忧做罗盘/书朝廷发得/皇帝送书来/敢卡送书来/给个天下个地方/书去通天下/造八卦六壬/书皇帝才开/书安排才正/定子午卯酉/定丑未辰戌/造初一十五/才懂得夜日/有年好年坏/安坟才定山/做屋才定向/做屋才不中凶

　　　　　───────────

　　① 张声震：《布洛陀经诗译注》，广西人民出版社1991年版，第507—536页。

日/得住闩连夹/嫁女才不碰凶日/得吃担连抬/娶媳妇才不碰凶日/
得穿裙和衣/正才有日好/正才有时旺/成痛要书瞄/成病要书治/书
笔墨才得/书理什么才起/出给天下给地方/出那个故事人/制给个世
后/到我们世这里/个世先他比/个世这我们拿/时接时我们论/不论
那样远/不说姓那别/说那个□家/说那个氏姓/他信书皇帝/他行礼
代初/卜母卦才见/卜六壬才出/出得公神台/求得公神台/世这才信
书/世这才信道/句这谈成这/章这么成这

经文的大概意思为：古时候人们没有文字历书，连皇帝的书都没
有，也没有可以算甲子的历书，由于不懂黄道吉时，所以造房子总是遇
到凶日，致使全家死光，嫁娶也不懂黄道吉日，也会造成家里不幸，这
样王才感到事情不妙。这时王种的谷被蝗虫吃光，他非常生气，要把蝗
虫拉回去上枷锁惩罚，蝗虫不愿意上枷锁受惩罚，就跟王说话。王非常
高兴，把蝗虫用纸包起来，九天后打开包虫的纸袋，发现虫在纸上爬出
很多墨迹，皇帝就把这个墨迹变成文字，这就是人们所说的昆虫造字。
王找来很多纸，昆虫爬出更多的字，最后王就把它们做成一本历书，定
出日历来，而且还区分了满和平、建和除以及吉凶。正因为有蝗虫造出
了文字，皇帝才会拥有辉煌的历史，才可以治国安邦，民间造物、嫁娶
才知道黄道吉日和吉凶祸福，才能够避免厄运临头，人们才可以依照文
字记载来治病、来进行教育、治国平天下。总之有了文字人们才能幸福
安康，才能够念布洛陀经诗，才能够为人做法事道场。

其主要内容为：（1）蝗虫因吃稻谷而受到惩罚，并被命令创造文
字。（2）布洛陀用蝗虫爬出的文字来制定历法。（3）因为有了历法和
吉凶祸福的计算方法，人间才幸福安康。

（三）布洛陀造稻谷

布洛陀经诗关于造稻种的记载在《造人（二）》[①] 中有这样记述：

那时伏羲造百姓下天/生人民下地/百姓穿不均/个民吃不饱/百
姓喊喳喳/个民乱纷纷/公在上看见/仙人在上做定/做把印来分/他

---

① 张声震：《布洛陀经诗译注》，广西人民出版社 1991 年版，第 153—160 页。

才放个王犁耙／天就开两片／天就变两方／成路给他下／成路给他来／公给五样种谷粳／仙给六样种谷糯／撒放边那海／种放对面河／糯谷繁殖成三百穗／谷粳变成四百样／乌斑鸠过河拿不动／乌鸡过海飞不到／教只马过河／教只水牛游海／只马过河得谷子来／只水牛过海得谷子回／三百种子谷糯／四百种谷粳／百姓多谢有吃／个民多谢有养／吃米这就寿／吃谷这就繁衍／时那百姓得吃匀／个民得吃够／谢恩布洛陀／谢恩麼渌甲

经诗的大概意思为：那时候伏羲刚刚造出人来，人们吃不饱穿不暖，百姓吵得很厉害。布洛陀在天上看见后，命令一个耕作大王下来，布洛陀给他五样粳谷种、六样糯谷种。耕作大王把谷种撒在海边，结果长出了糯谷三百穗、粳谷四百样，水牛把谷种驮过海，马把糯谷驮过河，从此人们就有吃的了。人们感谢布洛陀和麼渌甲。

在民间歌谣中也有布洛陀造米（稻谷）的内容。在紧邻那县的巴马瑶族自治县流传着《布洛陀造米》[①] 也讲述了布洛陀造谷（米）的功绩：

很古很古时，天地离得近；六合围得紧，八方无声息。弯腰捡得星，伸手撕得云，舂米棰碰天，劈柴斧碰云。"轰"一声霹雳，盘古开天地，六合全分开，成如今天地。六合分开了，欢天又喜地；满山传呼声，遍地飞笑语。山边摘桃李，坡地摘野梨；林中打飞鸟，河里抓游鱼。野果来充饥，肉鱼饱一时；吃久不拉屎，吃多涨肚皮。布洛陀见了，伤心又叹气；野果来充饥，难养人一世。"你们修好田，你们开好地；教你们种谷，教你们种米。"听了祖的话，众人都欢喜；从此有谷种，从此有米吃。女人拿石锄，男人扛木犁；山脚修水田，山腰整旱地。三月木棉开，四月阳雀叫，地已经整平，田已经修好。地已经整平，田已经修好；秧苗哪块要？谷地哪块找？翻过七座坡，渡过八条河；去找我的祖，去问布洛陀。"秧苗这块长，谷地那块黄；大糯和粳谷，玉米和高粱。""两

---

① 转引自农冠品《壮族神话集成》，广西民族出版社 2007 年版。

手伸下地，耕种有季节；四季安排好，成熟自有别。"翻过七座坡，渡过八条河；玉米得一袋，稻谷得一驮。木棉花又开，阳雀鸟又叫；水已满秧田，播种时候到。初一播下种，十五满绿垌；二六把秧扯，二九把地种。七月谷子黄，八月弯了头；九月磨剪刀，十月把谷收。谷穗像马尾，谷粒像卜柚，三人一颗吃不完，九人一穗也够饱。

以上是布洛陀第一次教会人们种稻谷。后来因为七年的水灾，导致"有仓没有米，有锅没有饭。草籽当饭吃，树叶当菜送"。万般无奈的人们只好又去找祖宗布洛陀，重新得到稻种：

找到我的祖，找到布洛陀。谷种在朗汉，谷种在坡遨；到那快去找，到那快去要。朗汉这么遥，坡遨这么远；道路长无尽，江河宽无边。骑马走不到，竹排划不到；怎么过去要？怎么过去找？"办法我有了！"布洛陀喊道："喊鸟去帮衔，叫鼠去帮要。"第二天蒙亮，鸟鼠就出发；翻山又过坳，来到坡坳下。鸟在上面啄，鼠在下面齿；鸟啄"铁铁"响，鼠齿响"铁铁"。鸟得谷十粒，鼠得谷十颗；颗颗衔在嘴，拿回自己窝。人们等啊等，人们盼啊盼；等那鸟儿转，等那鼠儿还。等了五整天，又等十天半；不见鸟儿回转，不见鼠回转。又翻七座坡，又渡八条河；去问我的祖，去问布洛陀。"麻绳结大网，路口上摆布；鸟飞过就抓，鼠跑过就捉。"依祖说的话，上山忙割麻；女人把网结，男人把笼扎。山上人十五，山下人十六；鸟飞过就抓，鼠跑过就捉。早上太阳出，等到日当午；捉得一对鼠，抓得两鹧鸪。脚踩下嘴唇，手撑上门齿，用力往外扒，得谷种四粒。阳雀鸟欢叫，木棉花满枝；初一种落地，十五满垌绿。二六去扯秧，二九秧插完；五月耘头遍，六月耘好田。七月禾抽穗，八月谷变黄；九月寒露过，十月收谷忙。

壮族民间也流传着布洛陀造稻谷、找谷种的神话故事：

因为庄稼种得很好，惹得蛟龙眼红，发了一次洪水，庄稼给淹死了，连种子都没有留下来，大家又去问布洛陀。

布洛陀登高远望，见江对岸的谷子一片金黄，坡上谷子成堆，布洛陀就派斑鸠和老鼠去要谷种。斑鸠飞过洪水到江对岸。

老鼠游水冲破洪浪到了江对岸。

他们把谷子吃得饱饱的，便躲起来睡大觉。

人们等了好久都不见斑鸠和老鼠回来。布洛陀也等急了，自己就去江对岸寻找它们。

布洛陀到了山下，但洪水还很大，过不了水，便拉住一根春杆，骑着冲过洪水巨浪。来到了坡上，见什么东西都没有了，原来都给斑鸠和老鼠偷吃完了。

布洛陀想找斑鸠，斑鸠飞到森林去躲；布洛陀去找老鼠，老鼠钻到地洞里去。

布洛陀想出一个法子，拿柴木做夹子，放在老鼠行走的地方；他拿麻皮做绳套，装在斑鸠常飞过的地方。就这样，一下子把斑鸠和老鼠都抓到了。

布洛陀审问它们，它们都承认粮食给自己都吃光了。

布洛陀要它们吐出来，老鼠胆小，先开口吐出，但都是一些糠秕之类，斑鸠还是不开口。

于是，布洛陀便抓住斑鸠的脖子，把嗉囊全翻出来，才找到几粒谷子。

大家拿这几粒谷种去播，四月播种，五月施肥，七月禾出头，八月就收割了。谷子长得真好，每粒有柚子那么大，布洛陀不准大家吃，叫大家拿石头来砸烂，然后拿这些碎片到处撒。

结果，撒到山上长出芭芒；撒在山坡，成为喂牛的草；撒在地里成粟米；撒在田间成稻谷；还有一些碎皮，就成为稗草。

这些五谷杂粮再没有柚子那样大了，都长成穗子，结得很多。①

这则神话故事的主题依然是关于布洛陀造稻谷的。布洛陀造稻谷都

①　农冠品：《壮族神话集成》，广西民族出版社2007年版，第55页。

有这样的历程的基本情节：稻谷长得大且好—自然灾害（多为洪水灾害，或者被其他的动物吃掉）毁掉稻谷—布洛陀寻找谷种—布洛陀造谷种。

（四）布洛陀造干栏房

布洛陀经诗关于造干栏房的经文为第八章《造房屋、园子、渔网经》①，其内容为：

> 世先味造刀／先未懂造园／混沌下造箱／上梁下造园／布洛陀下造／麽渌甲下造／世先未造夹／王朗汉下造／世先未造屋／王山屋下造／……百姓又不有地方睡／人民又不有房子住／夜中路就睡中路／黑中林就睡中林／公在上就见／仙在上做决定／做枚印来分／他就放个王巢氏／他来教公道／他来教个民／他就教个民做地方／教百姓做房／那时未有树／未有铁未有钢／要树在山高／他才弯棵树相连／要签来打放／草就放面上／人进下去住／造做仓做屋／也从时那来／造夫妻公婆／也从时那来／时那百姓不有东西吃

经诗内容的大概意思为：古时候人们不会造房子，百姓没有地方睡觉，走在路上就在路上睡，走在林中就在林中睡。布洛陀在上面看见了，就派王巢下来建造房屋。那个时候没有钢铁，他就教人们把树弯下来让他们相连，再用茅草盖上屋顶。从此人就在屋里住了，从此夫妻、公婆分开住了。

壮族《喻世歌》② 中也有布洛陀造干栏房的情节：

> 远古时候未有造房，人好比野兽无窝鸟无巢。到哪里困倦哪里停步，到哪里天黑哪里躺下。用野芋叶铺垫，用野蕉叶遮罩。大雨落下来，叶子穿破了，身体蜷缩着，任由雨水泡。有一次下了九天

---

① 张声震：《布洛陀经诗译注》，广西人民出版社 1991 年版，第 438—483 页。

② 此歌传唱者：黄汉琼，男，71 岁，壮族，东兰县中山乡江平村人，高小文化；黄汉儒，男，70 岁，壮族，东兰县中山乡那论村人，简易师范文化。采录时间：1979 年 10 月。采录者：黄相，壮族，东兰县文化馆干部。原载《壮族歌谣故事风俗》，黄相编，香港天马图书有限公司 2011 年版。

九夜暴雨，下了三天三夜冰雹，平地淹没了，山林淹没了，人们往下方逃，人们往上方跑。罕王跑到云封雾绕的西山，见到那里一番景象真奇妙。他看了西山人的房子，又看了牧鹅人的仓廒。西山人请他吃饭，牧鹅人劝他管吃饱。罕王手里端着饭，眼睛左右仔细瞧，罕王嘴里嚼着饭，眼睛上下仔细瞄；放下饭碗抹嘴巴，房前房后转一遭，量了横来又量纵，量了低来又量高。草绳打结做记数，绚在腰间记牢牢。罕王左脚退回来，罕王右脚退转来，回家对妈讲，回家对妈道："见了西山人房子，看了牧鹅人仓廒，栏栈分两层上下连成套，檩条斗得准，屋脊直条条。罕王结绳做记数，罕王心里记牢牢。"第二早天刚微微亮，罕王喊妈煮早饭，罕王催妈煮午饭。罕王穿上了草鞋，罕王装满了午饭，罕王扛上了斧头，匆匆忙忙爬上山。金丝李在高岭登高岭，肖柏木在高山登高山，高岭上金丝李多成林，高山上肖柏木连成片。砍几根金丝李做大柁，扛来碓弄中间，砍几根肖柏做柱子，一起滚到山下边。哪月哪日宜动土，哪月哪日利建房？村里有王就问王，村里无王问老丈。村里老丈不知晓，罕王去找布洛陀。布洛陀掰开手指细细算，布洛陀闭目不语默默想，算了许久才开言，想了许久才开腔。某月某日宜动土，某月某日利建房。罕王左脚退出来，罕王右脚退转来，高高兴兴回来了，跑上跑下请人来帮忙。男女老少叫喳喳，听从罕王作主张。老人挖土平地基，后生挖坑埋柱脚，母柱子柱竖起了，桁条也扎行对行，房子做成了，上下两层稳当当。①

《喻世歌》中真正负责建造房屋的是罕王，布洛陀只是负责"技术指导工作"，负责选择建房的良辰吉日。但在壮族人的心中，他依然被看成是造房子的始祖。

（五）布洛陀造火

布洛陀造火之举在布洛陀经诗《造火》② 中有详细的叙说：

---

① 农冠品：《壮族神话集成》，广西民族出版社 2007 年版，第 134—135 页。
② 张声震：《布洛陀经诗译注》，广西人民出版社 1991 年版，第 210—252 页。

三样三王制/四样四王制/代先未造火/世先未制火/吃肉生成乌鸦/吃鱼生成獭/吃谷子成猴/吃肉红成虎/得肉找东西炒不见/得鱼找东西烘不见/天下王冷成水/天下王冻成冰/王才想不对/王才感到不好/村有王问王/地方有公问公/去问布洛陀/去问麽渌甲布洛陀就讲/麽渌甲说/造火有何难/个会造火易/造火下根艾草/造火下树无花果/你割木做节/你砍木成段/两个做忙碌/两个放艾花/木块一在下/找块一在上/木挪去挪来/木拉去拉来/冒星火第一/只萤虫拿去/冒星火第二/只蜈蚣草拿去/去上成火雷/去下成火蛟龙/出花火第三/星火高成膝盖/要艾花来壅/要把火来吹/造火倒成火/制火倒成火/拿去放中地/怕烧地敢卡/拿去放中田/怕烧田皇帝/王才想不对/皇才觉不好/村有王问王/地方有公问公/就问布洛陀/问麽渌甲/造火倒成火/制火倒成火/布洛陀才讲/麽渌甲才说/你砍树成节/你割木成段/要七根做公/要九根做母/拿去斗四周/拿去做口火/拿去放中屋/拿去安上模型/拿去安口灶/要红泥来打/要泥黄来筑/做火灶烧火/天下王红成火/天下好成旧/得肉有东西炒/得鱼有东西烤/公才笑眯眯/公才乐滋滋/家王红成火/家王好成旧/公造缸水笋/婆造缸水蓝靛/中晚拿进烘/中夜拿进烤/拿进烘口灶/拿进烤灰火/给个坛一裂/挨只坛一破/才成怪灰火/破去犯祖宗/破去动五代/三祖王不宿/祖宗王不住/片一落边河/正才成妖鱼

　　经文的大意为：古时候没有火，食物都是吃生的，天下人间到处都是冷冰冰的，村里的王觉得这样不行。最后他们去问布洛陀、麽渌甲怎么办，布洛陀、麽渌甲就告诉人们说，造火没有什么困难的，并要他们在艾草和无花果树下造火，把木头砍成段，拿两段木头互相摩擦，这样摩擦久了就产生了火花，第一粒火花被萤火虫拿去了，第二粒火花被蜈蚣驮去了，第三粒火花才用艾草花包裹住火星，用杂草来引火，这样造火才终于成功。造火成功后，人们才可以用火煮食物吃。

　　那县等地流传的创世古歌《布洛陀造火》①这样讲述布洛陀造火：

---

①　农冠品：《壮族神话集成》，广西民族出版社 2007 年版，第 123 页。

三层苍穹三王制，四层苍穹四王制，古时未曾懂制火，烟火未曾会制造。吃生鱼像獭，吃生鸡像鹞，吃生米像鬼，吃生肉像虎像豹。得鱼无火烘，得肉无火烤，王的天下冷成冰，王的天下冻成雪花飘，王造爱未得，王造惜未好，村有王问王，寨有长老问长老，去问布洛陀，问姆六甲如何造？布洛陀造合，姆六甲说道：造火有何难？懂就容易造。火不亮到猴，果就吃不到；火不亮到獭，吃鱼就难找；火不亮到鹞，抓鸡抓不了；火不亮到官，地盘管不好；火不亮到王，国家管不牢。造菜无火热，下米有柴无火烧，小伙没有吃，姑娘饿难熬，官吃吃不下，王生吃难咬。村有王问王，寨有长老问长老，去问布洛陀，问姆六甲怎样造。布洛陀造合，姆六甲答道：火在榕树根，火在芦苇梢，两兄弟真穷，穷得不得了，进林山谷，诱画眉鸟，见牛头真大，斧劈它就倒，一斧砍成两边抬，两斧砍成四块挑，两手使劲搓，搓得热辣辣，两手分火种，火向田埂飘，第一火星冒，向上成了雷火器；第二火星冒，向下成了"鳄鱼"火苗苗；第三火星冒，成了虎火林中烧；第四火星冒，进山谷成了鬼火飘；第五火星冒，火像流萤小，第六火星冒，飘进山中茅；烧得噼啪叫，火飘过塘边，火焰比头高，要碎布来壅，席草吹火火焰焰，火种播坡地，怕山禾烧掉；火种播田垌，怕烧皇帝稻禾焦；火种播墙脚，就怕客墙燎；怕烧客人书墙倒。古代会计教，先世巧又巧，懂造三柱轮，懂造大柱钳得好，懂造鸡会孵，懂造壅火苗，锯木做四块，削桩做四条，要红土来舂，要黏土涂好，造用水来煮，造用火来烧，造了菜，就懂热，下了米，柴会燎，小伙吃了脸蛋红，姑娘吃了更花俏，官吃脸儿肥，王吃乐淘淘。造火亮到猴，果就吃得到，造火亮到獭，鱼见獭就饱，造火亮到鹞，抓鸡跑不掉；造火亮到官，地盘管得好；造火亮到王，国家管得牢。皇牛进了屋，天下富贵他帮造，三夜才愿宿，五代坐牢牢，皇造烧成火，皇把荣华造，皇无忧无虑，皇风流逍遥。

无论是经诗还是创世古歌，它们都阐明一个主题：布洛陀发明了火。两者都详细地描述了人们在没有火的日子和有火的日子里生活的状况。

民间故事《布洛陀》[①] 也讲到布洛陀造火的功德：

　　古代还没有火的时候，人像乌鸦一样吃生肉，像水獭一样吃生鱼。寒冬腊月一到，人缩着脖子打抖，有的冻死在野外。一天，忽然天昏地暗，大榕树上一道闪光，接着"啪"一声，大榕树倒下了，燃起了熊熊大火。传说这是雷公送火到人间来了。可是，那时候人还不懂得火是怎么回事，吓得远远躲藏起来。布洛陀不害怕，他走近大榕树看这奇怪的东西。火"噼噼啪啪"燃烧着，布洛陀站在火旁边，觉得比晒太阳还暖和。他想，人有了这个东西，冬天就不怕冷了。他把火种取回来，在一堆干柴上点着，烘烘手，挺暖和。众人见布洛陀在火旁边烤火，也就不怕火了。后来大家都来向布洛陀要火种，烧起火堆来，冬天烤火取暖；白天上山打得野兽，下河捞得鱼虾，拿到火堆上烤着吃，再也不像乌鸦、水獭那样吃生肉了；山薯、野菜、野果也拿来烧着吃，又香又甜又可口；吃饱了，晚上围在火堆旁睡觉。老虎、豹子、野牛害怕火，不敢靠近人了。

　　有天半夜，突然下大雨，把火淋灭了。没有火日子很难过，大家到处寻火，走到哪里就问到哪里，可是到处不见一点火星，他们只得去找布洛陀。布洛陀提起大板斧，亲自出门找火去。他巡遍上方，又走遍下方，全天下走完了，也找不到一点火星。他来到天边的一棵大榕树下，突然想起，上次的火是雷公劈大榕树劈出来的。雷公能把大榕树劈出火来，我布洛陀难道就不能劈出火来？我手中也有神斧呀！他便运足气举起神斧把大榕树砍了一斧，这一斧果真砍出火星来了，火星像萤火那样大。布洛陀又用力砍一斧，冒出的火花有草螟蚣那么大。布洛陀立刻刮出艾花壅上，并添上干草，架上枯柴，不一会儿，火就燃烧了起来。从此，人类又有了火。这样一来就不用在野外烧火了，大家把火拿到岩洞里养起来，不论风雨多大，火种也不熄，后来有了房子，就搬火进屋里。

---

① 转引自农冠品《壮族神话集成》，广西民族出版社2007年版。

在这则故事中，火最初是雷公造的，后来因为大雨淋灭了火种，为了人民生活幸福，布洛陀担负起重新造火的重任。在雷公造火方式的启发下，布洛陀用劈大榕树的方式终于创造了火种。

（六）布洛陀造江河

布洛陀经诗中关于造江河的内容主要在《寻水经》[①]中：

> 三样三王制/四样四王造/从前无暗无亮/从前无天无地/天落低沉沉/拿星星做玩/看星星会情人/媳舂杵碰天/公劈柴碰云/公公突然惊叫/婆婆突然惊叫/云才逃去广/云才上去高/三年旱林林/四年烈日逼人/马蜂做窝头石/黄蜂做窝头滩/婿见岳父不拜/岳母见婿不招呼/三年锥不舂/四年筛不摇/野菜田垌不长/山薯个森林不发/扎桩篱不进/饭喂儿没有/年接年坏得很/莫六鱼来死沟水车/青竹鲤来死沟溪/媳去河死河/婆在家死家/媳去河死喉干/去下不得吃/去上不得住/王才想不对/王才看不好/村有王问王/地方有公问公/去问布洛陀/去问麽渌甲/布洛陀就讲/麽渌甲就说/报两三村下/报四五村上/些个沿角河往上/些个巡边河往下/见棵无花果一大/见棵芋一大/三百河相交/四百溪相汇/锹去铲嗦嗦/锄去挖嚓嚓/挖下三丈深/掘下三丈深/掘下七丈宽/就见泉溶溶/就见水哗哗/就见泉唰唰/鱼鱼占来下蛋/接个又来向/群个群去吃/衙王人吃够/王才笑哈哈/王才乐滋滋/去下才得吃/去上就得住/媳拿纱去洗/婆拿裤去洗/青竹鲤含纱进岩洞/含着纱进潭/找不见相骂/婆与媳相争/媳代古媳壮/顶得婆下坡/推得婆下来/婆突然惊叫/婆突然惊喊/我不得罪不犯/我偷棉纱你媳/脸我蓝成蓝靛/手我黑像乌鸦/眼我凸我坏/你加空我媳/滴篓酒给你/流水碱给你/得吃不得去/得去不得起（床）/得三年往前/得五年往后/兽在坡芭芒/兽在林畲芦苇/莫六鱼在下石藏/鬼在嘴人大

经文的大概意思是讲古人如何寻找水源之事。找到水源后依水而居。随着人们的生活活动范围的扩大，生活的内容更加丰富多彩，生活

---

① 张声震：《布洛陀经诗译注》，广西人民出版社1991年版，第163—207页。

水平的提高导致人与人之间矛盾的加剧，于是开始争吵，并因争吵而触犯了神灵，因此为了消去灾祸，人们又得祈求神灵谅解。

民间故事《布洛陀》① 也讲述了布洛陀造江河的功绩：

　　有一年，连绵不断地下着大雨，整个大地都被洪水淹没了。有的人被水吞没了。有的坐着竹筏在水上漂，有的逃到高山上寻找生路。水淹了九天九夜，再持续下去，人类就有灭绝的危险，布洛陀非常着急，决定带领幸存的人开凿一条河道，把水疏通，引进大海。布洛陀造了一根赶山鞭，一根撬山棍。用赶山鞭抽打成群的小山，把它们赶到两边去，所有的地方小山就像一群群山羊向两边依着，又用撬山棍撬开大山的山峰，所以有些地方大山向南面或北面斜歪着。

　　有一天，布洛陀来到一座大山前，一鞭把大山劈成两半，再往两边撬开。恰在这时，有个跟着布洛陀造河的妇女，掉到河里死了，众人下水打捞遗体总捞不着。死者的女儿很伤心，对布洛陀说，这个地方河道开得太大了，如果她母亲的遗体被水冲走，就再也捞不到了。布洛陀很同情她，就把两片山撬回来，只留一个夹道，让水通过，叫她堵住山口捞尸体。这个夹道的出水口，就成了"堵娘滩"。

　　布洛陀开河开到一个很深的水潭那里。这个水潭前面有一座大山堵住，水不能流出去，雷公经常到这里来洗澡，所以叫"雷公潭"。布洛陀把山撬开让水流出去。雷公大怒，大吼大叫，因此这里变成了"雷公滩"。

　　布洛陀带领众人开河道，治水患，感动了天帝。天帝送给他们一头神牛、一把神犁，一犁过去就成了一条河道。有了神牛、神犁，河开得很快。布洛陀驾着神犁犁到白马②那个地方，由于神牛走得太快，一吆喝就走了半里路，把犁头弄断了。断犁头的地方便出现了一个半里长的石滩，名叫"断犁滩"，水就从断犁滩两侧向

①　转引自农冠品《壮族神话集成》，广西民族出版社 2007 年版。
②　白马，今大化瑶族自治县江南乡。

东流去。

　　……河道开成以后，水就沿着河道流入大海，这条河就是现在的红水河。……

（七）布洛陀种麻造衣

布洛陀经诗中并无布洛陀种麻造衣的相关内容。浮雕"布洛陀种麻造衣"的理据为学者相关研究。如覃彩銮在《布洛陀神话的文化内涵、社会功能及其价值》一文分析布洛陀神话的历史文化内涵时认为：

　　考古学和人类学的资料证明，在漫长的远古时代，由于生产力水平的低下，早期人类还不懂得纺纱和缝制衣服，只能以树叶或兽皮裹身御寒。进入新石器时代以后，才逐渐学会从野生植物中提取纤维，用陶或石制的纺轮捻成纱线，先是用纱线来结网捕鱼，进入金属时代以后，才学会织布缝制衣服。这一历史发展过程，在布洛陀神话传说和《布洛陀经诗》中也有反映。《布洛陀经诗》里记述了古时候人们种植苎麻并将麻皮加工成纱线织成布；又用蓼树叶浸泡在大缸里成蓝靛，染成深蓝色的蓝靛布来织成衣服。这些神话传说所反映的初民从披树叶或兽皮御寒到学会种苎麻、剥麻皮纺纱织布缝衣的发展演进过程，与壮族先民学会纺纱织布的史实是相符的。①

显然浮雕选取这一内容一是强化布洛陀造物的神力，二是为了浮雕的对称性。

（八）布洛陀造牛马

关于布洛陀造牛马的创造之举在布洛陀经诗《造万物（赎水牛魂黄牛魂和马魂经）》② 中有这样的描述：

　　三样三王制/四样四王造/世先未造水牛/没有水牛耕田/没有牛

---

　　① 覃彩銮：《布洛陀神话的文化内涵、社会功能及其价值》，载覃乃昌《布洛陀寻踪：广西田阳敢壮山布洛陀文化考察与研究》，广西人民出版社2004年版，第142页。

　　② 张声震：《布洛陀经诗译注》，广西人民出版社1991年版，第316—354页。

拖耙/没有牛犁地/顺王知又懂/盘古造又造/造黄牛造边塘/两角叉向前/造水牛造边河/两角叉向后/造羊造脚墙/尾它平膝盖/造水牛造地茸毛/护壅水牛护壅地低洼/要木水泡做脚/要人面果做乳头/要木树做骨/要叶野芭蕉做肠/要石卵做肝/要泥红做肉/要窝马蜂做肚/鹅卵石做牛蹄/要尖刀做角/要叶枫做舌/要张叶做耳/要苏木做血/拿去埋地茸/拿去壅个弄/三早上去看/九早王去瞧/见成嘴牛样/见成角丫叉/要绳麻去牵/要绳麻去拉/儿王拖不回/儿王拉不起/王回空狼狈/王回空狼狈/去问布洛陀/去问麽渌甲/布洛陀又讲/麽渌甲又说/要针铁穿先/绳麻穿跟后/拿去勒后耳/个一牵就回/个一拉就起/牵牛来格大/鞭牛回的达/拿回放中田垌/拿去放垌田/吃青草喳喳/吃茅草喳喳/太阳夜朦胧/太阳将要落洞/牵牛栓下栈台/个老同来玩/拿来养做种/拿来封做本/满周岁牛就孕/整年牛就繁殖/成三母角开叉/成五母角斜/有仔牛第一/得开塘吃鱼/有头牛第二/得耕田吃粮/有头牛第三/得要媳妇吃力/有头牛第四/得卖要钱使/牛王繁殖成蝌蚪/牛王多成白蚁/地王前不拦

在该篇经文中除了有造牛的内容，还有为死去的牛赎魂的内容，在此不一一摘录。

布洛陀造牛马在壮族的神话故事《布洛陀和女米六甲》[①] 中也有记述：

……这样，有了雨，仍解决不了犁田的事，大家还是要去请教布洛陀。

于是，布洛陀帮助大家造牛。

布洛陀挖来首乌[②]，把它捶烂，给牛造肉；布洛陀砍来白皮木，用它来做牛骨；布洛陀摘来马蜂窝，用它来做牛肚；布洛陀剪

① 农冠品：《壮族神话集成》，广西民族出版社 2007 年版，第 56 页。
② 农历四月初八，是壮族农家的牛魂节。这一天，春耕已结束。据说春耕期间，牛很累，魂魄都给艰苦的劳动逼走了，这一天才把牛魂收回来。农家举行收魂仪式，念收魂经，并做五色糯饭，炒着粒子油，用楷杷叶包着，用手送到牛嘴里面。其中黑色糯米表示补充牛肉，传说牛是用首乌捣碎做成的，所以要用黑色来补充。

来卷着的嫩芭蕉叶，用它来做牛肠；布洛陀拣来红石块，用它来做牛肝；布洛陀摘来酸枣果，拿它来做牛奶头；布洛陀扯来禾念子花，用它来做牛肝；布洛陀挖来山薯块，用它来做牛蹄；布洛陀捧来鹅卵石，用它来做牛脯；布洛陀割来棕榈皮，拿它来做牛毛；布洛陀折来芦苇花，用它来给牛做尾巴。最后，布洛陀挖来枫树的根蔸，拿它来做牛头；又打了一双剑，插在牛头上做成牛角。

牛的样子做成了，布洛陀拿草堆去垫，用火灰来埋，又用泥巴来封，用潲水来淋。经过七七四十九天，一头真的牛出现了。但还是赶它不走，鞭它也不动。

布洛陀先去攀它的双角，结果双角脱掉了，变成了马。

布洛陀又造第二头牛，还是不走不动。布洛陀不敢攀角，也不敢再拽它的尾巴。怎么办？

布洛陀想出了法子，用红绳穿牛鼻子，这样轻轻一拉，牛就顺从地走动了。绳子牵到哪里，牛就走到哪里。真的，牛活了，能使用了。

第三节　广场布洛陀文化重构的方式

布洛陀文化广场上的浮雕是布洛陀文化广场化的集中体现，广场化的过程是布洛陀文化当代重构的一个密不可分的部分。布洛陀文化广场化的重构方式主要是：表现空间广场化、表现形式艺术化、表现主题集中化。

一　表现空间广场化

一般来说，传统的布洛陀文化主要包括布洛陀神话文化、布洛陀歌谣文化、布洛陀宗教文化、布洛陀经诗文化、布洛陀歌圩文化等，而壮族民间文学、麽教、歌圩等则是传承布洛陀文化的主要载体。

在民间文学中，布洛陀文化主要表现为布洛陀神话和歌谣，或者统称为"布洛陀史诗"，其存在形式主要有两种，一种是以"原生态"的形式流传于壮族民间社会，这是一种"活态存续"的存在形式。当然布洛陀神话或歌谣也会随着社会变迁和生活变化而发生相应的变异。另一种存在形式是经专家学者之手运用录音、摄像、印刷等现代技术手段"固化"成音像制品、影视节目、公开出版的书籍等流传于世。

在壮族麽教中,布洛陀文化也有两种存在方式,一种是以历代麽公手抄本形式存在的布洛陀麽经,这也是一种"固化"的存在方式。同时,布洛陀文化,或者说布洛陀宗教文化,也存在于麽教的法事仪式空间之中。因为麽教尊奉布洛陀为本教至上神,麽公举行法事仪式,必须先诵念布洛陀麽经,请布洛陀降临神位,然后方可施法。在仪式中,还要多次借用布洛陀"神谕"来达到消灾驱魔、调节人际关系的目的。如为牛马赎魂时,就唱《造万物(赎水牛魂黄牛魂和马魂经)》,解父子冤仇就唱《解父子冤经》,解母女冤就唱《解母女冤经》。

布洛陀歌圩文化的存在离不开"歌圩"这一文化空间,同时还需要众多歌手在某个约定俗成的日期从四面八方赶来,"聚会作歌"。虽然当代布洛陀歌圩的形式和内容以及社会功能已发生了很大变化,但是演唱布洛陀创世古歌,颂扬壮族始祖布洛陀开天辟地、创造世间万物和人类,依旧是重要的"开场歌"。在壮区影响最大的那县敢壮山布洛陀歌圩至今仍以祭祀壮族始祖布洛陀作为每年农历三月初七至初九歌圩的主题。对祖先的崇拜,对寻根情结的执着,让人们从四面八方赶往敢壮山。如今的布洛陀歌圩不再是单纯的"娱神"或"娱人",也不再是择偶的重要场所,在某种意义上,它已成为一个基于血缘认同、文化认同和民族认同的壮族同胞的民族大聚会,对布洛陀文化乃至壮族传统文化起着再建构的作用。

那县布洛陀文化广场重建实质上是对布洛陀文化的一种表现空间的固化,属于布洛陀文化空间的重构。布洛陀文化广场化是整个布洛陀文化重构过程中一个重要的环节。广场化的过程集中体现了民族文化在当代重构的几种方式:恢复、位移、转化。

所谓"恢复",即将布洛陀经诗中描述布洛陀的创造世界的故事借助浮雕艺术的表现方式得以再现。八幅浮雕画每一幅浮雕画都表现一个主题,如"布洛陀造人":浮雕画面不仅反映出当时社会发展状况,而且画面展现出造人的具体步骤,以及用"辣椒"和"杨桃"来区分男女的方式方法都有所体现。又如"布洛陀造干栏房"这幅浮雕,散放的圆木和正在凿圆木孔的布洛陀和麽渌甲以及画面远处兴高采烈的人们都能够在一定程度上反映经诗中文字所描绘的内容。再看其他浮雕画面，对照布洛陀经诗内容，我们都能够从浮雕中读出经诗中蕴含的深意，除种麻制衣外。

"位移"，本指物体在外来因素作用下引起的质点位置的改变，在这里主要指布洛陀文化存在空间的变化。无论是民间宗教的布洛陀仪式，还是民间歌圩中的山歌、民族史诗的文本、民众口中的神话故事，它们的存在都不是在广场上。现在利用浮雕的形式把它们搬到广场固化，实际上是改变了布洛陀文化存在的场域空间。我们把这种重构的方式称之为场域空间的位移。

"转换"，指改变、更改、改换。在这里我们所说的转换主要是指布洛陀的表现形式的转换。传统的布洛陀通常采用三种表现形式：仪式、山歌、文本和口传心授。但广场化后的布洛陀文化由这三种传统的形式转换成浮雕艺术的表现形式，用浮雕画面来表现布洛陀作为创世神和始祖神的丰功伟绩。

对照《布洛陀经诗译注》文本资料，广场浮雕所反映的布洛陀的创世功绩在经诗中都有对应的经文。从这个角度说，布洛陀文化的广场化重构尊重了文化的"真实性"，尽管浮雕不能够全面反映出经诗中的内容，但它所表现出来的内容却是真实有据的。这比其他地方以造假文化的方式来实现的重构更具有文化理性。

二　表现形式艺术化

作为麽教文化的布洛陀文化主要用仪式的方式来表达；作为民族史诗的布洛陀文化主要用文本或者口传心授的方式来表现；作为民族山歌的布洛陀文化则是用对歌的形式或歌词的文本来表达的。

把布洛陀文化移植到广场且用浮雕的形式来表现是对布洛陀文化表现形式的典型重构。广场左右两侧共八幅浮雕画，用这种浮雕艺术的形式来展现布洛陀文化，来讲述民族的历史与辉煌，来颂扬布洛陀的创世之功德。

浮雕图画来表现布洛陀文化的最大的好处就是把抽象的创造之举具体化，把神话传说中的布洛陀形象具体化，把复杂的创造活动生动形象化。

三 表现主题集中化

布洛陀文化是一个复杂的文化体系，它不仅包含"创造万物"的主题，而且还包括"开天辟地"、"安排秩序"、"伦理道德"等主题。布洛陀广场上用浮雕图画展现出来的布洛陀文化则集中在"创造万物"这一主题上。正如黄明标所说："我们当时设计布洛陀广场的时候就只想突出一个主题，那就是布洛陀的创世之功，要让子孙后代都记得祖公布洛陀的功德。"

布洛陀文化广场化也只是部分布洛陀文化的广场化，用与人们生活最紧密相连的"造人、造火、造干栏房、造稻谷、造江河、造文字、造衣服、造牛马"的创造之举，时时提示人们不忘祖公的功德，从而也能够起到凝聚人心的作用。

根据前文对《布洛陀文化广场文化图腾设计方案修改意见》手写稿的解读，我们可以看出，无论是表现"创世文化园"这一主题的形式，还是浮雕中人物的衣着装扮，都是经过仔细斟酌的，不仅考虑到经诗的内容，而且结合当时的社会生境来确定人物的衣帽穿着、神态表情。

综上所述，布洛陀文化广场化的重构不是随意而为，而是在尊重布洛陀传统文化的基础上进行的。

第四章

敢壮山的圣俗世界

第一节　祭祀空间的建构

一　敢壮山及其祭祀传统

（一）敢壮山的由来

敢壮山，也叫"春晓岩"。关于那县"春晓岩"，正史等文献未予记载。《壮族百科辞典》关于"春晓岩"词条如下：

> 春晓岩位于广西那县城东 7 公里左右的百育乡六联村那贯屯山顶上。因这里终年翠绿，故又名青晓岩。相传，古时有一对壮族青年男女相爱，但土官不让他们成婚。他们便到这里以死殉情，死后化为两只鸟在树上栖息繁衍。每年农历三月初七至初九，方圆几十里的青年男女都来这里对唱山歌，纪念这对情人。春晓岩歌圩至今犹盛。①

1999 年出版的那县县志关于"春晓岩歌圩"的记述也非常简略，未讲清"春晓岩"之名的来龙去脉：

> 春晓岩位于那县百育镇六联村那贯屯后背山上，离县城约 6 公里。据说明朝时，附近村屯有一对青年男女酷爱山歌，经常对唱山歌到大半夜，久而久之，彼此情投意合，订下百年之好。双方父母

---

① 潘其旭、覃乃昌：《壮族百科辞典》，广西人民出版社 1993 年版，第 623 页。

认为对歌订终身伤风败俗，极力反对这门亲事。那对男女于农历三月初八日夜晚登上春晓岩。对了一阵山歌后携手跳崖。为了纪念这对男女青年，每年农历三月初七、初八、初九，附近男女青年成群结队上春晓岩对唱山歌，春晓岩歌圩由此形成。①

为了弄清楚"春晓岩"的由来及改名为"敢壮山"的原因，笔者在那县田野调查期间访问过许多人，结果得到的答复五花八门，各种说法都有。关于"春晓岩"之名的由来，多认为是由明代风水先生郭子儒题词而来，但也有村民说他们以前从不知道"春晓岩"，从小就只知道叫"敢壮山"。还有人说"春晓岩"以前名叫"风流山"，后来才改名叫"敢壮山"。另有村民说，其实"敢壮山"、"春晓岩"都是政府后来给取的名字，原来他们就叫"那贯山"。众说纷纭，一时之间笔者也难以判断孰是孰非。

在今天的敢壮山上已无"春晓岩"题名。但我们可以根据沙南曼森先生2002年8月7日发表在网站《壮族在线》之《僚人家园社区·僚乡旅游》上的《那县春晓岩游记》②了解彼时"春晓岩"的有关情况。该游记描述了他于2002年8月4日在春晓岩的所见所闻：

　　我们观察了附近的地形地势、景物面貌，然后开始上山，不一会儿就到了"南天门"。"南天门"是一个牌楼式砖砌建筑，中间一个拱形门洞，两侧各半个稍矮的拱形门洞，顶部是木制的坡屋顶造型，整个"南天门"显得很简朴。从这个地方隐约可见山上某处石壁上涂写着红色的"春晓岩"几个行草繁体大字。"南天门"右侧立着一面牌坊，上面镶有两块碑刻，其中一块铭文（横排，简体）如下："那县文物保护单位／春晓岩遗址／那县人民政府／一九八九年十月二十一日公布／一九九九年五月二十日立"，另一块则是介绍春晓岩的文字（文字较多，抄录于后）。我们看完了碑文，在碑前和门楼前点了几炷香，权当见面礼，稍作休息后开始往

①　覃绍宽、陈国家：《田阳县志》，广西人民出版社1999年版，第846—865页。
②　http://www.rauz.net.cn/tourist-literature-kaamchoong.htm.

主景区去。

该文附录的"春晓岩碑文"如下：

春晓岩为那县旧八景之一，也是百色地区最大的壮族歌圩。明代年间，江西地理先生郭子儒为皇帝探寻风水宝地来到春晓岩，被这里的美景所倾倒，挥笔写下"春晓岩"三个大字，并书对联"春日初升风景朗开催燕语，晓风微动露金花舞伴莺啼"[1]，春晓岩因此而得名。每年三月拜山过后正值春暖花开时，人们慕名而来，成群结队从田东、巴马、凌云、百色到这里游山玩水唱山歌，渐渐形成了歌圩。

春晓岩也是百色起义时期重要的革命活动地点。右江赤卫军的总指挥、红七军二十师副师长黄治峰经常在春晓岩召开革命会议。红七军北上后，1930年3月18日，国民党军队围剿黄治峰的家乡花茶、篆虞、那贯屯时，为了掩护躲在春晓岩后山通天洞中的群众转移，24名赤卫队员在洞中被敌人用掺着辣椒粉的大火熏烧，全部壮烈牺牲。

保护范围：从将军洞、观音洞、蝗虫洞等岩洞以上至山顶部的范围内。

建设控制地带：春晓岩所在山头从山脚至山顶的整个范围内禁止其他基建、砍伐林木、葬坟和开荒炸石等。

由此可见，"春晓岩"这一名称早在1989年10月21日之前就已存在，后被那县人民政府列为"文物保护单位"。至于明代郭子儒题词一事至今未见任何史志文献记载，其仅仅是一则民间传说。但春晓岩是百色地区最大的歌圩和百色起义的革命活动地之一，却是不争的事实。那县政府将其列为县级文物保护单位，并划定保护范围和建设控制地带，对春晓岩的生态环境保护无疑起到了至关重要的作用。

由于明代郭子儒题词一说至今仍无任何文献证据，故"春晓岩"

---

[1] 此对联下联有误，应为"晓风微动露花轻舞伴莺啼"。

由郭子儒所题存在诸多疑问。但 2002 年 8 月 4 日沙南曼森先生所见的
"春晓岩"三字系何人所题？又是何人何时将其改为"敢壮山"的呢？
那县作家邓建新撰写的《敢壮山"春晓岩"题字探秘》① 一文可以帮
助我们厘清相关问题：

> 自从《南国早报》有报道，那县在敢壮山山崖上抹去"春晓
> 岩"题字，换成"敢壮山"之后，曾经引起了社会上的一段纷争。
> 有人批评：不该抹去"春晓岩"三个字，因为，这是江西地理先
> 生郭子儒的题字真迹。也有人质疑，这不是郭子儒的题字，因为，
> 多少年以来从未有人见过此山崖上有题字。敢壮山到底有无郭子儒
> 题字？这，又勾起了我的回忆。
>
> 自孩提时代开始，本人便知有座敢壮山，还不知道春晓岩。所
> 谓"敢壮山"，为此山壮话名称。"敢"即汉语的"岩洞"之意；
> "壮"为壮人之意。敢壮山周边的本地人，壮语称"甫壮"；"山"
> 为汉语，壮语为"破"。"敢壮山"用壮话原意借汉音应为"破敢
> 壮"。
>
> 我第一次去"破敢壮"是 20 世纪 50 年代末的时候，当时还
> 是不谙世事的小孩，去"破敢壮"只是跟着大人看热闹。60 年代
> 长大了，又有幸到离敢壮不远的三今屯插队。在三今插队的这几
> 年，我听到许多关于敢壮山的故事，也听说了"春晓岩"的来历。
> 由于个人爱好，我利用插队的这几年，多次到敢壮山钻洞看风景，
> 或采草药、捉蜜蜂等。当时，我就很想看看郭子儒写的"春晓岩"
> 写在哪面山崖上，很遗憾没看到。后来，我又多次走访附近村屯的
> 人，希望能得到一点线索，但是大家都说没见过，只是听传说
> 而已。
>
> 1999 年 4 月，听说广州越秀区的领导带领一个团体来敢壮山
> 参加歌圩，我也去了。这一次，我与很多人一样，突然间发现敢壮
> 山半山腰上多了一道门，上面写"南天门"。又在正面的最显眼的
> 山崖上，有"春晓岩"三个红漆大字。看到这些，我既高兴又纳

---

① 该资料由那县布洛陀研究会会长黄明标提供。

问:"春晓岩"这三个字难道就是传说中郭子儒的题字?怎么过去没有看到?

为了弄清这几个字的来历,我首先走访了曾任县博物馆馆长的黄明标。老馆长是我县文博界的元老,对全县的历史文物有一定研究。他告诉我,1987年开始的三年文物普查,他曾经会同自治区考古队的老师一起,多次上敢壮山勘察,寻找传说中郭子儒的题字,也曾造访过当时敢壮山一带年纪最大的那贯屯85岁的老人黄公升堂,但都没找到郭子儒的题字。现在这几个字是为了迎接广州客人,县文化局根据县委分管领导意思,请县粮食局书法爱好者苏先生花三天时间写上去的。同时,还在半山腰搞了这个"南天门"。黄馆长说他事前完全不知情,更没有参与。事后,他曾经批评,这种做法会误导后人,留下后遗症。

从博物馆出来,我终于清楚了,"春晓岩"这几个字是刚刚写上的,怪不得过去从未有人见过。不过,我还是不明白,过去没人写上"春晓岩",现在写上了,会有什么"误导后人,留下后遗症"呢?不就是给它一个标签而已吗?什么时候写不行?然而,后来的事情被他言中了。

由于敢壮山有几种叫法,一是土俗名称叫"敢壮山",另一个是传说江西地理先生郭子儒来了之后又给起名"春晓岩"等。经专家和领导反复分析、论证之后,认为"春晓岩"一听起来就是文绉绉的,文人味较浓,没有本土民族特点;"敢壮山"是传统的土俗名称,符合本土民族特色,决定今后统称"敢壮山"。于是,又找来苏先生,将山崖上的"春晓岩"三个字改成"敢壮山"。谁知这一改却引来了极大的纷争,有人说抹掉了郭子儒的题字换上"敢壮山",这是篡改历史、伪造文物古迹。有人甚至还引经据典,搬出1992年5月那县政协出版的《田阳文史》第二辑书中,有关郭子儒在春晓岩的崖壁上写了"春晓岩"三个大字作为"历史证据"。而编写《田阳文史》的同志又说,20世纪30年代初的《奉议县志》,也有关于郭子儒题字"春晓岩"的记载。

真相孰是孰非?我带着疑问,又查阅了1932年的《奉议县志》和1948年的《田阳县志》,两本县志都没有这个记载。无可奈何，我干脆直接去找书写人苏先生。他告诉我，1999 年 4 月，文化局叫他到敢壮山山崖写"春晓岩"时，那面山崖确实没有什么古人题字痕迹，"春晓岩"这三个字是他临摹王羲之书法写上的。现在"敢壮山"三个字，也是他分别临摹郑板桥、王羲之、米芾的"敢壮山"三个字写上的。

采访到这里，我终于弄明白，从"春晓岩"到"敢壮山"题字的真正来龙去脉，"春晓岩"并非明朝郭子儒的遗迹，而是现代人"与时俱进"的"作品"。

邓建新"自孩提时代开始，便知有座敢壮山"，还曾在"离敢壮不远的三今屯插队"，并"听到许多关于敢壮山的故事，也听说了'春晓岩'的来历"。这说明早在 20 世纪 50 年代之前，那县当地就已经有了"敢壮山"和"春晓岩"这两个名称，而且当地百姓平常可能多称"敢壮山"。"春晓岩"和"敢壮山"两个名称同时使用的现象一直持续到 2004 年 4 月。因为 2002 年 8 月 8 日那县召开第一次"敢壮山（春晓岩）布洛陀遗址研讨会"时，还是同时使用"春晓岩"和"敢壮山"两个名称。至于"春晓岩"何时改名为"敢壮山"，还是"春晓岩"

图 4—1　敢壮山题字

和"敢壮山"题字的当事人苏杰山的亲口述说最有说服力。笔者在那县县委办公室提供的一份《那县敢壮山现场办公会议纪要》中发现，2004 年 3 月 29 日，百色市首届布洛陀文化旅游节举办前夕，百色市领导亲临那县现场办公，决定将山体岩石上的"春晓岩"改为"敢壮山"。会后，那县请广西书法协会会员、那县粮食局干部苏杰山将原先题写的"春晓岩"三字抹除后重新题写了"敢壮山"三个字。这也印证了邓建新一文中所记载的苏杰山的说法（见图 4—1）。

在田野调查过程中，笔者在山下的那了屯、那贯屯走访当地群众的时候还发现当地群众又把敢壮山叫作"那贯山"。在官方的会议笔录中有时也会"情不自禁"地称其为"那贯山"。如《2002 年那县敢壮山规划开发专家学者会议纪要》中就有"那贯山开发与其他景点开发相结合"的表述。2002 年 7 月 13 日，《南宁日报》头版发表的《那县发现壮族始祖布洛陀遗址，专家称如果遗址得到确认将揭开壮族族源之谜》一文中就使用了"那贯山"的称谓。2002 年 9 月 19 日，《右江日报》发表新闻《经权威专家学者考察后确定壮族的根就在那贯山》。

综上所述，"敢壮山"、"春晓岩"之名早在 20 世纪 50 年代前就已经存在，同时，当地村民还称之为"风流山"或"那贯山"。1999 年 4 月山上题字"春晓岩"，2004 年 4 月又改为"敢壮山"，成为官方统一的称谓，并被广泛使用。

（二）敢壮山的祭祀传统

由于史志文献关于布洛陀及敢壮山记载的阙如，探寻敢壮山的祭祀传统，只能转向民间社会，特别是敢壮山周边的村寨。为此，笔者在那县县城及敢壮山周边几个村落访谈了 30 多人，请他们讲述自己记忆中的敢壮山的祭祀传统。兹列举三次较具代表性的访谈记录：

1. 访谈摘录之一

访谈对象：韦正经，1941 年出生，1979 年因时任民兵营长而参加过对越自卫战；婆秋丽，1940 年出生，百育镇六联童舍屯人，22 岁时嫁给韦正经。

访谈时间：2011 年 3 月 22 日，下午。

参与访谈的人员：刘婷、梁肇佐（广西南宁艺术创作研究所所长）、潘雨茜（广西南宁艺术创作研究所创作部主任）、宋美（泰国人类学研究中心博士，新加坡国立大学人类学博士）。

访谈地点：那了屯韦正经家。

L：敢壮山上有哪些神仙？

P（即婆秋丽）：有两个，一个大的、一个小的。小的就管我们三个屯的人，大的管整个广西。

L：您从哪一年开始拜山上的神仙？

W（即韦正经）：从哪一年开始拜我不懂，我今年 70 岁了，年年都在拜。从我记事起就开始上山去拜，不知道具体从什么时候开始。农历的元月十六拜管三个屯的老祖宗（笔者注：现在看来管三个屯的老祖宗应该是土地神了）。

P：农历二月十九拜管整个广西的神叫布洛陀，农历二月十九拜的是姆六甲和观音。

W：下个月的"很赶"（县政府没管之前每年也拜，祭品是杀鸡、鸭、猪都是整头整头的，牛肉、狗肉、马肉、羊肉都不要）初七才拜，（那了、那老、那贯）初七、八、九外屯的人渐渐地都来拜了。以前没修路的时候他们都是走路来的，巴马的就是骑马过来的。现在洋妞都来。哈哈……

L：拜的是谁？有神像吗？

W、P：以前敢壮山上有一块石碑，后来在"文化大革命"的时候被毁掉了，一米左右，石碑上刻的有字但认不得是什么。后来有人用泥巴来塑造观音像、四大金刚、文殊菩萨、将军、弥勒佛这些泥做的神像来进行祭拜。

2. 访谈摘录之二

访谈对象：周仕壮，男，1960年1月出生，壮族，在家务农。兄弟四个，其排行第四，还有三个姐妹。

访谈时间：2011年3月22日下午约四点。

地点：那贯屯54号周仕壮家的院子里。

参与访谈的人员：刘婷、梁肇佐、潘雨茜、宋美。

L：你们在这里生活多久了？

Z（即周仕壮）：那就久了，一直在这里总有七八代人了吧，从来没有谈起过自己来源地问题，我的爷爷，爸爸的爷爷，都没有说起过。

L：小时候听说过敢壮山上是布洛陀的家吗？

Z：小时候经常听到观音，原来敢壮山上有观音庙、祖公庙，那时候没有神像，人们也就是烧烧香而已。大年初一、二、三都去烧香，如果家里有喜事也去烧香。如果他能够吃东西，都恨不得把东西拿去给他吃了。(笑，后来他补充说) 我们生活在这里常年如此都习以为常了。从我记事起每年都有人来，"文革" 期间是偷偷摸摸地来，夜晚来。但每年的农历三月七八九三天是最热闹的，四面八方的都来了。

3. 访谈摘录之三

访谈对象：罗汉田，男，壮族，广西那县人，中国社会科学院民族文学研究所副研究员。

访谈时间：2011 年 4 月 27 日

地点：中国社会科学院民族文学研究所广西壮族布洛陀文化与口头叙事田野研究基地。

L：罗老师你能介绍一下春晓岩从前的祭祀活动吗？

LHT（即罗汉田）：可以。春晓岩的祭祀活动古已有之。我在很小的时候就听大人们说过。山上供有好几尊神像，周围的群众一遇到什么不顺心的事情就会拿把香纸前去祭拜祈福，如果所求之事终能如愿又得拿把香纸前去还愿。但是，春晓岩最出名的算是歌圩了。每年古历三月初七到初八附近的居民甚至周围县市的群众都会赶到那里去祭拜对歌。

L：您到春晓岩去祭拜过吗？能不能描述一下您所见到的场面？

LHT：我小时候跟我父亲去过。好像是 20 世纪 50 年代吧？我记得当时好像新的婚姻法刚刚颁布，那年的三月份，政府在山下展览了很多图片，还放有高音喇叭宣传婚姻法。我记得县农资公司还把很多新农具搬过去展销了。呵呵，记忆中人很多，人们大多是先上山烧香祭拜，祭拜完了再下山或者就在山上对歌游玩。

L：当时山下有像现在这样的公祭活动吗？

LHT：没有。没有什么公祭活动。都是人们自发地去山上祭拜。所谓的公祭活动从 2003 年才有的。

2011 年农历二月十八到十九日，笔者正在那县调查，恰逢 "观音诞",许多群众前来敢壮山祭拜观音（姆娘）。于是笔者便跟随群众上山,顺便做了几个简单的访谈,得到的答复与以上三次访谈的结果大致相同。

综上所述,敢壮山的祭祀传统应是古已有之,每年农历二月十八至十九和农历三月初七至初九两次祭祀的规模较大,平常亦可随时上山祭拜,前来祭拜的群众既包括那县及敢壮山当地人,还有来自外地的群众。祭拜的对象,最初为一块石头,后来为泥塑的神像;祭拜的神灵包括布洛陀、姆六甲、观音、关公、土地等。关于祭品,平时祭拜一般只带香火即可,农历二月十八至十九的祭品一般都为素食,三月初七到初九的祭品可以是鸡、鸭、鱼、猪肉等,还可以配上水果饼干之类。集体祭祀后一般都会有歌圩活动。

二　祭祀空间的再造

敢壮山位于那县百育镇六联村那贯屯,海拔 326 米,是当地唯一的一座石山。整座山有三种地貌,底部是土坡,腰部是风化石,顶部是石山,其总体走势是北高南低。在山顶远眺,在其北部、西北部和东北部皆是崇山峻岭,多为土山,树木茂盛。敢壮山南部、东南部和西南部,地势平缓,河流交错,稻田密布,距其南部约 10 公里即是右江。敢壮山正处于高山与低谷的结合部的特殊地理位置,俯瞰右江盆地。

自 2003 年敢壮山旅游景区规划以来,敢壮山作为景区区域,占地236.5 公顷,其中核心景区占地 141.2 公顷。景区南广场、景区大门、景区大门至敢壮山麓的主干道及主干道两侧 12 座图腾石雕像,从山麓至半山腰的鸳鸯池、将军洞、姆娘岩、祖公祠等诸景点的登山道和文化广场、祭祀广场及两侧布洛陀文化陈列馆、碑林等构成了敢壮山祭祀空间:山上是布洛陀遗址的保护区,山下从朝拜广场—神道—大门为朝圣活动区,景区大门外广场及周边作为旅游商业开发和民族文化展示区。

(一) 敢壮山大门

2003 年,那县政府出资修建了敢壮山大门。大门朝南而建,长28.8 米,净宽 13.9 米,高 18 米。整体造型呈横向牌坊式,下为三拱六柱式,上部呈三重飞檐状赛兽舟造型,舟体上刻有羽人划船图像,顶檐中门雕刻有壮族图腾蹲蛙图像,门楣正中刻有刚劲古朴的"敢壮山"

三个篆体大字。檐与檐之间的斗拱为双手曲肘上举，双脚叉开呈半蹲的蛙人正身形象。青蛙是庄稼的保护神，壮族人民把青蛙视为图腾信奉。八个蛙人意为欢迎八方来客，中间五个蛙人意为"五福临门"，因为壮族"以三为大"，所以上面取三个蛙人，三个铜鼓。整个大门的造型从远处看就像一艘航行的大船，近看则像壮族的传统民居干栏房的构造，又似一座"集标识、纪念、装饰、旌表和空间分界五大功能于一身"①的牌坊。

"纹必有意，意必吉祥"。敢壮山牌坊似的大门的雕刻装饰图绘等都突破了时空限制，表现出复杂的题材内容，可以称得上是一件华丽工艺品。它由六根大柱支撑，两边各两根，中间两根。由四根船形横梁构成，从下往上横梁的长度递减。牌坊的顶端为大小不一的三个铜鼓叠加而成。整座牌坊门每一个构件，大到船形横梁、大立柱、抱鼓石，小到横梁上的羽人划舟图案、飞鸟图案、羽人图案都是经过精心绘制，最后拼接、组合而成。大门的横梁正中用壮文书写着"敢壮山"三个大字，并在古壮字上用拉丁壮文注音。这三个古壮字可称得上是整座牌坊大门的"坊眼"，起到了画龙点睛的作用（见图4—2）。

图4—2　敢壮山大门

---

① 付秀飞、谢甜琼：《中国牌坊在公共空间中的作用》，《艺术探索》2011年第1期。

关于敢壮山牌坊大门设计理念和寓意，笔者曾访谈过那县布洛陀研究会会长黄明标。他认为整个大门能够反映出壮族人的"三界"观念，即天界、地界、水界。牌坊上飞鸟的图案代表天界，布洛陀原为鸟部落首领；牌坊上的羽人代表地界；牌坊上羽人划舟的图案代表水界。同时，天、地、水三界观念在布洛陀经诗中也有体现。船形横梁的造型代表人类进化的脚步；"羽人划舟"反映的是人类进化的历程。牌坊顶端的铜鼓模型实际上不属于布洛陀文化系统中的元素，把它纳入其中纯属强调壮民族的民族特色（见图4—3）。

图4—3　大门石柱局部图案

在壮族学者覃承勤搜集整理的《布洛陀》抄本中的第四章《创造歌》中是这样描述三界的：

> 石蛋爆开成三片，一片上升为天，一片下沉为地，一片不动成为世间。布洛陀三兄弟从石蛋里出来后，雷王成为老大，看中了天，被九十九只彩凤簇拥上了天。龙王老二喜欢海，被九十九条鲤鱼抬往海里。布洛陀是老三，留在人间。[①]

从一个石蛋爆出三兄弟，这一点具体地表明，这是一个崇拜卵生——鸟图腾氏族所创造的神话。这个氏族就是古越族，是壮族的先人。古越人以鸟为图腾，史不绝书，为学术界所公认。[②] 可见无论是雷王，还是布洛陀，最初都是一只鸟。雷王被彩凤簇拥上天，说明他是鸟的同类。在壮人的心目中，现在的雷王还是一只鸟。他生就一对翅膀，能在天空飞翔。当他飞下布伯的屋顶滑倒被抓住时，布伯用一个鸟罩把雷王罩住。后来，雷王被布伯砍断了脚，他便杀了一只鸡，用一双鸡脚

---

① 欧阳若修：《壮族文学史》第1卷，广西人民出版社1986年版，第59—60页。
② 丘振声：《壮族图腾考》，广西教育出版社1996年版，第428页。

把自己的断脚接了起来。① 布洛陀也是一只鸟，他也会飞翔。至今，壮族的人们还有的称布洛陀为"鸟的首领"② 也就是鸟氏族的头人。由此看来，牌坊上的鸟图案应该反映的是一种图腾崇拜的思想，追溯的是布洛陀时代文化生态（见图4—4）。

通过对牌坊大门的造型及图案的阐释，我们可以这样来理解它的蕴意及功能：表现壮族人的天、地、水的三界观念，借用铜鼓的模型凸显民族特色，最重要的是把布洛陀文化渗透到更大的范围中去，从而对"布洛陀是壮民族的人文始祖"、"布洛陀是珠

图4—4　敢壮山大门上的
蛙图腾与鸟图腾

江流域的人文始祖"这样的宏大主题的提炼有利。

（二）十二图腾

从敢壮山大门进去便是祭祀神道，神道左右两边分别摆放六尊壮民族图腾神像：蛙、水牛、鹭鸟、鹅、图额、虎、马鹿、大象、金鸡、羊、狗、猴，共十二尊。

1. 蛙图腾像

壮民族传说，青蛙是天神雷王的儿女，雷王派它们下到人间帮助呼唤雨水。雷王在天上听到青蛙的鸣叫，就播降雨水。壮族每年春节都有祭蛙神的活动，拜贺新年，歌颂青蛙呼唤雨水的功德，祈求风调雨顺，稻作丰收（见图4—5）。

2. 水牛图腾像

壮族民间信仰和崇拜的动物。壮族是一个世代以稻作农业为主的农耕民族，牛是重要的耕畜，人们对耕牛有着深切的感情。每年春节举行舞"春牛"，农历四月初八过牛魂节，祈求六畜兴旺，农业丰收，生活富裕（见图4—6）。

---

① 蓝鸿恩：《神弓宝剑》，中国民间文艺出版社1985年版，第20页。
② 欧阳若修：《壮族文学史》第1卷，广西人民出版社1986年版，第6页。

图4—5　蛙图腾像

图4—6　水牛图腾

3. 鹭鸟图腾像

在《麽经》中，鹭鸟是布洛陀创造的一种动物，也是壮民族先民崇拜的一种吉祥之鸟。在壮族地区出土的古代铜鼓上，铸有许多翔鹭绕太阳飞翔或翔鹭衔鱼的图像，是壮族先民崇拜鸟图腾的反映。因壮族地区多鹭鸟，常聚集在稻田里觅食，史书中称之为"鸟田"（见图4—7）。

4. 鹅图腾像

在《麽经》中，鹅是一种神造的灵物，来源于壮族对天鹅的崇拜。人们希望通过对天鹅的崇拜，获得像天鹅一样的灵性，在蓝天下展翅翱翔，跨越时空而达到理想的彼岸。因此，在壮族人的观念里，鹅是一种吉祥之灵物，可度送祖先之魂到故地。至今在敢壮山附近还保留有鹅村的地名，是壮族鹅崇拜的遗存（见图4—8）。

图4—7　鹭鸟图腾

图4—8　鹅图腾像

5. 图额图腾像

图额是壮族及先民崇拜的水神。根据《布洛陀经诗》的记述及壮民族民间传说:"图额"是水界之神,保护水源,司管江河之水的涨落及水中鱼类;在歌圩节之夜,"图额"还会变成姑娘或小伙子与人们对歌、同欢乐(见图4—9)。

6. 虎图腾像

在《麽经》和壮族民间传说中,布洛陀、雷王、老虎和图额本是四兄弟,为了管好天下,他们进行了分工,各司其职;雷王管天上的雨水,图额管理水域的鱼虾,布洛陀管理人间,老虎则管理山林里的鸟兽。因而,老虎又是山神的象征,受到人们的敬畏(见图4—10)。

图4—9　图额图腾像　　　　　　图4—10　虎图腾像

7. 马鹿图腾像

在《麽经》中,马鹿是神造之物,是马和鹿的混合物。在壮族人的观念里,马鹿是吉祥与幸运的化身,因而对马鹿倍加崇拜。马鹿的形态似马而为鹿角,体态雄健,富有灵性(见图4—11)。

8. 大象图腾像

历史上,壮族地区盛产大象,壮族先民驯象耕田或征战。在布洛陀《麽经》中,大象是神造之物,因而,在壮族及其先民的心目中,大象是吉祥幸福的象征而备受崇拜,大象体态雄健,形态可掬而富有灵性(见图4—12)。

9. 金鸡图腾像

鸡是壮族及其先民崇拜的一种吉祥动物。在壮族人的观念里,金鸡是报晓引来光明的吉祥物,鸡还有通神的灵性,凡是重要的祭奠,鸡是必备的一种祭品(见图4—13)。

图 4—11　马鹿图腾像　　　　　图 4—12　大象图腾像

10. 羊图腾像

在《麽经》里，记述羊是布洛陀造成的一种动物，它具有善良的本性，是壮族及其先民奉为图腾崇拜的一种标志性灵物。羊的体态矫健，品行敏捷而憨实（见图 4—14）。

图 4—13　金鸡图腾像　　　　　图 4—14　羊图腾像

11. 狗图腾像

狗是人类最早驯养和崇拜的一种动物，也是人类最亲密的伙伴和最得力的助手。在壮族的观念里，狗具有镇邪驱恶的功能。因此，在壮族村落或大门前流行竖立狗雕像的习俗以辟邪，寄托护佑平安（见图 4—15）。

12. 猴图腾像

在壮族民间的《麽经》中，猴是布洛陀造就的一种动物。它性情乖巧，善良通人性，被人们视若同类而崇拜之（见图 4—16）。

图4—15 狗图腾像　　　　　　图4—16 猴图腾像

　　关于壮族图腾，"从出土和收藏的铜鼓上面的纹饰、浮雕以及民间故事、传说、歌谣来看，壮族崇拜的图腾有乌鸦、蛇、牛、鳄、青蛙等等，各地不尽相同。"① 袁少芬指出，壮族人有深刻的图腾崇拜观念，各地信仰的图腾很多，如雷王、蛙、蛇、牛、狗、鳄鱼等。② 梁庭望认为："壮人曾崇敬过的图腾天相方面的有太阳、月亮、星星、云彩、雷电、雾霭、暴雨等；动物最多，有鳄鱼、蛇、野鸡、鸟类、犬、蛙类、牛、犀牛、熊、虎、鹿、猴等；植物有森林、榕树、竹、木棉以及其他怪树；其他怪山、怪石、怪岩、山泉、伏流、河流、深潭等。"③ 梁庭望还指出："根据壮族的创世史诗《摩兵布洛陀》把天地间分为二国，由布洛陀子女分别掌管，号称12王国的神话，指出这就是壮族先人百越族群中的12种图腾。这12种图腾是'鸟图腾、蛙图腾、水牛图腾、黄牛图腾、蛟图腾、鱼图腾、马蜂图腾、羊图腾、竹图腾、森林图腾（又称虎图腾）、黄（土地）图腾、潭图腾'。"④敢壮山建造蛙、水牛、鹭鸟、鹅、图额、虎、马鹿、大象、金鸡、羊、狗、猴等十二图腾像与有关专家的研究基本相符，也与壮族及其先民的生产生活密切相关，符合图腾崇拜的一般规律，且在布洛陀神话或麽经布洛陀中均有相关记载。

　　（三）祭祀神道

　　祭祀神道其实就是通往布洛陀祭坛的通道（见图4—17）。从敢壮

---

① 潘其旭、覃乃昌：《壮族百科辞典》，广西人民出版社1993年版，第312页。

② 袁少芬：《当代壮族探微》，广西人民出版社1989年版，第14页。

③ 梁庭望：《壮族风俗志》，中央民族大学出版社1987年版，第78页。

④ 梁庭望：《"12"与壮侗诸族的关系》，《中央民族学院学报》1991年第2期。

山大门一直到祭坛布洛陀神殿，中间有一金水桥连接（见图4—18）。神道由方块石板组成，宽约一米五。神道的尽头是一小型广场，等待朝拜的人群在此等候。到达祭祀广场、祖公祠前朝拜需要上九级台阶。台阶是九级而不是其他数目也是有其寓意的。"九"与"久"谐音，历代皇帝都喜爱"九"，他们穿九龙袍，造九龙壁，想使其天下永久。故宫的太和殿、中和殿、保和殿的高度都是九丈九尺；宫殿门上金黄色的门钉，也都是横九排、竖九排；台阶的级数也是九或九的倍数。

图4—17　祭祀神道　　　　　　　图4—18　金水桥

　　长长的祭祀神道，在视觉上能够拉长祭拜人与祖公祠、祭坛之间的空间距离，也增加了一种朝圣的神圣感。在某种意义上，布洛陀信仰就是一种区域崇拜，它依靠一种具有流动性的朝圣而得以实现。当然，这种流动性不仅仅是人的身体的流动或者空间位置的转移，更为重要的是一种心理状态的转化，这种转化经过过渡礼的形式而得以实现。当人们跨进敢壮山大门，踏上祭祀神道，这种过渡礼就已经开始了。人们面向中心的圣殿——祖公祠及敢壮山而行时，朝圣之路本身逐渐变成一种神圣而又神奇的旅行。由离开家门和旅途中的平淡无奇到最后接近终点时由敢壮山大门、十二图腾等各种符号所唤起的情感与欲望，这是一个从世俗转化为神圣的过程。尽管这只是个人的体验，是个人感受到的神圣，但却又不是一己之神圣，而是一种客化了的集体表征，这种包括祭

祀神道在内的表征成为朝圣者真实的全部现实环境，并由此给其一种力量和信念。

（四）碑林

敢壮山碑林位于祭祀神道北端西侧芒果林附近，现有碑刻 16 块，系 2005 年 4 月 15—18 日参加由广西壮族自治区社会科学院、广西壮学学会、广西壮族自治区民族事务委员会、百色市人民政府主办，那县人民政府承办的"壮学第四次学术研讨会"的部分与会专家学者专门为敢壮山布洛陀遗址所题，后来那县政府请工匠将题词刻在石碑上，即今敢壮山"碑林"。我国碑林楹联文化十分发达，千百年来创造了灿烂的碑林楹联文化景观，已成为优秀的民族文化遗产之一，也是当今民族文化重构中不可或缺的文化重构景观重构方式之一。部分专家学者的题词如下：

图 4—19　敢壮山碑林

贾芝，中国民间文艺家协会主席，中国社会科学院少数民族文学研究所所长、研究员。其题词为（见图 4—19）：

图 4—20　贾芝题词

布洛陀是壮族的人文始祖，他创造了世界，创造了人，布洛陀经诗是记录壮族原始文化的经典，它渗透到人民生活的方方面面，成为壮族传统观念的核心与标志。它凝聚着壮民族的全体英雄主义精神，承载和传递着远古的文化精神，结合现代科学与精神文明构建社会主义和谐社会，实现中华民族的伟大复兴。

梁庭望，壮族，广西马山县人，著名壮学专家，中央民族大学原副校长、教授。梁庭望题词分别用拉丁壮文、汉语书写，并自称"布洛陀子孙"。其汉语题词如下（见图4—21）：

图4—21　梁庭望题词

纪念壮族人文始祖布洛陀，铭刻祖德，不断创新，铭记祖德，振兴民族。

牟钟鉴，中央民族大学哲学与宗教学系教授。其题词为（见图4—22）：

山秀水碧人文盛传承祖业，事新理明时运昌再创辉煌。

任继愈，中国无神论学会理事长，著名哲学家、宗教学家、历史学家，国家图书馆名誉馆长。其题词为（见图4—23）：

开展壮学研究，开发布洛陀瑰宝，丰富中华文化

图4—22　牟钟鉴题词

图4—23　任继愈题词

岑贤安，壮族，广西德保县人，广西社会科学院壮学研究中心研究员。其题词为（见图4—24）：

布洛陀精神，天地人和谐

罗汉田，壮族，广西那县人，中国社会科学院民族文学研究所副研究员。其题词为（见图4—25）：

弘扬始祖艰苦创业精神，共同构建和谐美好家园

图4—24　岑贤安题词　　　　图4—25　罗汉田题词

潘其旭，壮族，广西德保县人，广西社会科学院壮学研究中心研究员、广西壮学学会副会长。其题词为（见图4—26）：

崇尚物我共存与和谐有序是布洛陀文化的精髓

罗宾，广西少数民族古籍办主任、研究员。其题词为（见图4—27）：

敢壮山是布洛陀文化圣山，布洛陀是珠江流域人文始祖。

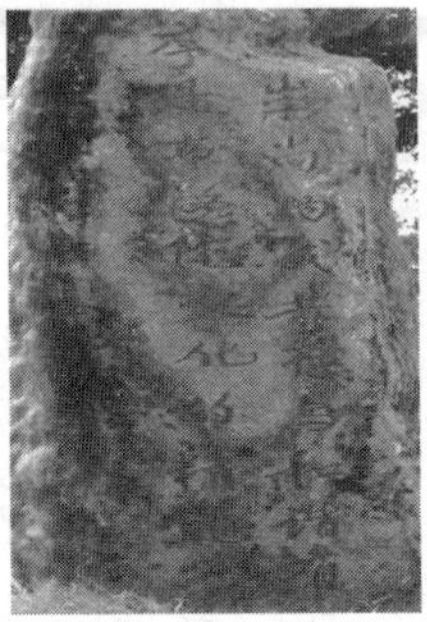

图4—26　潘其旭题词

图4—27　罗宾题词

周国茂，贵阳学院教授。其题词为（见图4—28）：

弘扬布洛陀创造精神，发展民族经济文化

王光荣，广西师范学院教授。其题词为（见图4—29）：

圣地生辉

图4—28　周国茂题词

图4—29　王光荣题词

此外，还有余达佳、侬鼎昇、何正夏、向成轩等人的题词。另外，广西壮族自治区原副主席、著名壮学专家、广西壮学学会名誉会长、研究员张声震的题词："敢壮布洛陀文化遗址"①，不在碑林之内集中展示，而是竖立在敢壮山景区大门前（见图4—30至图4—34）。

　　以上专家学者在人类学、民族学、文化学或壮学方面都有一定建树，他们的题词在某种意义上就是对敢壮山布洛陀文化遗址的认同。那县政府将之建成碑林，其意在宣扬和确立敢壮山神圣地位，提升敢壮山景区的文化品位。因此，碑林实际上就是敢壮山祭祀空间学术在场的象征与标志。

图4—30　张声震题词

图4—31　侬鼎昇题词

图4—32　何正夏题词

图4—33　向成轩题词

图4—34　余达佳题词

---

　　① 张声震的题词落款时间为"二〇〇二年元月"，这一时间明显有误，可能系雕刻时疏忽所致。因为2002年7月初古笛的"发现"才见报，2002年9月23—25日，张声震等人才接受那县县委、县政府邀请考察敢壮山并参加第三次敢壮山布洛陀遗址研讨会，不可能在"二〇〇二年元月"就为敢壮山题词。

（五）祭坛

祭坛包括祖公旗台、祖公屋、大香炉、祭品供奉台四部分。祖公旗台在祖公屋之后，顶部悬挂祖公旗。祖公屋坐北朝南，房内安放布洛陀神像，像高3.6米，神像两侧为壮族十二图腾石膏像。朝拜房前为大香炉，大香炉前为祭品供奉区（见图4—35至图4—38）。

图4—35　神像入场

图4—36　简易祭祀棚

2003年以前，人们在敢壮山的祭祀活动都是在山上的将军洞、姆娘岩、祖公祠进行。从2003年开始，那县政府每年都组织开展敢壮山歌圩活动或举办布洛陀民俗文化旅游节。由于上山祭拜的人太多，为确保安全，那县政府决定在山下搭建一个简易的临时性的木棚作为布洛陀祭堂，供祭拜的人们前来朝拜。后来，在广西天运时行壮学文化传承发展有限公司的资助下在简易木屋的位置上修建了一间砖石结构的小屋，即今祖公屋，作为布洛陀殿堂供人们朝拜，因此当地百姓又称之为"朝拜房"。祖公屋前的一片开阔地现已平整为祭祀朝拜广场。

祖公屋前面有三座巨大的铁香炉，中间最大一座为长方形，两边的香炉为圆形鼎状。祖公屋屋顶竖有一旗杆，平常悬挂十二图腾旗，农历三月初七至初九举行祭祀大典时，顶端的祖公旗才升起。祖公旗由黄色方形缎面做成，旗上用古壮字书写"甫"。

图 4—37　新建的祖公屋及香炉

图 4—38　祖公屋内供奉的布洛陀神像（仿制）与十二图腾

（六）麽经长廊

麽经长廊即祭坛背后上山的一段台阶，石阶两边题写了布洛陀经诗经文，并配有插图。石阶左右两边各 15 幅经诗字幅，共 30 幅。布洛陀经诗序歌从右边长廊开始，长廊上主要书写了布洛陀造天、造地、造人等创世功绩。此外还有安排秩序、安排人伦等教化人类的功绩。经诗每隔三幅有一插图，图画的内容大多反映壮族传统生活内容（见图 4—39）。

图 4—39　麽经长廊

（七）香火道

经过麽经长廊，走过山铁路桥即是香火道。香火道处于上下山台阶的中间地带，泥沙填充其中。人们习惯把石阶中间这段用来插香烛的"泥道"叫做"香火道"。平日里，上山祭拜的人们会在上山的途中沿路插上些香火，一直到山上的祖公祠。每年农历三月初七至初八，香火道堆满香烛纸钱。笔者亲历了 2011 年农历二月十八至十九的祭拜场面和 2011 年农历三月初七到初八的祭祀盛况。二月前来祭祀的人少些，而在三月的祭祀日子里，上山的人估计有十万之众，人流如潮（见图4—40、图 4—41）。

图 4—40   祭祀大典期间的香火道   图 4—41   平日的香火道

（八）鸳鸯泉

"鸳鸯泉"，壮语称为"漠佬"，呈半月形的大泉，位于敢壮山山腰一块高约 30 米、宽约 50 米的陡峭石壁正下方，泉坑东西长约 6 米，南北宽约 4 米，泉深近 3 米。坑内无泉眼，泉水由石缝里渗出，即便天旱，泉水亦不干涸。石壁上长有数棵榕树，这些榕树根系十分发达，有的如蜘蛛网贴附于石壁之上，有的则像古藤条从悬崖上直插入泉边石缝之中。传说古时候有一对青年男女在泉边对歌对得情深意切难舍难分，双双立下誓言"愿作鸳鸯鸟，生死不分离"。布洛陀听说之后深受感动，于是手掬泉水将其点化，这对情侣即变成一对鸳鸯在泉里漫游，"鸳鸯泉"由此得名（见图4—42）。

（九）将军洞

"将军洞"，壮语称"敢睇"。"敢"，即"岩洞"；"睇"，即"帝"；"敢睇"，即"帝洞"、"帝王居住的岩洞"。也有的人将"将军洞"称为"敢啼"，"啼"，即"看守"、"守护"，于是，

图4—42　鸳鸯泉

"敢啼"，即为"守洞"、"负责看护守卫的人居住的岩洞"。

"将军洞"过去曾经供奉关公，这与明万历四十二年（1614年）皇帝赐予关公"三界伏魔大帝神威远镇天尊关圣帝君"的封号有关。2003年敢壮山景区开发建设后，由那县政府有关部门组织人员清理了山上原来的神像和牌位，关公也在其中，代之以布洛陀守护神。后来，当地一些老百姓和政府打了一场"拉锯战"，"你清场，我摆上"，反复多次之后，那县有关部门也默许了老百姓将关公请进将军洞。如今，关公已是与布洛陀守护神同处一室，只是原本高大威武的关将军的瓷像要比布洛陀守护神小许多（见图4—43）。

（十）姆娘岩

从将军洞向东南，经过一段铺砖路再上一段石阶即到姆娘岩。"姆娘"，壮语称"乜囊"，即"老祖母"；"姆娘岩"，即"老祖母居住的岩洞"或"供奉老祖母的岩洞"。

图4—43　将军洞中的神像

姆娘岩为下落洞，经过一段用青石条修成的11步阶梯便可以到达洞内。下落洞内比较平坦，洞的后部有两个支洞。洞内的东侧上方悬挂一铁钟残件，洞的西侧有一块古壮字碑，字迹已经很模糊，难以辨认。

洞内正中央安放姆娘神像，在姆娘身后的右边安放观音神像（见图4—44至图4—46）。

图4—44　姆六甲和观音神像

图4—45　姆六甲与被遮盖的观音神像

壮族群众普遍认为，世上人的生命全都是姆娘给予，生儿育女、生老病死也是由姆娘掌管。传说农历二月十九日是姆娘诞辰，每年的这一天，人们纷纷来到老祖母居住的岩洞姆娘岩，为崇敬的老祖母姆娘祝寿，祈求姆娘保佑。民间的这种活动，曲折反映了人们对女性崇拜、母体崇拜的记忆，是人类社会曾经存在的女性崇拜、母体崇拜的历史遗存。

壮族群众崇奉的姆娘实质上就是姆六甲。壮族神话里说，世上所有的人，全都是姆六甲所造。在《布洛陀经诗》里，每当人们遇到难题无法解决时，就会去求教于布洛陀、姆六甲夫妇——"去问布洛陀，去问姆六甲"、"布洛陀就说，姆六甲就讲"。

图4—46　姆娘岩中的残钟

（十一）祖公祠

从姆娘岩向东南经过一段石阶就到达祖公祠。祖公祠朝向东南，祠前有约100多平方米的半圆形平台。根据笔者在那了屯田野调查所了解的情况，祖公祠系20世纪90年代当地群众自筹资金修建（见图4—47）。

访谈时间：2011年1月22日

访谈地点：那了屯黄婆婆家

访谈对象：韦春峰（简称W），男，壮族，1990年出生，刚从广东东莞打工回家；黄婆婆（简称H），女，壮族，1942年出生，韦春峰的奶奶；林淑妹（简称N），女，壮族，1970年出生，务农，韦春峰的母亲。

图4—47 祖公祠

访谈时，还有韦汉宽（男，壮族，1968年出生，务农）、韦仕面（男，壮族，1939年出生，开一个小商店）、韦汉师（男，壮族，1966年出生，务农，那了屯队长）等在场。

L：婆婆，听说山上的祖公祠是1995年修建的，您知道当时情况吗？

H（注：黄婆婆说的是当地壮语，其孙子韦春峰帮忙翻译）：当时有山下三个村子的人，每户出十块钱拿来修观音洞、将军洞。（婆婆很激动地说），我40多岁的时候，一个人到桂林去买观音像，现在观音洞中的观音就是，将军洞中的将军像也是那个时候我买的。将军洞原来就叫将军洞，姆娘岩原来叫"观音庙"。后来（大概已经有十年了吧）将军洞里的如来被拆掉了。不过，拆的那个人没多久就死了。

N：因为如来佛像的肚子里面有金条，那个拆的人把金条拿走了，过了一年后，这个男的就走了（笔者注：意即"死了"），他是那县人（笔者注：即那县县城里的人）。

H：那时候，我是借钱搞房子。（韦春峰在翻译时还特别强调说："是奶奶自己借哟。"）自己盖佛条去买（笔者注：佛条即代表好运的红绸带），后来再还钱的，政府又不给钱不解决，只好自己还了。我现在只能去拜佛了，不得管了。

N：婆婆 49 岁那年，也就是大概 1992 年的时候吧，在山上住了 4 个月，为了修庙，建将军洞、祖公祠（只是祖公祠后来是被政府翻修过的而已）。那些大大的柱子是用手抬上去的。砖头是老太婆们挑上去的。三个村子的人，我们是分任务到家的。

H：我 57 岁那年不得管了，政府要年轻人接班。

W：奶奶管了几年，后来不得管了的，这是旅游局决定的，说是奶奶年纪大了，为安全问题着想。

L：婆婆，您原来管哪些事情？

H：管烧香、扫地。

关于山上祖公祠的始建年代，至今没有任何史志文献资料可查证。但据当地一些群众和那县布洛陀研究会会长黄明标介绍，民间传说祖公祠建于唐代，清乾隆年间曾重修。重修的祖公祠除了主体建筑大庙，还建有亭阁，立有牌坊，竖有碑刻。20 世纪 20 年代大革命时期，敢壮山是奉（议）恩（隆）农民运动的一个重要革命活动地点，因而多次遭受国民党清乡团清剿。敢壮山上的祖公祠，也在国民党清乡团的践踏摧毁下变为废墟，只有柱础、石磙、门墩、残碑等石质物件残存。20 世纪 50—80 年代，当地群众曾数次自发集资重新修建，但因极左思潮影响，总是修了又毁，毁了又修，修了再毁，始终是废墟一片。直到 20 世纪 90 年代，祖公祠再次重建后才未继续遭受拆毁。2003 年，敢壮山布洛陀文化遗址确定后，那县投资建设敢壮山景区，将祖公祠翻修一新。

（十二）通天洞与望子台

通天洞位于敢壮山后山腰，分外洞和内洞，洞口朝东北方向，高 2 米多，宽约 2 米。从洞口往下走约 3 米，即可到达外洞洞底。洞底比较平坦，形成一个高约 15 米、长约 30 米、宽约 15 米的大厅。大厅顶部有一犹如天窗的竖洞，仰头观望，可见洞口白云飘荡、树木摇曳，故称"通天洞"。从大厅再往西，即是内洞。内洞又分左、右两洞，右洞较浅，也有"天窗"，且有出口。左洞较深，且较阴暗，洞内遍长奇形怪状、光怪陆离的钟乳石。有一从上向下倒挂的钟乳石，其形颇似阳具，人们传说这是布洛陀之神根，故而受到人们崇拜。

望子台位于敢壮山之最高处，实际上就是一石台，但石台被赋予文化的灵性后就不再是单纯的石台了。相传古时候有一天，布洛陀与姆六甲挑上五个孩子来到敢壮山上空，突然狂风大作、雷霆万钧，一个霹雳炸断了布洛陀的扁担，五个孩子也随风向西边飘落。之后，无论姆六甲怎么呼喊，始终听不到孩子的应声，于是便和布洛陀一起在敢壮山最高处垒起一个石台登高观望，却望见五个孩子已经变成五个小山再也不能回应母亲的呼叫了。后来，人们便把这个石台称为"望子台"，站在台上，可以俯瞰敢壮山四周的美景。现如今，右江林场在此台上修建望火楼，"望子台"也随之变成"望火台"了。

三　敢壮山的神像

笔者在敢壮山见到的神像有布洛陀神像、姆六甲神像、布洛陀守护神神像、关公及其随从周仓和关平的神像、观音菩萨与善财童子及小龙女的神像、如来神像、玉皇神像、文殊菩萨神像、弥勒佛神像等。其中，布洛陀神像、姆六甲神像和布洛陀守护神神像是由那县有关部门负责制作，关公和观音等神像则是当地百姓自筹经费购置。据笔者了解，所有的神像安置落座时，都按照惯例举行了开光仪式。开光仪式由那县本地较有名望的麽公主持，那县政府部门或官员个人均未参加开光仪式。笔者注意到，尽管"布洛陀像"或"布洛陀塑像"实质上就是"布洛陀神像"，但在那县官方的文件材料中，只提"布洛陀像"、"布洛陀塑像"或"布洛陀雕像"，从未使用"神像"或"布洛陀神像"一词。

（一）神像设计与制作

2003年敢壮山歌圩活动后，那县有关部门即着手落实布洛陀、姆六甲和布洛陀守护神神像的设计与制作工作，并成立了"布洛陀像民间调查小组"，将布洛陀等像的设计制作当成"是关系到壮民族乃至壮侗民族人民的感情和认可的大事"① 来抓。为了设计与制作布洛陀等神像，那县组成调查组对布洛陀形象等进行调查。2003年6月2日布洛

---

① 摘自那县布洛陀文化旅游开发领导小组办公室提供的《2003年工作总结和2004年工作计划》。

陀文化民间调查访问组撰写的《布洛陀文化民间调查情况汇报》写道：

县布洛陀文化旅游开发领导小组：

为了加快布洛陀文化遗址的挖掘、保护和开发利用的步伐，进一步弘扬民族文化，满足和吸引壮民族及其他民族对敢壮山的敬仰心理，尽快制作"布洛陀"、"姆六甲"、"将军"等塑像。经县领导批准，成立了"布洛陀"像民间调查组，组长为班昌飞（县民族局局长），副组长为莫实坤（县科技局党组书记、县布洛陀办副主任），成员有黄有考（县民族局干事）、黄德健（县布洛陀办干部）。调查从 5 月 15 日开始至 5 月 28 日结束。先后到了田东县、右江区及本县的玉凤、百育、琴华、田州等县（区）、乡（镇），走访 17 位民间老人或知情者。通过走访调查，有一定的收获，现将情况汇报如下：

一、调查访问的基本情况，这次调查一共走访 17 位老人或知情者，平均 68 岁，其中最老的 84 岁，最小的 41 岁，大部分文化程度为初小至高小，有离退休干部、民间老艺人等，其中外县 3 人，国家机关企事业单位离退休干部 4 人，平均年龄 68 岁，麽公 1 人，年龄 56 岁，民间艺人 4 人，平均年龄 60 岁，民间知情老人 8 人，平均年龄 75 岁。

二、布洛陀、姆六甲、将军像的调查。布洛陀像等是这次调查的重点。在访问的这些老人中，都没有见过布洛陀的塑像和画像，普遍反映传说中布洛陀是个无所不知无所不能的老人，留有长发、头发斑白，自然地往后肩垂，白胡子、胡须长到胸部至肚脐间，耳朵长又大，身材高大，眉毛稍微往上翘，面部慈祥，威严，饱满红润，塑像的年龄应在 70—80 岁之间，呈坐状，拐杖为一根棕榈藤拐杖，拐杖头与龙头相似，但又不是龙头，拐杖头与拐杖之间呈螺旋状弯曲，与布洛陀经诗（第 33—34 页）上说：木等木美木散么布斗，躺老么布斗、印六云么布斗接近。衣服为树叶或兽皮，双手放在膝盖上，拐杖竖靠在右肩，姆六甲头扎班头巾，人长得漂亮，面部饱满，脚穿花鞋，塑像的年龄应在 50—60 岁之间，左手拿辣椒，右手拿甜酸桃，呈坐状，坐在莲花座上。将军有两个，形象像古代的将军，武器为石刀或剑，分别站在将军洞门口两边（有一部分老人说可仿照关公的形象制作）。

那县政府在委托广州美术学院教授曹崇恩设计制作布洛陀神像时，这份来自民间的意见也成为一个参考依据。百色市委、市政府领导对布洛陀雕像也非常重视。市委副书记梁炳巨多次就敢壮山旅游工作做出批示，还要求那县在布洛陀雕像设计制作上尊重专家意见。谢寿球曾提供给笔者一份那县籍官员，现自治区人民政府主席、时任（2002—2004 年）百色市委书记马飚在 2003 年提出关于布洛陀造像的意见的电子文档：

> 马飚书记对布洛陀造像的意见：
> 1. 布洛陀是带兵打仗的人，应该是威武强壮。
> 2. 布洛陀又是一个无所不知无所不能的老人，要有智慧老人的表情。
> 3. 布洛陀是壮民族的祖先，还要体现庄严慈祥的形象。
> 4. 他不应该穿长袍，长袍是宋朝以后才有，布洛陀的服饰应远古一些。
> 5. 布洛陀头戴羽毛，你们说是鸟部落，这可以。那拐杖头为什么不用蛙神图腾？
> 6. 布洛陀的嘴巴一直是开着，露出牙齿不好，要闭嘴。
> 7. 布洛陀像的底座应雕刻一些跟壮民族有关的图案。
>
> 四月一日

此外，那县还征求了广西壮学学会专家的意见。2004 年 9 月 14 日，那县布洛陀文化旅游开发领导小组有关人员与广西壮学学会部分专家在广西民族研究所召开了"关于布洛陀塑像的研究"座谈会。

在座谈会上，张声震首先谈了自己关于布洛陀像的意见：

> 布洛陀是壮民族的始祖神，这是传说神话，前人未留下任何相关绘画及雕塑的资料。在编写相关书籍中收集到一个拿法刀的布洛陀形象，该像左右两边是十二图腾；云南民族村壮族村中的布洛陀

的形象是个骑象的老人，一只手拿一个棍子、一只手拿一个葫芦，
是个慈祥的老人；这些形象的根据都未说明。张先生认为，布洛陀
塑像应能反映出布洛陀始祖神的时代特征、民族特征和个性特征，
三个特征是结合在一起的，缺一不可，不能把握好这三个特征就难
把塑像造好。时代特征就是能反映布洛陀始祖神产生时代的生活特
征，主要表现在塑像的服饰上，也就是穿什么衣服；民族特征就是
能反映出布洛陀始祖神是壮族先民的特征，民族特征是必要的，这
是个原则问题。壮族人属于越人，能体现在塑像上的越人特征只有
两个，一是发式、二是装饰物，如羽毛、铜鼓等。①

潘其旭、郑超雄、蓝阳春、廖明君等人的意见分别为：

> 雕塑头像应有柳江人和现代壮族人的面部特征，不能天庭饱
> 满；服饰应用羽人纹的。
> 稻作民族的服饰特征分三个等级，一是裸体围腰，二是短宽袖
> 子，三是衣袖。裤子不过膝盖和肘。
> 神像设计要把握好两个关系，一是政治行为，就是布洛陀塑像
> 的设计要在政府的指导下完成，又不能受政府制约；二是文化行
> 为，也就是文化定位，我们搞布洛陀形象要大气一点，他不仅是田
> 阳的、百色的，更是整个壮民族的，要把它放在珠江流域原住民族
> 的人文始祖这个定位来搞。
> 一是文化特征，也就是把一切壮族特征为我所用；二是艺术风
> 格，对传说中的人物应以写意为好。②

　　曹崇恩实地考察敢壮山，并根据广西壮学学会专家的意见修改
布洛陀像设计方案。同时，那县布洛陀文化旅游开发领导小组有关人
员再次前往南宁征求张声震的意见。张声震看过修改方案后发表了自己

---

　　① 摘自那县布洛陀文化旅游开发领导小组办公室提供的 2004 年 9 月 14 日召开的"关于
布洛陀塑像的研究"座谈会资料。
　　② 同上。

的意见：

> 曹教授设计的雕塑的眼神好，符合开天辟地、创造万物的英雄形象；束发的设计是可以的，符合那个时代的越人特点。但面部及衣服未能体现那个时代的特点，体态也未能体现布洛陀的力量。

另外张声震先生还提出五点意见：

> 一、面部必须体现古越人的生理特征；二、头顶的羽毛可以多设计几个方案，束发结可以稍小一点；三、设计的所有方案中都不能穿长袍，一律改为"左衽衣"和裤子，最好能体现出肌肉的强健；四、手可以设计两种，一是平放，二是右手拿工具、左手握拳，搞一个对比；五、脚也设计几个方案，是赤足或穿别的什么鞋，但不能穿布鞋，或用什么遮住。

张老还建议参考湖南炎帝的塑像，他是石刻的，形象很大、很气派；或者参考宝鸡的炎帝像，他的上身赤裸、下身穿裤子。这些都只可以参考但不能套用，因为炎黄族和百越族只是时代相同但族属不同，不能乱套，必须要研究才能搞对东西。①

此后，曹崇恩又多次修改设计方案，直到2004年12月8日才与广西壮学学会专家就布洛陀塑像设计方案达成一致。设计方案经那县及百色市有关领导审定后随即制作，并于2004年12月底竣工运回那县，安置在祖公祠。

除官方组织设计制作的这尊布洛陀塑像外，那县还有两尊来自"民间"的布洛陀神像。一尊是敢壮山下祖公屋供奉的布洛陀神像，系2005年由广西天运时行壮学文化传承有限公司出资，根据曹崇恩制作的布洛陀雕像仿制的神像，同时还制作了十二图腾雕像列于仿制的布洛陀神像两旁。据笔者了解，山下这尊仿制的布洛陀神像，平日享受的香

---

① 参见那县布洛陀文化旅游开发领导小组办公室提供的"张声震关于修改后的布洛陀塑像的意见"。

火更多，因为祭祀大典就在祖公屋前广场举行，群众上山前都要在祖公屋前的大鼎烧香祭拜。而山上祖公祠内的由政府出资制作的布洛陀"雕像"则因供奉在屋内，也许是考虑到防火安全等原因，似乎香火要比山下冷清许多。另外一尊布洛陀神像是雕塑家张弓也①于2003年1月28日雕刻成的高1.5米、宽1.2米的布洛陀半身雕像。2003年1月30日，张弓也将雕像捐赠给那县。但该雕像未进入敢壮山景区，而是被那县博物馆收藏，也就无福享受敢壮山的香火了。

在同一祠庙，或者说在同一祭祀空间内同时供奉两尊几乎一模一样的主神神像的情况极为罕见。笔者查阅了相关文献资料，也没有发现其他地方有敢壮山这样的现象。通过访谈当地群众及外地前来祭拜布洛陀的民众，笔者发现人们对神像是谁出资制作并不关心，也不介意在山下这尊来自"民间资本"的布洛陀神像前顶礼膜拜。而政府部门也认同和接纳了广西天运时行壮学文化传承有限公司出资仿制神像和建造祖公屋，这不仅为那县举行祭祀活动提供便利，同时也让数万群众有一个烧香祭拜布洛陀的空旷场所。因为山上祖公祠地方确实比较小，也盛不下这许多香火。

此外，2003年3月，南宁国际民歌艺术研究院还组织了几位艺术家，设计了布洛陀和姆六甲坐像。但设计方案最终未获得那县方面认同，据说这一批设计图像后来作为文物交给有关部门珍藏了。

综上所述，敢壮山的神像特别是布洛陀神像的设计与制作过程中，有政府部门、专家学者、实业界代表以及民间组织或个人等介入，基本上是由政府部门主导，专家学者建言献策，民间组织及部分民众参与的局面。最后定型的布洛陀神像也未能让方方面面都满意，但是敢壮山当地群众以及从外地前来祭拜的人们一般都未对此提出异议，甚至对山上、山下各有一尊布洛陀神像也没有感到特别惊讶，照常烧香祭拜。因为对于普通百姓而言，关键是要有一个祭拜的场所和对象，至于是谁设计制作、谁出资等问题，都不在他们关心之列。

（二）神像开光

所谓"开光"，简单地讲，就是请神灵入驻器物，给开光之器物加

---

① 张弓也，广西著名雕刻家，曾参加中国革命历史博物馆、北京民族文化宫和天安门广场人民英雄纪念碑浮雕创作。

持法力。经过开光的器物就具备了灵性，具有保佑平安，带来好运，辟邪、祛晦气，增财、镇宅等作用。"开光"在道教、佛教以及民俗活动中都存在。一般来说，祠庙供奉的神像都必须"开光"，才具有灵性。布洛陀是壮族麽教至高无上的神灵，现在又被誉为"壮族人文始祖"，其神像安放在敢壮山后，自然也需要"开光"。笔者曾访谈当时主持布洛陀神像"开光"仪式的麽公黄达佳。据其介绍整个"开光"仪式如下：

1. "开光"时间：2004 年 12 月 31 日

2. "开光"仪式主持人：黄达佳

3. 参与"开光"仪式人员：黄达佳麽公班成员黄晓亮、梁松德、梁卫贤、梁正义、卜文良和梁尚金等 6 人；当地长老（即当地年龄最大的老人）4 人；群众约四五十人。

4. "开光"仪式过程：

（1）神像上山：在山下用绳子绑好神像，之后在神像前点一炷香，大喊"上路"，便抬起神像上山。黄达佳率麽公班走在最前面，边走边敲鼓、打锣、吹笛子；麽公后面紧跟四位长老，长老手拿香炷，沿路上香，神像在长老之后。神像由 20 多位年轻力壮的小伙子轮番抬。

（2）安放神像：到达山上祖公祠门口后，先用一块白布铺设成一条直通神台的"神道"，然后将神像沿"神道"抬进祖公祠，安放在神台之上。

（3）设置祭坛：在神像前设立祭坛，供奉鸡、鱼、猪肉三牲，上香、烧纸钱和纸衣。

（4）神像开光：黄达佳主持仪式，其他麽公一同念颂《开光一科》。黄达佳手持一片柚子叶和一碗温水，边念边"点化"神像。如，当经念到眼睛时就需象征性地点一下神像的眼睛，当念到其他部位时同样要点一下唱到的部位，这样做的意义是象征性的，意味着给这些部位点化开光。黄达佳唱完"开光神咒"后，其他麽公和在场群众烧纸钱和纸衣。接着又唱"开光喃词"、"开坛上香"，然后上香；之后是"开坛击鼓"，击鼓完毕接着唱"请禄途、廮床能、造天地、颂功德"等颂扬布洛陀开天辟地的功绩的段落，唱完之后即请布洛陀入座神坛，请他保佑信徒。最后唱"十供科"，在场人员上前供花、红茶、面食等素食祭品，唱毕，"开光"仪式即宣告结束。

除祖公祠的布洛陀神像安放时举行了"开光"仪式外，后来山上供奉的姆六甲神像、布洛陀守护神神像，山下祖公屋供奉的布洛陀仿制神像，以及当地群众安放在姆娘岩和将军洞中的观音菩萨像、关公神像，也都举行了"开光"仪式。这些"开光"仪式无一例外都是"民间自发组织"，没有"政府在场"的身影。笔者曾问过黄达佳及那县有关政府官员，从广州运回的布洛陀神像是怎样移交给黄达佳等人送上山举行"开光"仪式的，但是得到的回答要么是"不清楚"、"不知道"，要么就是语焉不详，让人有种讳莫如深的感觉。不管怎样，这些神像"开光"之后，得到了普通民众的认可，每年三月初七到初九的祭祀大典，一些政府官员也会在祖公屋前烧高香。

第二节　布洛陀文化的陈列

那县在建造布洛陀祭祀空间的同时，又制造了另一个空间，即布洛陀文化陈列馆。布洛陀文化陈列馆位于朝拜广场的左右两侧。陈列馆的房顶类似于敢壮山大门顶的"船形"造型，房檐正中间为"葫芦"，两旁紧挨两个半月形。飞檐的左右两端的板上为"羽人划舟"图，沿飞檐向下延伸出一梁，梁的尽头为龙头造型。屋檐下挡檐为木板，木板上绘满传统图形，如"喜鹊闹春"、"瓜瓞绵延"、"鸳鸯戏水"等，还有壮族的"青蛙"造型。陈列馆大门正上方悬挂"布洛陀文化陈列馆"的门匾，用古壮字和汉语两种文字书写（见图4—48）。

一　陈列馆的设计

据黄明标和罗汉田介绍，布洛陀文化陈列馆的设计和建设都很仓促。由于时间紧，任务重，而那县当时没有经验也没能力在短时间内解决场馆设计问题，于是便委托广西壮族自治区博物馆研究员郑超雄设计布洛陀文化陈列馆。为了赶工期，郑超雄的设计方案没有广泛征求有关专家的意见，甚至没有经过那县党政领导班子集体讨论就直接投入建设。对此，那县政府领导之间争议很大，一些人对陈列馆的设计、布局也颇有微词。

图4—48 布洛陀文化陈列馆

关于展示设计的内容，其核心思想是要体现布洛陀本身以及布洛陀的创世之功、布洛陀文化的特色和敢壮山的文化特色，同时还包括其他地区壮族人民的生活特色。建设展馆的目的是"重构壮族历史记忆和悠远灿烂的文明体系"、"弘扬布洛陀精神"、"增强民族团结"：

> 每一个有着久远历史的民族，都有传说中的创世始祖；每一条大江流域，都曾孕育着古老的文明，产生过受人赞颂的人文始祖。壮族是我国人口最多和历史悠久的少数民族，是世代劳动生息在珠江流域的原住民族。历史上，壮族先民创造了灿烂的珠江流域文明，布洛陀是珠江流域原住民族及其后裔敬仰的人文始祖，是壮族及其先民勤劳智慧和文明创造的化身。
>
> 关于始祖布洛陀开天地、造人类、造万物、教取火、立婚制、定伦理、建秩序、造耕牛、种水稻、建房屋的神话传说，穿越了数

千年的历史时空，随着壮民族的不断繁衍发展世代传承下来，形成了以布洛陀庙和布洛陀史诗为载体，以布洛陀神话和布洛陀信仰为核心，以布洛陀祭祀习俗、赞颂布洛陀麽经、敢壮歌圩为表现形式的布洛陀文化体系。

建设布洛陀文化陈列馆，是为了全面展览布洛陀文化的研究成果，展示壮族群众对始祖布洛陀的崇敬和信仰习俗，阐明布洛陀文化的历史地位和重要意义；令现代人科学解读内涵丰富、底蕴厚重的布洛陀文化，重构壮族历史记忆和悠远灿烂的文明体系；让世人了解布洛陀创造的伟绩和广大人民对布洛陀的崇拜情结，继承和弘扬布洛陀的创造精神，增强民族团结，振奋民族精神，促进社会主义和谐社会。

陈列馆的建筑设计充满了浓郁的壮族风情，内厅通过四个部分来全面展现布洛陀文化的内容：第一部分为亘古的记忆——布洛陀文化遗存。第二部分为始祖的福祉——现代壮族与布洛陀。第三部分为传承与传播——布洛陀文化活动纪实。第四部分为走进壮文化——布洛陀文化影视厅：您可在此观看展现布洛陀文化乃至壮文化的专题片，进一步走进壮文化，再现壮族文明恒久的演义。①

二　陈列馆的布展

布洛陀文化陈列馆的布展方案由郑超雄设计，黄明标协助其布展。整个陈列馆主要分为三个展区：

（一）第一展区

从陈列馆左边第一个侧门进去即是第一展区。其《前言》阐述了建立布洛陀文化陈列馆的意义：

> 布洛陀是壮族及其同源民族传说中开天地、造人、造万物的始祖，是壮族及其先民勤劳智慧和文明创造的化身。随着时代的前进，布洛陀神话及其信仰习俗穿越了数千年的历史时空，伴随着壮民族的发展而传承下来。由布洛陀经诗组合而成的壮族创世史诗，

---

① 摘自布洛陀文化陈列馆旁所竖立的宣传牌文字内容。

已被列为国家级非物质文化遗产保护名录。

　　布洛陀是珠江流域原住民族的人文始祖。田阳是布洛陀文化的圣地，敢壮山是布洛陀文化的圣山，祖公祠是布洛陀文化的圣殿。每年农历三月初七至初九日，来自周邻各地的数十万壮族及其他兄弟民族聚集敢壮山，举行隆重的祭拜布洛陀和盛大的歌圩活动，赞颂始祖布洛陀的创世伟业，感怀布洛陀的恩泽，传承和演绎布洛陀文化。

　　举办布洛陀文化展览，旨在全面展示、诠释内涵丰富、底蕴厚重的布洛陀文化，重构壮族历史记忆和悠远灿烂的文明体系，让世人了解布洛陀创造的伟绩和广大民众对布洛陀的崇拜情结，有利于继承和弘扬布洛陀的创造精神，增强民族团结，振奋民族精神，促进社会主义和谐社会和新农村建设。

　　前言之后是"亘古的记忆——布洛陀文化遗存"，从"布洛陀遗迹"、"敢壮山风采"、"麽经文化"这几个方面来体现。遗存和风采利用敢壮山老照片来叙述，麽经文化通过"坡芽歌书"字符展、《麽经布洛陀》书籍模型展以及原生态的布洛陀经诗手写稿来描述。此外，还用浮雕画的方式来讲述布洛陀造人、造火、布洛陀安排秩序等神话传说故事来重构布洛陀创世之功的民族记忆。

　　（二）第二展区

　　第二展区的主题为"始祖的福祉——现代壮族与布洛陀"。这部分主要展现布洛陀命名的村落和现在分布各地的壮族人民的情况。墙壁上悬挂一块木板，以 1：100000 比例描绘"那县旧石器时代遗址分布图"。"现代壮族与布洛陀"的主题则用图片配文字说明的方式讲述，首先是"那宁村全景图"，配图文字为：

　　在敢壮山东南约 1 公里，"宁"在壮语中指"小狗"；"那宁"是养小狗的地方。据传说，布洛陀时代，人口繁衍迅速，小孩越来越多，随处大便，又脏又臭。布洛陀见状，决定安排一种动物吃屎，以消除屎患。恰在此时有人报告：猪和狗在一起耕作时，猪不吭不声，做得很卖力，而狗只叫不做，还在人面前乱讲猪的坏话。

布洛陀听后，便罚狗吃屎，让狗嘴巴臭而羞于启齿。布洛陀又叫人们专门在一个地方养狗。这个地方就是现在的那宁村。由于有了狗，小孩粪便得到及时清除，环境卫生大有改观。

另外一幅展画上介绍了"那贯"、"那瓦"两个村：

那贯，系壮语地名，意为戽水灌溉水田的村子。据传说，布洛陀和米（麽）渌甲在敢壮山上生了很多孩子，长大后，布洛陀就分派其子孙到附近开荒种地，建立村寨，与敢壮山距离最近的那贯村，缺少水源，时常干旱，人们种植水稻时只能用戽斗戽水灌田，大旱时人畜饮水都难以保障。布洛陀看到自己子孙如此艰辛，于是站在敢壮山上朝北一挥手，顿时形成一条小溪，涓涓流入那贯的水田里，人们不忘记布洛陀的造溪化水之功，一直沿用"那贯"村名，以示铭记布洛陀的恩泽。"那瓦村"："那瓦"系壮语，意为种花的村子。据说那瓦村是遵照当年布洛陀的安排，专门种花而得名，并世代相传至今。

第三幅图为"糖旱屯全景图"，只有遍地是甘蔗的村屯的图画没有配文字说明。

第二展区除上述"命名图文"外，还用实物和图片展现壮族在布洛陀时代的生活风貌。实物有风车、石狗、纺车、犁头、榨油机、鱼篓、簸箕、石槽、犁田的耙；图片有描述那县以外其他地区的壮族人生活民居——干栏建筑、民间舞狮、民间扁担舞、云南文山的壮族姑娘、黑衣壮壮族姑娘等。

（三）第三展区

第三展区在祭祀广场左边的陈列馆内。主题为"传承与传播——布洛陀文化活动纪实"。在这一展区内主要是图片展。其中第一幅图文相配的挂画上写道：

很早以前，敢壮山上布洛陀庙已经存在，当地民众一直信仰和祭拜布洛陀，《麽经布洛陀》很早就在壮族民间传唱，但一直未引起学者们的注意。2002 年 6 月，广西著名词作家古笛等一批专家学者前来敢壮山祖公庙考察，认定布洛陀是壮族始祖，敢壮山是布洛陀文化圣地，田阳是布洛陀文化的发祥地。对这一重大发现，先后有 100 多家报纸、电台、电视台和新华网、人民网、新桂网、搜狐网、新浪网等互联网先后进行了大量报道，引起了海内外各界的极大关注。联合国教科文组织、中国社会科学院、中央民族大学、广西社会科学院、广西民族大学、广西文联、广西壮学学会、南京博物馆、民主建国会等 10 多个机构的民族学、人类学、考古学、民俗学、历史学、宗教学、民间文学的专家学者纷纷前来考察，一时间布洛陀文化成为学术界考察与研究的热点，取得一系列的研究成果。

图片上的文字表明：（1）布洛陀庙古已有之，麽经也长存于民间土壤，只是一直没能引起学界的注意而已；（2）古笛之后，通过媒体的推波助澜，布洛陀文化成为学术研究的热点。

在这部分的展区内，是以图片展现布洛陀文化"发现"的过程和布洛陀文化"田野考察"、"论证"的过程。图片上涉及的人物有梁庭望、罗汉田、古笛、覃彩銮等，这些人物都是与布洛陀的发现紧密相连的。此外，还有敢壮山壮民族始祖布洛陀文化遗址项目建设情况；百色市敢壮山布洛陀民俗文化旅游节举办概况；万民祭拜人文始祖布洛陀盛况以及多方媒体聚焦敢壮山盛况等主题的图片。其中有一张图片为"中国社会科学院民族文学研究所敢壮山布洛陀文化田野研究基地"。

布洛陀文化陈列馆的第四展区，至今仍未建成。但据那县政府官员讲，布洛陀文化陈列馆已经请罗汉田重新构思了布展方案，并且方案已经经过县、市、区的相关专家论证，择日将投入实施。笔者随后电话访谈了罗汉田，其亲口证实了此事。因此，布洛陀文化陈列馆正面临着一次重构，不久将是一副新的面貌。

敢壮山的布洛陀文化陈列馆不是一般意义上的文化场馆，它是布洛陀文化制造的有机组成部分。陈列馆的展示以碎片化的布洛陀历史记忆衬托着布洛陀祭祀空间的神圣，表达着圣俗二元的区隔与互映。

第三节　布洛陀祭典

2003 年以来，那县每年农历三月初七至初八都举行布洛陀祭祀大典。这一仪式现已成为敢壮山祭祀布洛陀的"规定动作"，形成了一套由壮族文化传统所规定的、具有表演性和象征性的行为方式。整个祭祀大典仪式所体现出的壮族神话、布洛陀信仰、壮族民俗等文化元素，不仅存在浸融于现实的政治空间之中，而且揭示出仪式运作的心智逻辑，更有政治权力在其中运作。祭祀仪典构筑了一个政府与民间、神灵与信众交互影响的关系网络与圣俗共存的世界。

一　朝拜队伍

那县自 2003 年以来，每年参加布洛陀祭祀大典仪式的朝拜队伍都是由政府统一组织的。一个有上十万人参与的仪式，如果没有政府部门的有效组织和民间组织的共同参与，恐怕很难顺利进行。这也应该是那县地方政府介入的一个重要原因。为了祭祀仪式顺利进行，政府不仅要组织安排好朝拜队伍等一切事宜，还要安排公安、武警等人员到场维持秩序。对照那县历届布洛陀祭祀大典仪式的策划方案的解读，不难发现朝拜队伍的选择、参与朝拜人员的服装、祭品的种类，甚至装放祭品的容器都有统一的规定。

（一）人员组成

从 2003 年开始，每年的农历三月初七到初八都会举行布洛陀祭祀仪式，朝拜队伍的组成大体不变，一部分朝拜人员由政府指定，另一部分朝拜队伍来自民间。从 2003 年到 2011 年，民间朝拜队由布洛陀文化研究会会长黄明标负责。据黄明标介绍，民间参与朝拜的队伍组织程序为：政府颁发文件—民间组织报名—组委会筛选确定参与的队伍—被选定的朝拜队组织人员及祭品。如《2003 年那县敢壮山布洛陀歌圩活动工作方案》对此就有明确要求：

　　……方案落实后，于本月十日发通知至各乡镇，部署工作任务：

1. 要求各乡镇相应成立筹备工作小组，落实领导及具体工作人员名单；

2. 拟于本月十七日召开各乡镇长会议，汇报各乡镇筹备工作计划，落实歌手、民间艺人名单、人数。本月二十二日召开各队民间艺人培训会。春节后，本筹备组人员加强检查、辅导。筹备组深入各乡镇检查歌手准备情况。三月初六举行纪念活动彩排。

每年的布洛陀祭祀大典都有工作方案，那县政府均下发了相关文件。民间艺人的表演、朝拜队的组织安排都由乡一级政府或相关的工作组负责，一切"按惯例"行事。如《2010 年百色市布洛陀民俗文化旅游节筹备工作方案》规定"民间祭祀活动组"的人员组成及职责如下：

组　　长：黄慧翔　县政协副主席
副组长：韦　晓　县人民政府办公室主任
　　　　黄明标　县布洛陀文化研究会会长
成　　员：石　远　县委办公室副主任
　　　　蔡　梅　县人民政府办公室副主任
　　　　罗朝贡　县人民政府办公室副主任、县机关事务局局长
　　　　罗朝快　县旅游局局长
　　　　农杉田　县政协经济科技教育工委主任
　　　　黄　毅　县民族局局长
　　　　韦庭先　县百育镇人民政府镇长
　　　　梁政辅　县布洛陀文化研究会副会长

其他成员从县委办、县府办、县政协办、旅游局、机关局、百育镇、县布洛陀文化研究会抽调。

主要工作任务：负责组织、策划、实施布洛陀祭祀典礼活动，制订民间祭祀活动组工作方案；做好筹委会临时交办的工作。

2003 年参加祭祀朝拜队的村屯有"那务、那宁、那骂、那贯、那笔、那化、塘布、塘喊（鹅）、那大（背褛）、亭怀（牛）、那厚（谷

子）等屯，并提供鸭、狗、猪、布匹、背褡、黑裤、戽桶、稻谷、牛头等道具，进行表演"①。

2011 年参加朝拜队的有"陇升麽经队、坡洪、巴别、洞靖、五村、那坡、那满、玉凤；百育峒忙、那戈、埌干、绿海；头塘治使；百育新街、那笔；田州那塘、三雷；百育百灵、田州度立、百育树标、头塘白果、田州

图 4—49   朝拜队伍

镇秫马、中山社区、墙红；百育那贯、七联那塘；田州平街、百育白鸾、田州东江、中山新街、百育百昌、田州凤凰、郎江、百育埌邦、头埌、那骂"②（见图 4—49）。

为了弄清朝拜队的组织是民间行为还是官方行为，2011 年农历二月十九日，笔者在敢壮山下的那贯屯访谈了农民周仕壮（简称 Z）：

> L：周大哥，从 2003 年开始的祭祀活动是你们屯自己自发组织去的，还是政府组织的？
> Z：是政府组织的，从一开始就是。最开始政府派人下来宣传做工作，现在基本上都是我们屯的组长组织了。

显然，布洛陀仪式的组织与安排都是在政府主导下进行的，并非民间自发而为。参加仪式的朝拜队也并非"见者有份"，至少要经过乡镇一级政府的审定，因为每年能参与仪式的只能是部分村屯的部分群众。2011 年祭祀大典期间，笔者曾就此问题访谈过黄明标，据他说：

> 每年报名的参加朝拜队的村屯很多，但不可能报过名的村屯都能参加。今年有 46 个村屯参加，仪式大概要延后到下午一两点呢，

---

① 参见那县 2003 年敢壮山布洛陀歌圩活动工作方案。
② 参见那县 2011 年始祖布洛陀祭祀大典方案。

明年得控制数目。

(二) 服装

关于参与祭祀大典的人员的服装，那县政府自 2003 年开始就有明确要求：

1. 百名道人统一服装，演出结束后服装归个人使用。

2. 初八参加歌圩的各路歌手要达到 200 个队以上，要求每个乡镇有 10 个队 100 人以上，其中百育每个村都要有歌队参加，所有歌手按不同歌种着不同服装，服装式样由大会统一安排。①

那县政府按照参加仪式人员的身份和角色，对统一服装问题提出了相应的要求。如官方代表出席的服装、仪式主持人和祭文宣读者的服装，以及仪仗队、唢呐队、牛角队、麽公队和各村屯参加仪式的朝拜队的服装等，都有明确要求（见图 4—50、图 4—51）。

图 4—50　道婆服装　　　　图 4—51　百育镇朝拜队服装

2011 年祭祀大典期间，笔者访谈了那县田州镇东江村牛角队号手梁尚平（男，壮族，1953 年 12 月出生）：

L：您这服装是自己买的还是政府出钱做的？

① 参见那县 2003 年敢壮山布洛陀歌圩活动工作方案。

LSP（即梁尚平）：不是自己买的。是县博物馆统一准备给我们牛角队的。只有每年的旅游节期间穿一下，旅游节结束后可以自己拿着。

L：服装有什么特别之处吗？

LSP：服装的样式都是博物馆定的。应该是壮族最古老的服装样式吧。做衣服的布都是土布，越土越好！你看，我的鞋是草鞋，我们牛角队的鞋子都是草鞋，大概是为了显示出很古老的样子吧。

L：其他人如麽公队的服装也是政府出钱统一做的？

LSP：应该是。每年都是统一的。都是政府出钱搞的。

结合访谈内容，再对照历年祭祀大典的资料图片，牛角队、麽公队、各村屯的朝拜队的服装都有自己的风格样式，虽然每年会有所变动，但团体内部的服装均整齐划一，或多或少都体现出壮民族某些元素。

二　祭品

祭品是祭祀仪式上不可或缺的部分，供献祭品是为了取悦神灵，以获得神灵的护佑。仪式中的祭品，无论是动物类、植物类还是人工制品类，都是人们根据自身的认知体系对它们进行分类，赋予它们一定的象征意义。通过这些祭品，人们表达了对自己所生活的世界的理解（见图4—52）。仪式中祭品的献祭过程也是民众在神圣场域中的展演过程，祭品的准备、呈现以及围绕其所产生的一系列活动，都有其内在的象征意义。关于布洛陀仪式中的祭品问题，笔者曾访谈壮学专家梁庭望教授（简称LTW）：

图4—52　祭品

　　L：梁老师，昨天（4月10日）的祭祀大典上我看见每个朝拜队都拿来丰厚的朝拜祭祀物品，对于祭祀布洛陀祖公的祭品有没有讲究？

　　LTW：有，当然有的。我们壮族人的供品主要是自己种出来的物品，以稻米或以稻米派生物来充当，其中以五色糯饭为最尊贵的祭品，其次是鸡、鸭、猪。用鸡、鸭、猪为祭品是由于壮民族长期生活的环境所形成的生活品位所决定的，我们壮族人不会把羊、马、牛作为供品是因为我们壮族人认为这些动物不够作为祭品的品位，这些动物都是食草动物。我们用作祭品的肉类必须要是以大米为食的动物才行。

梁庭望所说与笔者2011年农历腊月二十八在那了屯访谈黄婆婆（简称H）时了解到的关于祭祀大典上供品的信息相符：

　　L：婆婆，每年旅游节的时候你们都会拿些什么东西去祭拜祖公呢？

　　H：每年拿的东西都是差不多的呢。鸡、鸭、猪，还有纸钱呀、香之类的，这几年我们还会再放上些苹果、饼干、糖果，我见别的屯还有白菜、萝卜的哟。

　　L：有没有人拿羊或者是马肉来祭祀祖公呢？

　　H：没有。从来没有。我们去敬祖公从来就不拿这些东西去。清明节拜山我们都不拿这些。

　　L：为什么不拿这些东西去祭？

　　H：这个我不知道，也没有听人说起过，从古到今一直都这样呢，没有理由，老辈子传下来的。

笔者在2011年敢壮山布洛陀祭祀大典上所见到的祭品与梁庭望和黄婆婆的说法一致。据笔者了解，猪、鸡和糯米这三种祭品，在壮族日常生活里既是食物，又是用于交换的礼物；在仪式生活里，这些祭品，是作为再现过去和联结祖先关系的重要物质符号。因此，这些祭品作为物，跨越了世俗和神圣的界线，将仪式特化的神圣情境与世俗生活所需联结在一起。它们不是"沉默的"、随意的设置，而是在仪式中展示社会价值的一个重要途径。这些祭品能够体现出壮族人民通过布洛陀祭祀仪式建构社会关系的结构和对待各种社会关系的不同态度，使仪式成为强调或表达当地社会意识形态的工具。

祭品是供奉祖公的神圣之物，盛装祭品的供盒自然不能随意而为。据那贯屯农民周仕壮（简称Z）说，政府对装祭品的祭品盒也有明确的规定（见图4—53至图4—55）。

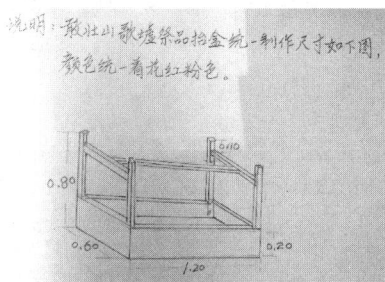

图4—53　祭品盒制作要求示意图　　图4—54　按照规定制作的祭品盒

L：政府组织你们参加祭祀仪式要求你们准备祭品吗？

Z：有要求的，没组织时我们也会拿些鸡、鸭、纸钱在每年农历的二月十八、十九、三月初七到初九这些日子里去拜一拜的呢。

L：政府对装祭品的盒子有些什么要求？

Z：有。每个屯用来装供品的盒子都有要求的。

L：能说说供品盒是什么样子？

Z：可以，没问题。（犹豫片刻后）我不好说，来来来，把你的纸和笔借用一下我给你画。

周仕壮所画的祭品盒草图和笔者后来在那县2003年歌圩活动方案中发现的关于祭品盒要求的示意图大致相同，规定祭品盒长120厘米，宽60厘米，高80厘米，四周的半截挡板高20厘米，顶端三根"工"字形横杆距顶部10厘米，颜色统一着花红粉色。但是，笔者发现还是

有个别村屯并没有完全按照这一要求来做，主要区别是祭品盒上部采用
的三角形支架，因为他们
认为这样更为稳固，更便
于两人抬着行走。

三 布洛陀祭祀仪式

当代敢壮山布洛陀祭
祀仪式的变迁大致可以分
为三个阶段，一是2003—
2004年由民间组织主持的

图4—55 村屯"改制"的祭品盒

民间祭祀仪式，二是2005—2010年由学界专家和离退休领导干部主持
的"半官方"的公祭仪式，三是2011年的官方公祭仪式。

（一）民间祭祀

2003年、2004年这两年的布洛陀祭祀仪式举行时还没有祖公屋和
布洛陀神像，祭祀场地也是临时搭建的，祭拜对象为布洛陀神位。只是
在农历三月初七下午三点至五点举行接神位下山仪式，把牌位接下山，
安放在祭祀广场上临时搭建的神台之上。接神位下山仪式结束后自由朝
拜。三月初八的祭祀仪式从上午十点开始，中午十二点结束。参与祭祀
仪式的麽公艺人、彩旗仪仗队、唢呐队、牛角号手、铜鼓队、民间文艺
节目表演队等须由政府统一组织、统一排练、统一着装。

笔者曾于2010年8月和2011年1月两次访谈2003—2004年布洛
陀祭祀仪式的主持人黄达佳（简称H）：

L：我听那贯屯的村民说您以前就很会做麽，还和您带的一班
麽公主持了2003年和2004年的布洛陀祭祀仪式，您能说一说当时
的情况吗？

H：我七八岁开始就随我父亲走乡串户，因为我父亲眼睛看不
见，我得扶他走路。父亲做法事的时候我就在旁边看着，时间长了
自己也就学会很多本领。我是在1986年开始受戒的，正式成为麽
公。之后我经常出门为人做麽，每次出门做麽的时候我家老婆子都
会在家烧一炷香，而且她不许梳头。原来政策不允许，做麽都是偷

偷摸摸的，但每年来时会有两次大麽，春季有一次，就是农历三月初七八九，秋季有一次，秋祭，一般是从农历的九月二十七到十一月，秋季很隆重，每个村屯都得做，程序也比较复杂。2003年开始政府组织在敢壮山搞布洛陀祭祀仪式，他们都请我去，我知道他们请我一是因为我做麽的时间长技术高，懂的事情也多些，二来我和下面的麽公关系很熟，刚开始几年，每年我都到村子里面去教他们，教他们具体怎么做，怎么唱法。旅游节前夕，每天晚上都要去教他们做麽仪式。但是，从2005年开始，敢壮山的布洛陀祭祀仪式改了方式，由原来我们那一套做法改成了像炎帝黄帝那样的公祭仪式了，他们也不再要我搞，主祭人换成黄明标了。

L：那您能谈谈2003—2004年的祭祀仪式的过程吗？

H：我主持的几届仪式还是比较地道的。参加仪式的有玉女、唢呐手、舞狮队、长老还有一些民间的老艺人。仪式开始先击三鼓，叫开堂鼓，边击鼓边念：第一铜鼓之声惊动上下三界；第二铜鼓之声惊动山上祖公；第三铜鼓之声保壮族子女平平安安福福禄禄。击完三鼓后就是念开堂经，请布洛陀和姆六甲的牌位，接着长老上香。长老上香完毕就鸣放礼炮舞龙舞狮。舞龙舞狮结束后就是来参加仪式的朝拜队到牌位上香，每个上香的朝拜队都由麽公带领。代表队上香完毕整个祭祀仪式结束。

2003—2004年的布洛陀祭祀仪式较为简单，是一个典型的"民间祭祀仪式"。虽然那县政府有关部门也做了许多组织、准备工作，但是官方人士特别是在职的领导干部并未出席祭祀仪式。《右江日报》的新闻报道也只是说：

> 2003年4月9日，市领导马飚、黄远征、梁炳巨、周炳群、石卫武、黄志伟、刘侃、高云龙等参加了敢壮山歌圩活动，并就敢壮山风景区的总体规划及主体建筑的建设等问题与有关专家进行了讨论。①

---

① 许忠壮：《2003年田阳敢壮山歌圩盛况空前》，《右江日报》2003年4月10日第1版。

尽管 2003—2004 年的祭祀仪式都没有政府官员参与，但是如果没有政府的有效组织，根本不可能形成相当规模的"民间集体祭祀"，而只能是以往的"民间个人祭祀"，也无法形成良好的社会效应。在某种意义上，2003 年和 2004 年的民间祭祀扩大了布洛陀在壮族群众中的影响，唤醒了壮族民众关于祖先的记忆和寻根热情，为以后的祭祀仪式奠定了群众基础。

（二）"半官方"的公祭

2005 年，那县的布洛陀祭祀活动策划工作得到了广西壮学学会和区内外壮学学者的支持，由民间祭祀转变为"半官方"的公祭，许多在职或离退休干部参加了祭祀活动。那县人大常委会原副主任黄明标替换了前两次仪式的主持人黄达佳，主持仪式。自治区原副主席、广西壮学学会名誉会长张声震和自治区政协百色地区工委原副主任黄健衡出席祭祀仪式并分别用壮语和汉语宣读祭文。值得注意的是，西藏自治区原党委书记、国家民委副主任伍精华也参加了祭祀仪式，并亲自上香。

2005 年的布洛陀祭祀仪式于农历三月初八上午 9 点半到 11 点举行，祭祀程序如下：

一、开堂

1. 开堂鼓　主持人上场，宣布击鼓开堂，鼓手重重地擂响第一声大鼓，并念："击第一鼓，惊动雷王、人间、水神、三界三大王；击第二鼓，惊动到天上、地下、水里、四面八方；击第三鼓，惊动壮乡男人女人、老人小孩成群结队来朝拜布洛陀、朝拜姆六甲"。

2. 鸣牛角号，12 只牛角号代表壮族 12 族，同时吹响。

3. 升祖公旗。

4. 揭幕。梁庭望、戴光禄在牛角号中揭开神像房的红帘幕，露出始祖像。

二、开祭

1. 击鼓。

2. 奏乐。

3. 献祭进香。

4. 鸣炮。

三、致祭词

1. 读祭文。由张声震、黄健衡两人分别用壮语、汉语宣读祭文。

2. 三鞠躬。

3. 放鞭炮、舞狮舞龙。

四、各村献祭品、进香

五、女艺人表演《十拜布洛陀》

六、万人进香（群众自由进香）

（仪式结束）①

2005年祭祀仪式与前两年的最大的不同是增加了"致祭词"，这使得祭祀仪式具有更多"公祭"仪式的因素。除此之外，2005年较前两年的祭祀仪式，程序上更加复杂，不仅增加了揭幕而且还有升祖公旗议程。此后，随着那县政府组织祭祀活动的工作经验的积累，祭祀内容也日益丰富，逐渐形成相对固定的祭祀议程。如2010年的布洛陀祭祀仪式：

参加祭祀单位：那县10个乡镇及部分村屯、县直各单位；全市11个县（区）；东兰、巴马、武鸣、马山、云南省文山州、广南县、富宁县；贵州省荔波县；广东连山壮族自治县；参加旅游节的所有贵宾、文体活动演出人员、运动员、工作人员；全场游客。

一、时间和地点

时间：2010年4月21日，庚寅年三月初八上午9∶38—12∶00

地点：敢壮山朝拜广场

二、入场游行

游行出发地点：敢壮山景区大门广场；终点：朝拜广场。

参加人员：所有参加祭祀大典的祭祀队，以及仪仗队、老艺人、唢呐手、牛角号手、铜鼓队、师公唱经队、舞狮舞龙队等。

时间：4月21日上午8∶20以前，上述人员在大门广场集结完

---

① 参见《2005年敢壮山布洛陀始祖像安放仪式及上山入位仪式》。

毕，8：38 开始举行入场仪式，从广场中路直接向朝拜广场出发。中路两侧分别立着 100 面五色牙旗和 100 名布洛陀卫士。

图 4—56　牛角号手

（一）游行队伍顺序

3 名开路先锋举着大砍刀，在前面开路；

30 名牛角号手身穿壮族服装，披蓑衣，脚穿草鞋，头戴笠帽（见图 4—56）；

祖公旗护旗手 4 人，在四个角分别抬着祖公旗游行；

布洛陀卫士护旗方队 36 人，跟进祖公旗；

壮族十二图腾旗 12 面；

五色牙旗仪仗队 100 人；

供品队 6 人；

民间老艺人 21 人；

师公队 60 人，师公鼓 20 面；

铜鼓队 32 人，铜鼓 8 面；

唢呐队 20 人；

舞龙舞狮队；

云南文山州广南县、富宁县代表队抬着坡芽歌书（模型）参加游行；

贵州省荔波县；

广东连山壮族自治县；

东兰、巴马；

武鸣、马山县；

百色市各县（区）；

那县百育、那坡、坡洪、洞靖、巴别、五村、那满、玉凤、头塘、田州；

三雷、东江、百育、头塘等部分村祭祀队；

（各地参加祭祀活动的单位均要携带其特色祭品前来供奉始祖）

（二）入场就位

游行队伍进入祭祀大典会场后，均按指定的位置分别就位（见图4—57）。

3名开路先锋继续引领祖公旗手直接走向朝拜房后的旗台，祖公旗后跟着12名卫士，其余24名卫士分别在朝拜台口及两侧站立；100面五色牙旗分别在大香炉前两边，呈八字形执旗站队；牛角号手在大香炉前两边，呈八字形做好鸣号升旗

图4—57　等待中的朝拜队伍

准备；八面铜鼓在朝拜台东台上架挂好，做好击鼓准备。如东兰铜鼓队来，则在台口东西两侧上架挂好；其余队伍按指定位置在朝拜队站队区站好。

三、祭祀仪式

（一）击鼓开堂

8面（或28面）铜鼓同步击鼓，形成一个声音，共三击鼓，每次三击。每击一次鼓后，主持人分别用壮语、汉语念击鼓经，三击念三段。

（二）吹牛号角，升祖公旗

祖公旗杆上首先固定挂好12图腾旗，举行升旗仪式时，祖公旗在牛角号声中升起，升到顶时，牛角号同时停。

（三）揭幕

请参加祭祀大典的自治区或市领导二人，为祖公像揭幕（名单待定）；

（四）鸣炮

（1）鸣礼炮12响。布洛陀有12兄弟，所以鸣12响礼炮。礼炮向空中发射，由天运时行壮学文化传承发展有限公司组织实施。

（2）鸣万头炮，唢呐、锣鼓齐鸣，舞龙舞狮（8分钟）。

（五）进头香

（1）由参加祭祀活动的级别最高的5名领导进大香；

（2）广西天运时行壮学文化传承发展有限公司董事长张前进大香，总经理李伟宁等2人进大蜡烛。

（3）长老代表3人。由那贯莫本昇，田州街罗美金等3人进香；

（4）进供品。此项进供品为本民族代表供品，有牛头1个，烧猪1头，酒1坛，鸡1只，五色糯饭1盆，果品若干。

（六）宣读祭文

由市、县现任壮族领导各1名，分别用壮语、汉语宣读。

（七）广西天运时行壮学文化传承发展有限公司董事长张前致祭词

（八）师公唱经队唱诵开祭经

人数60人，男性，师公鼓20面，用壮语唱诵。

（九）跳朝拜舞

由那县布洛陀文化民间艺术团演出，人数24人，用铜鼓伴奏，舞姿为蚂拐舞。

（十）各地朝拜队敬献供品

（1）云南文山、富宁、广南县。其中，富宁县抬着新发现的壮族最古老的文字模型《坡芽歌书》，唱富宁朝拜山歌进供品。

（2）广东连山壮族自治县，贵州省荔波县布依族进供品。

（3）东兰、巴马、武鸣、马山进供品。

（4）百色市内各县进供品。

（5）本县各乡镇、村屯进供品。

进供品时，外省外县可以进香、唱朝拜歌，但必须在5分钟内完成。本县各乡镇、屯村只进供品，每队可有3名代表上香。

（十一）万人进香

（1）全场用壮语合唱《敬酒布洛陀》；

（2）全场人员向壮族始祖布洛陀三鞠躬；

（3）全场人员人手三炷香，按指挥组安排的顺序，依次走上朝拜台进香。

（十二）祭祀活动结束①

所谓"半官方"的公祭，主要特点有：第一，祭祀仪式主持人的变更，由刚退休的那县人大常委会原副主任黄明标替换了麽公黄达佳；第二，广西壮学学会及区内其他壮学专家的介入，为祭祀仪式进行了从形式到内容的全方位的策划，而且这些专家大都是广西高校或科研机构的现任领导；第三，自治区原副主席、广西壮学学会名誉会长张声震等一批离退休老领导老干部参加祭祀仪式；第四，那县部分在职县领导出席祭祀仪式；第五，西藏自治区原党委书记、国家民委副主任伍精华也出席祭祀仪式，并亲自上香。之所以称之为"半官方"的公祭仪式，主要是因为祭祀仪式的主持人和参加祭祀的领导干部基本上都是离退休人员，虽然国家民委副主任伍精华的出席代表了国家民委对布洛陀祭祀活动的支持，但广西地方政府仅有那县几位现任的县级领导出席还不足以证明自治区高层领导对布洛陀祭祀活动的认可。即便是现任自治区主席马飚（那县人），虽然在其担任百色市委书记期间曾经关心和支持过敢壮山布洛陀的有关工作，但是媒体报道他也仅仅是在2003年参加了敢壮山歌圩活动，此后也没有他参加布洛陀文化旅游节特别是祭祀仪式的报道。因此，2005—2010年的敢壮山布洛陀祭祀仪式仍是一种"犹抱琵琶半遮面"式的"半官方"的公祭。

（三）官方公祭

2011年4月9—11日，由百色市人民政府、广西壮学学会主办，中共那县县委、县人民政府承办的2011年百色市布洛陀民俗文化旅游节在那县敢壮山布洛陀文化遗址景区隆重举行。广西壮族自治区副主席李康（女，壮族）出席仪式，并宣布2011年百色市布洛陀民俗文化旅游节开幕（见图4—58）。广西百色市委书记、市人大常委会主任刘正东和那县县委书记韦晓东分别致辞。这是自2003年以来，那县、百色市和广西壮族自治区三级现任在职主要领导同时出席布洛陀文化旅游

① 以上资料来自于2010年布洛陀祭祀大典方案。

节，在某种意义上正式向社会宣告了广西地方高层对敢壮山布洛陀文化遗址和布洛陀祭祀活动的认同。因此，2011 年百色市布洛陀民俗文化旅游节的重头戏——布洛陀祭祀大典实质上是第一次正式的"官方公祭"。

笔者作为嘉宾目睹了来自泰国等东南亚国家及国内的云南、广东、贵州、广西四省（区）1 万多名群众参加祭祀仪式，祭祀大典盛况空前。2011 年布洛陀祭祀仪式主要如下：

图4—58 自治区副主席李康宣布开幕

1. 入场

上午 8：00 参加祭祀的朝拜队、仪仗队、麽公艺人、唢呐手、牛角号手、铜鼓队、师公唱经队、舞龙舞狮队等在大门集合。8：10 游行开始。从敢壮山景区大门广场，经过广场中路直接向朝拜广场出发。终点为朝拜广场。

游行队伍的游行顺序为：一名开路先锋穿着羽人纹服装，舞着大砍刀在前面开路；祖公旗护旗手 4 人，在旗的四角分别抬着祖公旗行进；后紧跟 30 名牛角号手，号手们身穿壮族服饰、披蓑衣、脚穿草鞋、头戴斗笠帽；牛角号手后面是布洛陀卫士、护旗手共 36 人；《布洛陀经书》、《麽经布洛陀》模型，布洛陀精神标语牌"开天辟地"、"创造万物"、"伦理道德"、"安排秩序"，《坡芽歌书》模型牌紧跟卫士和护旗手后面；接着是五色旗仪仗队 100 人，供品队 8 人，民间麽公艺人、陇升麽经队、师公队 50 人，师公鼓 20 面，铜鼓队 52 人，唢呐队 20 人，舞龙舞狮队 28 人按顺序前进；紧随的是广西福民食品有限责任公司；再后面的就是各村屯的代表队了，它们分别是：那县的朝拜队，陇升麽经队，坡洪、巴别、洞靖、五村、那坡、那满、玉凤，百育桐忙、那戈、埌干、绿海，头塘治使，百育新街、那笔，田州那塘、三雷，百育百灵、田州度立、百育树标、头塘白果、田州镇秣马、中山社区、墙红、百育那贯、七联那塘，田州平街、百育白鸾，田州东江、中山新街、百育百昌、田州凤凰、郎江、百育埌邦、头埌、那骂。

　　游行队伍到朝拜广场下的平台后兵分两路，一部分继续上到祭坛，一部分留在平台上列队等候朝拜。开路先锋继续引领祖公旗手直接走向朝拜房后的旗台；100 名五色牙旗分别在朝拜房两侧执旗站队，每侧 50 人；36 名卫士分列朝拜台口两侧，每侧 3 人，朝拜房两侧每侧 15 人，站在旗手前；牛角号手在大香炉前两边，呈八字形做好鸣号升旗准备；铜鼓队在朝拜台东台口上架挂好铜鼓，

图 4—59　等待进香的朝拜队伍

做好击鼓准备；其余镇、村屯的朝拜队在朝拜台下等候（见图 4—59）。

　　2. 朝拜仪式

　　（1）击鼓开堂。

　　击开堂鼓时 32 面铜鼓同步击响形成一个声音，共击三次，每次击三声，每击一次鼓主持人用壮语念击鼓经，三击念三段。击鼓经为：

　　　　击第一次鼓，惊动雷王、人间、水神、三界三大王；击第二次鼓，惊动到天上、地下、水里、四面八方；击第三次鼓，惊动壮乡男人女人、老人小孩成群结队来朝拜布洛陀、朝拜姆六甲。

　　（2）吹牛角号，升祖公旗。

　　祖公旗杆上已经固定挂好 12 面图腾旗，祖公旗在牛角号声中升起，旗升到顶时，牛角号同时停。

　　（3）揭幕。

　　百色市人民政府副市长叶乐阳、广西壮学学会会长覃彩銮为祖公像揭幕。

　　（4）鸣炮。

　　鸣礼炮 12 响。壮族有 12 个部落，在麽经布洛陀中称为 12 国，所以鸣炮 12 响。鸣礼炮由广西天运时行壮学文化传承发展有限公司组织；接着鸣万头炮，唢呐、锣鼓齐鸣，舞龙舞狮八分钟左右。

（5）进头香。

进头香包括4项内容：首先由参加祭祀大典的八个同根同源民族最高领导8名、那县领导1名进大香；然后由广西天运时行壮学文化传承发展有限公司总经理李伟宁、副总经理张丹竹点蜡烛；长老代表那贯屯的莫本昇和田州镇的罗美金2位进香；最后是进供品。进供品的是那县布洛陀文化研究会的全体成员，供品有烧猪1头、酒1坛、鸡1只，鱼1尾，五色糯饭1盒，果品若干。

（6）向始祖叩首。

首先主持人宣布全场起立，向始祖布洛陀行三叩首礼，全场同唱《敬酒布洛陀》歌。歌词如下：①

　　（壮语歌词）　（汉语大意）
　　害坛酒厚墨——解腰布得黑米酒
　　特闪酒厚拾——杯子斟糯米酒
　　经忐闪——敬天
　　经忑喃——敬地
　　先经布弄陀——先敬布洛陀
　　学经姆六甲——再敬姆六甲
　　请祖宗齐坐——请祖宗一起
　　齐对哽细气——一起吃（饭菜冒起的热气）烟气
　　布眉酒许哽——有酒给（祖宗）喝的人
　　勒烂得福分——子孙得福分

（7）宣读祭文。

祭文由中国社会科学院副研究员罗汉田（那县人）宣读（见图4—60）。

（8）唱开祭经。

师公唱经队唱诵开祭经，师公人数共50名，师公鼓20面，开祭经用壮语唱。

---

① http://blog.sina.com.cn/s/blog_5dc41d680100pqww.html.

（9）跳朝拜舞。

朝拜舞由布洛陀文化民间艺术团表演。舞蹈的动作造型形似蛙纹图案。

（10）民族器乐合奏"铜鼓朝拜舞"。

民族器乐有：竹琴、石琴、二胡、木吉他等。

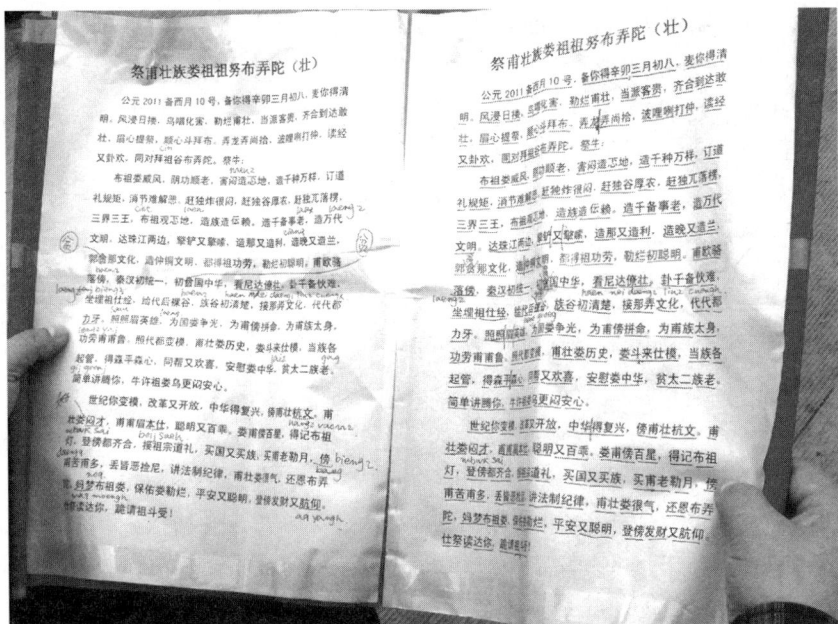

图4—60　祭文

（11）各地朝拜队进香进供品。

进香的顺序为：广西壮学学会、广西《壮学丛书》编委会、广西天运时行壮学文化传承发展有限公司、邕宁县孟连村；云南文山壮族苗族自治州代表进香；广东连山壮族自治县、贵州省荔波县布依族；泰国素攀朋友（泰国朋友没有进香也没有叩首而是采取跪拜的礼仪朝拜布洛陀）；广西福民食品有限责任公司员工；那县各乡镇、村屯的朝拜队（共有46个朝拜队，是祭祀仪式上进香时间最长、人数最多的一个进香团体）。

祭祀仪式进行到第11项中的各镇、村屯朝拜队进香时，仪式的主持人换成了那县布洛陀研究会会长黄明标。

各朝拜祭祀队进香、进供品的程序为：首先在麽公队、唢呐队的引领下，从祭拜台下方的平台到祭台上。引领朝拜队的麽公队由身穿麽公法衣的七个麽公组成。走在最前面的麽公与其他麽公不同之处在于，服装上，在外面加穿了一件法袍，头顶戴一顶羽帽，手持"朝拜布洛陀"木牌。其他麽公则戴布帽，手持乐器或法器（见图4—61）。

图4—61　麽公班子

引路的麽公队也分为两组以备轮换。麽公作为"通神之人"，带领朝拜队到布洛陀神像前，其意是让麽公告诉布洛陀是谁来给他进香上供品了。

朝拜队来到祖公像前，第一步是放好他们带来的祭衣、供品、彩旗等祭祀物品，然后到香炉前给祖公进香。进完香后，朝拜队按预先排练好的方式站好开始唱献给布洛陀的歌。

（12）万人进香。

仪式最后一个环节是万人进香。所谓万人进香，实际上就是那些在祭祀台场外的当地群众前来祭拜布洛陀。这时仪式的主持人已经撤离，由群众自发组织在上祭祀台口搭建一个相当于门一样的关口，群众进香需在这个门外排队等候，依次上祭祀台的大香炉和布洛陀神像前进香祭拜。

万人进香仪式时，先前的主持人已退场，民众自由进香叩头。因人数众多，挤不进大香炉前的人也会在人群后把香扔进香炉，此时的大香炉变成了名副其实的"大火炉"，偶尔会出现熊熊大火的景象。

在山下祖公屋布洛陀神像前祭拜完毕后，人们一般都会上山到将军洞、姆娘岩、祖公祠进香叩拜。拜毕会沿着另一条山路下山，有的或者留在山上三五成群地对歌欢娱，有的则下山参加其他的活动。

综上所述，2011年的布洛陀祭祀大典的祭祀队伍按照开路先锋、牛角号手、祖公旗护旗手、布洛陀卫士护旗队、五色牙旗仪仗队、供品队、民间麽公艺人、唢呐队、舞龙舞狮队、泰国朝拜队以及来自那县田

州镇、百育镇、头塘镇的 46 支朝拜队有序地按照祭祀活动安排入场，
场面盛大热闹。祭祀大典正式开始后，整个活动有击鼓开堂、吹牛角
号、升祖公旗、鸣炮、舞龙舞狮、进高香、主祭进香、向始祖三鞠躬、
全场唱《敬酒布洛陀》、宣读祭文、麽公唱经队用壮语唱诵开祭经、铜
鼓伴奏朝拜舞、各地朝拜队进香进供品、万人进香等。参加祭祀活动的
队伍，带着丰富的祭品、穿着民族服装、唱着祭歌，上供朝拜祖公时严
肃而虔诚，祈求在新的一年里平安幸福、五谷丰登。

　　2012 年的布洛陀祭祀大典，笔者虽因故未能参加，但从媒体报道
的信息来看这次布洛陀祭祀大典依旧是"官方公祭"：

　　　　壮乡红城逢盛世，敢壮圣地歌飞扬。3 月 28 日上午，由百色
　　市人民政府、广西壮学学会主办，中共那县县委、那县人民政府承
　　办的 2012 年百色市布洛陀民俗文化旅游节在那县敢壮山布洛陀文
　　化遗址景区隆重开幕。

　　　　全国人大常委会委员、全国人大民族委员会副主任委员陆兵，
　　自治区政协副主席苏道俨出席开幕式。市长谢泽宇在开幕式上致
　　辞。市政协主席周炳群，市人大常委会副主任黄志伟及各界嘉宾出
　　席了开幕式。市委常委、宣传部部长、副市长范力主持开幕式。

　　　　谢泽宇在致辞时说，敢壮山是珠江流域原住民族人文始祖布洛
　　陀的故里，是布洛陀文化的发祥地，是探索珠江流域文明起源的重
　　要园地。敢壮山歌圩是广西乃至全国最古老、规模最大的歌圩，它
　　以其特有的民俗文化现象而自成体系，经久不衰。布洛陀文化是中
　　国国家级非物质文化遗产，是壮民族共同的精神遗产，是中华民族
　　大家园的精神奇葩，并对东南亚的一些国家有着深远的影响。

　　　　谢泽宇指出，弘扬布洛陀文化是壮乡儿女的共同责任。百色市
　　布洛陀民俗文化旅游节是壮民族一年一度的盛事，举办这样的节
　　庆，目的是进一步弘扬中华民族的优秀文化，提高民族的凝聚力，
　　扩大锦绣壮乡与国内外文化旅游交流与合作，增进壮乡人民与各
　　地、各国朋友的友谊，促进地方民族区域经济社会的跨越式发展。

　　　　据悉，本届百色市布洛陀民俗文化旅游节以开放、文明、合
　　作、发展为主题，以保护、传承和弘扬布洛陀民俗文化为宗旨，以

挖掘和展示布洛陀民俗文化为主要内容,通过开展民俗文化活动和旅游开发推介及经贸合作交流,形成集民俗、旅游、经贸为一体的文化旅游活动氛围,推进百色文化大发展大繁荣。旅游节将延续至3月30日,预计到场的国内外游客将超过30万人次。①

2012年从那县本地到百色市、自治区,乃至全国人大都有相关领导参加,而且媒体不仅报道祭祀大典盛况,还将各级领导进高香的照片在网站上公开(见图4—62)。而2011年媒体还只报道说:"李康副主席宣布2011年百色市布洛陀文化旅游节开幕",并未报道各级领导是否参与祭祀大典。由于新闻媒体特别是广西地方党报及官方网站不再回避报道各级现任

图4—62　2012年祭祀大典领导进高香

领导干部参与祭祀仪式的消息,因而2012年的布洛陀祭祀大典较之2011年更具有"官方公祭"的意味。

第四节　祭文解读

祭文是在祭祀仪式过程中使用的祝祷性文字,亦称"祝文"、"祝词","载其所以祀之之意"。② 祭文可以分为公祭文(这类祭文属于国家祭祀范畴)和民间团体或社区公祭活动中的祭文,以及为纯私人祭祀活动而撰写的私祭文。那县布洛陀祭祀大典中的布洛陀祭文应属于民

①　岑平和:《2012年百色市布洛陀民俗文化旅游节开幕》,《右江日报》2012年3月29日第1版。

②　徐师曾:《文章辨体序说》,人民文学出版社1962年版,第54页。

间团体、社区公祭活动中所采用的祭文。布洛陀公祭仪式是当代布洛陀文化重构的重要组成部分，从 2005 年以来至今，布洛陀祭祀大典就一直是布洛陀文化旅游节的重头戏，也是吸引广大群众从四面八方前往敢壮山朝圣的主要因素。

宣读祭文为整个公祭仪式不可或缺的环节，祭文本身包含着丰富的文化内涵，是理解布洛陀文化重构的重要资料来源。笔者曾就壮族传统祭祀有无祭文一事访谈了罗汉田（简称 LHT）：

L：罗老师，壮族在祭祀时有祭文吗？

LHT：在我的印象中没有。

L：壮族在祭祀过程中有类似于祭文的其他形式吗？

LHT：壮族在祭祀的过程中通常都是唱祭祀歌的，像民间麼公在为亡者做法事（类似于汉族的祭祀仪式）时都是唱布洛陀经诗中的超度亡灵的经诗内容。还有道公在做祭祀仪式的时候也是念的道公经。我想他们念的这个经文就类似于祭文吧。

笔者访谈过的另一位壮族学者韦苏文[①]也持类似的观点，他认为：

壮族本身没有祭文一说，壮族人在祭祀的时候要不由麼公或者道公诵读经文，要不就是唱经文，总之就是没有祭文一说，现在壮族人在重大的祭祀场合也有祭文出现，是由师公诵读，不过这种祭文不怎么规范，是经文与祭文相结合的形式，念祭文怀念死者的功绩，再念经文希望死者在那边安生保佑黎民百姓。

根据以上两位壮族学者的观点，原来在壮族祭祀仪式中并没有专门的祭文，新近出现的也是和道公经、麼经相伴出现的，还称不上严格意义上的祭文。因此，布洛陀祭祀大典中的祭文属于壮族同胞在当代语境下的文化重构。

从 2003 年起，那县每年农历三月初八日都会在敢壮山下举行布洛

---

① 韦苏文，壮族，广西壮族自治区文联副主席。

陀祭祀仪式，从 2005 年开始，祭祀仪式增加宣读祭文一项议程。据那县政府官员介绍，用于祭祀的祭文由张声震撰写，采用的是壮族的古壮文字，每年宣读的祭文主体部分未变，只是祭祀时间有所改变。现将祭文摘录如下：

祭甫壮族娄祖祖努布弄陀（壮）

公元 2011 备酉月 10 号，备你得辛卯三月初八，麦你得清明，风浸日搂，鸟唱化害，勒烂甫壮，当派客贵，齐合到大敢壮，眉心提祭，顺心斗拜布。弄龙弄尚拾，波哩咧打仲，读经又卦欢，同对拜祖谷布弄陀。

布祖娄威风，阴功顺老，害闶造忑地，造千种万样定道理规矩，消节难解恶。赶独炸很闶，赶独谷厚农，赶独兀落楞，三界三王，布祖观忑地，造族造伝赖。造千备事老，造万代文明。达珠江两边，擎铲又擎嗦，造那又造利，造晚又造兰，郭贫那文化，造仲铜文明，都得祖功劳，勒烂初聪明，甫欧骆落傍，秦汉初统一，初贫国中华，看尼达僚壮，封千备伙难，坐埋祖仕经，给代后裸谷，族谷初清楚，接那弄文化，代代都力牙。照照眉英雄，为国娄争光，为甫傍拼命，为甫族太身，功劳甫甫鲁。照代都变模，甫壮娄历史，娄斗来仕模，当族各起管，得森平森心，同帮又欢喜，安慰娄中华，贫太二族老。简单讲腾你，牛许祖娄乌更闶安心。

世纪你变模，改革又开放，中华得复兴，傍甫壮杭文。甫壮娄闶才，甫甫眉本仕，聪明又百乖。娄甫傍百里，得记布祖灯，登傍都齐合，接祖宗道礼，买国又买族，买甫老勒月，傍甫苦甫多，丢皆恶检尼，讲法制纪律，甫壮娄很气，还恩布弄陀，妈梦布祖娄，保佑娄勒烂，平安又聪明，登傍发财又肮仰。仕祭读达你，跪请祖斗受！

从文体类别、文本功能等方面来看，布洛陀祭祀大典祭文具有以下特点：

第一，五言文体。

徐师曾在《文体明辨·祭文》中云：古之祭祀，止于告飨而已。

中世以还，兼赞言行，以寓哀伤之意，盖祝文之变也。其辞有散文，有韵语，而韵语之中，又有散文、四言、六言、杂言、骚体、俪体之不同。根据以上体式的分类来看，布洛陀祭文似不在其列，自成体式，为五言体。

我们再看陕西省省长赵正永在 2011 年清明节祭祀黄帝典礼恭读祭文：

> 惟公元二〇一一年四月五日，岁次辛卯，节届清明。中华儿女，云集桥山，谨以敦诚敦敬之礼，恭祭我人文初祖轩辕黄帝之陵曰：
> 缅我始祖，卓然挺生。制作礼乐，文物典章一脉相承；繁衍族群，八方子孙同气咸亨。炎黄联盟，九州大地渐趋一统；化成天下，丰功伟绩流布无穷。百年共和，奠民族民主之初基；九秩奋斗，扬华夏振兴之雄风。回顾庚寅，感慨深衷。挽玉树于既倒，扶舟曲之将倾。世博焕异彩，亚运汇群英。科学发展，铸十一五之伟业；民生为先，绘十二五之景图。新局起程，任重且长。紫荆白莲，并蒂齐放。海峡两岸，携手共进，和平统一，翘首企盼。华夏新形象，远播寰瀛。桥山染绿意，沮水荡春光。凤凰涅槃，开运呈祥。玉兔灵动，大道康庄。巍巍祖庭，山高水长。千秋始祖，其来尚飨。①

从体式来看，该篇祭文不属于四言、六言之类，也不属于布洛陀祭文的五言体，应算作散文体祭文。

第二，就功能看，布洛陀祭文具有颂扬功德、祈福禳灾、凝聚人心的作用。

《礼记·郊特牲》中关于祭祀的功能有如此论述："祭有祈焉，有报焉，有由辟焉。"郑玄注曰："祈，犹求也，谓祈福祥，求永贞也。报，谓若获禾报社。由，用也。辟读为弭，谓弭灾兵，远罪疾也。"布洛陀被认定为壮族的人文始祖后，自然被认为是壮族文明的重要开创者。根据布洛陀经诗记载，布洛陀不仅造天、造地、造火，而且还为人间安

---

① http://blog.sina.com.cn/s/blog_ 5e138c2f0100xjbn.html.

排秩序和伦常。祭文中"造千种万样定道理规矩，消节难解恶"、"造千备事老，造万代文明"都是颂扬布洛陀的创世功德和开创文明的功绩。

祈福禳灾的愿望在祭文中表达得也很明确，如"还恩布弄陀，妈梦布祖娄，保佑娄勒烂，平安又聪明，登傍发财又肮仰。"凝聚人心也是布洛陀祭文要表达的重要文化内涵。2002 年 7 月以来，那县多次召开敢壮山布洛陀文化学术研讨会，其实有一个非常现实的目的，那就是希望"敢壮山是布洛陀遗址"、"布洛陀是壮民族始祖"的说法得到学界认可，进而得到广大壮族人民的认同。现在看来，那县及百色市乃至广西壮族自治区高层的这一目的是基本实现了。如今，布洛陀祭祀大典早已成为一个凝聚人心的场域。祭文自然要充分体现这一功能，如"祭甫壮族娄祖祖努布弄陀"、"布祖娄威风"祭文语句都是直接说咱壮族老祖宗布洛陀，不仅体现出一种自豪感而且不断强化布洛陀为壮民族始祖这一观念。

此外，祭文还表达了壮族人民勤劳创业、建设家园的功绩，如祭文"世纪你变模……甫壮娄闷才，甫甫眉本仕，聪明又百乖"，颂扬了壮族人民在新时代所取得的伟大功绩。总之，布洛陀祭文内容所表达的文化内涵丰富，不仅表达了壮族儿女"追远"、"溯源"的民族认同心理，而且也表达了一种价值崇高和价值认同，认同布洛陀始祖的创造万物的创世之功。

通过以上分析，笔者认为：

（1）敢壮山由于独特的山势与洞穴等地貌特征，历史上成为民间供奉、祭祀土地、观音、关公及其他自然神灵的场所。在当代，敢壮山则被制造成壮族布洛陀祭祀的圣山。布洛陀圣山的制造是学术、政治、商业乃至宗教、民间等多种力量综合作用的结果。

（2）敢壮山布洛陀文化被重构为圣俗二元并存互融的世界，无论是祭祀空间与世俗空间（主要为场馆）的并存互映，还是祭祀仪典构筑的神灵与信众圣俗共存互渗；无论是各种祭品跨越世俗和神圣的界线，将仪式特化的神圣情境与世俗生活所作的联结，还是祭祀仪式的庄严与歌圩活动的闲逸在行动者中的转换，都表明圣俗并存互融是敢壮山布洛陀文化重构的重要方式。

（3）敢壮山布洛陀文化重构还大量借用其他民族，特别是汉民族的文化元素。牌坊、神道等设施的建造自不待说，即使是祭文撰写采用古壮字，但其格式、表述内容与宣读方式等均有黄、炎祭祀大典的风格。

第五章

布洛陀文化的乐舞表达

音乐以声响的组合抒发情感，舞蹈以舞者的身姿表现人物的内心世界。布洛陀文化重构之所以将乐舞作为一种重要的重构方式，是因为音乐和舞蹈可用象征的手法来表现意蕴，如音乐可以通过歌词来直接表达感情，塑造人们的感情取向，通过音响来渲染一种情绪，强调一种情感倾向，或激烈或悲愤、或感激或怨恨，而舞蹈本身具有极强的模拟性，它可以模拟狩猎、祭祀、战争等生活内容。

第一节　布洛陀之夜：主题策划与组织

"布洛陀之夜"系那县历届布洛陀文化旅游节期间所举行的文艺晚会之名。从 2003 年农历三月初七晚举行的"敢壮山风情"文艺晚会起，历 2004 年百色首届布洛陀民俗文化旅游节文艺晚会、2005 年布洛陀民俗文化旅游节文艺晚会、2006 年百色市第三届布洛陀民俗文化旅游节开幕式"布洛陀之夜"迎宾文艺晚会、2007 年百色市敢壮山歌圩"布洛陀之夜"、2008 年"布洛陀之夜"迎宾文艺晚会、2009 年敢壮山布洛陀壮民俗文化旅游节迎宾文艺晚会"布洛陀之夜"、2011 年百色市布洛陀民俗文化旅游节大型文艺晚会——锦绣壮乡"布洛陀之夜"，至 2012 年文化旅游节"布洛陀之夜——同根·同心·同世界"文艺晚会，一路走来，布洛陀文艺晚会已经举办了 10 届。2010 年因抗旱赈灾实行"三减二加"，取消了布洛陀民俗文化旅游节开幕式和"布洛陀圣夜"

文艺晚会①，但在布洛陀文化旅游节期间举行了主题为"布洛陀造万物"的那县抢救布洛陀文化遗产成果汇报文艺晚会。晚会由政府协调组织，其主要目的是宣传布洛陀文化、那县文化，以提高那县知名度，促进那县的旅游招商。

本节拟从历届文艺晚会的主题及其策划主体、策划思路与理念，着重解析布洛陀文化"乐舞化"的重构方式。

一　主题策划

布洛陀文艺晚会的主题是策划者借用晚会的歌舞表现形式和具体的歌舞节目传递出来的主要思想。历届布洛陀文艺晚会在主题上具有内在的一致性，在晚会创意方面又有一定的差别。如 2005 年的布洛陀文艺晚会的主题为：

> 以展示那县的风土人情为主调，用甜美的歌声、婀娜的舞姿赞美生活、讴歌时代。通过对本县民俗文化的挖掘、整理，创作出富有浓郁的民族风情和地方特色的文艺节目，展示布洛陀故乡那县多姿多彩的民族民间艺术和深厚的文化底蕴。

围绕这一主题，2005 年布洛陀文艺晚会的创意方案为：

> "三月木棉红绯绯，歌手四面八方来，歌声飞过敢壮山，声声情来句句真。"以一首高亢嘹亮的巴别二声部民歌拉开晚会的序幕，晚会由"乡魂"、"乡韵"、"乡风"三个篇章构成，具有浓郁的地方民俗特色，又不失强烈的现代气息。

历届文艺晚会，除 2003 年冠以"敢壮山风情"外，2004 年称百色首届布洛陀民俗文化旅游节文艺晚会，2005 年称"布洛陀民俗文化旅游节文艺晚会"，其他均名为"布洛陀之夜"文艺晚会。关于晚会主题，除 2003 年因系首次举办，未确定明确的主题外，其他各届晚会均

---

① http://news.sina.com.cn/o/2010-04-21/190317405985s.shtml.

有明确的主题。如 2005 年为"展现那县文化底蕴", 2006 年为"展示布洛陀文化", 2007 年为"展现那县的民族文化和布洛陀文化", 2008 年为"展现那县的民族文化和布洛陀文化底蕴", 2009 年为"展示壮民族多姿多彩的文化内涵", 2011 年为"突出布洛陀文化内涵、打造成布洛陀文化精品"。晚会主题最初落脚在那县,再到布洛陀文化,再到那县及那县的布洛陀文化,后又扩展到整个壮民族的文化,到 2011 年回归到布洛陀文化,以打造"布洛陀文化品牌"为宗旨。

从表现主题的方式来看,2003 年晚会编创组深入田野收集"布洛陀文化"资料,并利用所收集到的布洛陀文化元素编创晚会节目。那县敢壮山布洛陀歌圩文艺演出组在 2003 年 4 月 11 日的《2003 年敢壮山布洛陀歌圩文艺演出组工作总结》中写道:

> ……早在 2002 年 11 月,文艺演出组领导小组接受任务后,立即召集文化馆领导和编导人员开会,进行整台晚会的策划,研究节目框架结构,具体落实创作人员。及时安排主创人员到那满、百育、玉凤、那坡、田州、坡洪、巴别等乡镇采风,收集、整理布洛陀文化素材,然后分头进行艺术构思,投入节目创作。……

2003 年之后每年晚会的主题表达尽管仍遵循着歌舞方式,但已明显不再直接向"田野取材",更多采用现有的布洛陀文化元素、整合那县或壮民族相关文化来编创歌舞。如在 2008 年的布洛陀文艺晚会中,编创人员把那县的"瓦氏文化"、壮民族的"歌圩文化"、"舞狮文化"融汇"布洛陀文化"创编了当年的"布洛陀之夜"文艺晚会。同时 2008 年的晚会还利用了现代舞美灯光等光影技术,以增强表达主题的效果,在一定程度上起到锦上添花的作用。值得注意的是,随着那县举办晚会经验的不断积累,布洛陀文艺晚会呈现出"专业化"不断加强的趋势。2012 年布洛陀之夜迎宾文艺晚会以"同根·同心·同世界"为主题,由南宁市易传媒介文化传播有限公司精心打造,邀请中央电视台三套导演执导,舞台设计以现代化、高科技的舞美布景 LED 屏幕、平台组合、实景结合和绚丽梦幻的灯光相互映衬,呈现出以歌舞为主、乐诗相辅的唯美画面,使整个舞美呈现出古色、乡土、大气、恢宏、绚丽多彩、如诗如画的艺术效果，并以古朴而现代的风格，来彰显布洛陀厚重的文化主题。① 因此，2012 年的"布洛陀之夜"迎宾文艺晚会可以说是一场专业打造的晚会（见表5—1）。

表 5—1　　　2003 年以来历届布洛陀文艺晚会的主题与创意比较②

内容　项目　年份	晚会名称	晚会主题		晚会创意	实现目标
		表达内容	借助手段		
2003	敢壮山风情		田野采风摄取"布洛陀文化元素"		接待来宾
2005	布洛陀民俗文化旅游节文艺晚会	展示那县多姿多彩的民族民间艺术深厚的文化底蕴	创作出富有浓郁的民族风情和地方特色的文艺节目	地方民俗特色加强烈的时代气息	宣传布洛陀文化，打造布洛陀民族文化品牌，丰富百色市布洛陀民俗文化旅游节活动
2006	布洛陀之夜	展示源远流长的布洛陀文化	创作出富有浓郁的民族风情和地方特色的文艺节目	由圣乐、圣歌、圣舞三个乐章组成	弘扬民族文化、打造布洛陀文化品牌、丰富旅游节活动
2007	布洛陀之夜	展现那县的民族文化和布洛陀文化底蕴	创编出富有浓郁的布洛陀民族风情和地方特色的布洛陀歌、舞、乐文艺节目		弘扬民族文化、打造布洛陀文化品牌、建设那县、丰富旅游节活动

① 广西新闻网（http://www.gxnews.com.cn/staticpages/20120405/newgx4f7cfb04 - 5005515.shtml）。

② 由于 2004 年晚会的文本资料等相关材料较少、2010 年因故未举行大型文艺晚会、2012 年布洛陀文艺晚会因时间关系来不及收集材料等原因，故此处不讨论以上三年的文艺晚会。表格内容来自历届晚会工作方案或工作总结。下同。

内容 \ 项目 \ 年份	晚会名称	晚会主题		晚会创意	实现目标
		表达内容	借助手段		
2008	布洛陀之夜	展现那县的民族文化和布洛陀文化底蕴	整合布洛陀文化、瓦氏文化、舞狮文化、歌圩文化以创编出富有浓郁布洛陀风情和地方特色的布洛陀歌、舞、乐	以敢壮山为背景，利用芒果树、香蕉、小毛竹烘托舞台	弘扬民族民间文化、打造布洛陀民族文化品牌、推动建设那县文化名县、丰富旅游节活动
2009	布洛陀之夜	展示壮民族多姿多彩的文化内涵	以壮民族歌舞为主轴，通过歌、舞、乐展现	以敢壮山为背景，利用芒果树、香蕉、小毛竹烘托舞台	弘扬民族文化、打造布洛陀民族文化品牌、丰富旅游节活动
2011	布洛陀之夜	突出布洛陀文化内涵，打造成布洛陀文化精品	以壮民族歌舞为主轴，通过歌、舞、乐文艺节目展现	以现代化、高科技的舞美布景LED屏、绚丽的灯光相互映衬	弘扬以布洛陀文化为核心的壮族民俗文化、打造布洛陀文化品牌、丰富旅游节活动、扩大百色与外界交流

就预期目标来看，2003年的晚会总结表明其目的是为了接待来宾，2005年、2006年是"为了弘扬民族文化、打造布洛陀民族文化品牌、丰富旅游节活动"，2007年、2008年除以上目标外，还把建设那县作为一个目标项目纳入其中，2011年目标是"弘扬以布洛陀文化为核心的壮族民俗文化、打造布洛陀文化品牌、丰富旅游节活动、扩大百色与外界交流"。由此可见，2011年目标是对以往几届晚会的一个总结，在地域上已经突破那县上升到百色市了，布洛陀文化也被定位成壮文化的

核心（见表5—2）。

表5—2　　　　历届布洛陀文艺晚会主题、目标以及创意方式

年份			2003	2005	2006	2007	2008	2009	2011
主题	表达内容	相同		展现那县文化	展现那县文化	展现那县文化	展现那县文化		
		不同						展示壮族文化	突出布洛陀文化内涵，并打造成为布洛陀文化精品
	实现手段	相同	歌舞表达	歌舞表达	歌舞表达	歌舞表达	歌舞表达	歌舞表达	歌舞表达
		不同	田野采风				融进瓦氏文化、舞狮文化、歌圩文化		
创意							以敢壮山为背景，芒果、香蕉、小毛竹烘托	以敢壮山为背景，芒果、香蕉、小毛竹烘托	借助现代舞美灯光技术、采用LED屏
实现目标		相同	宣传布洛陀文化、丰富旅游节活动	宣传布洛陀文化、丰富旅游节活动	宣传布洛陀文化、丰富旅游节活动	宣传布洛陀文化、丰富旅游节活动	宣传布洛陀文化、丰富旅游节活动	宣传布洛陀文化、丰富旅游节活动	宣传布洛陀文化、丰富旅游节活动
		不同				建设那县			扩大百色与外界交流

二　晚会组织

　　文艺晚会的组织者是布洛陀文化重构关系网络的重要组成部分，其

展现了各方力量在布洛陀文化歌舞表达方面的作用（见表5—3）。

表5—3　　　　　　　　历届布洛陀文艺晚会组织者一览表①

年份	2006	2007	2008	2009	2011
联系领导			百色市文化局局长	百色市文化局局长	百色市文化和新闻出版局局长、市文联主席
顾问		县委书记、县长			
总策划		县委常委、宣传部长、副县长；人大常委会副主任；政协副主席			
组长	县委书记；县委副书记、县长	县委办副主任	县委常委、宣传部长、副县长	县委常委、宣传部长、副县长	县委常委、宣传部长、副县长；县人大常委会副调研员；广西五洲交通股份公司董事长；百色市正元房地产开发有限公司董事长
副组长	县委副书记；县委常委、常务副县长；宣传部长；副县长	县委宣传部副部长；文体局局长	县人大副主任；副县长；政协副主席；县人大常委会副调研员	县人大副主任；政协副主席；县人大常委会副调研员	文体局局长；百色市正元房地产开发有限公司总经理

① 该表格中的人员安排只列举其职务，不具指其姓名，因为晚会的策划组织与行动者所处的社会位置有关，与行动者个人无关。2003年、2004年、2005年、2010年的组织结构因缺乏相应档案材料，故未列入。

年份	2006	2007	2008	2009	2011
成员	宣传部副部长；文体局局长；文体局书记、副局长；原文体局局长；文体局副局长；县文化馆支书	县教育局书记；县文体局书记、副局长；县广电局书记；文体局副局长；县文体局原局长；县文化馆馆长；县文化馆支书	县委办副主任；县府办副主任；县委宣传部副部长；县文体局局长；县广播电视局局长；县文体局书记、副局长；县文体局副局长；县文化馆馆长	市文化局艺术科科长；县府办副主任；县委宣传部副部长；县文体局局长；县文体局副局长	县委办副主任；县人大办副主任；县府办副主任；县机关事务局局长；县委宣传部副部长；县文体局副局长；县文化馆馆长、县民族歌舞团团长

根据表5—3，就组织者的身份来看，历届文艺晚会从顾问、联系领导、组长、副组长到成员均由政府官员组成。从2008年开始，联系领导由百色市委的官员担任。2007年的文艺晚会政府官员不仅直接领导，而且参与策划。历届文艺晚会的最大共同点是晚会的组长均由那县县委官员担任，或为县委书记，或为县委办副主任、宣传部长。2011年的布洛陀文艺晚会与前几届有很大的不同，商界介入晚会的组织，并且担任组长、副组长。

在组织策划者中，牵涉的部门众多，包括教育局、广电局、文化馆、民族歌舞团、县委办、县府办等众多部门。正如那县旅游局办公室韦主任①介绍：

> 每年的布洛陀文化旅游节在那县是大事情，不可能靠一两个部门就完成工作，就算是某一项具体的工作都不可能的，像旅游节的举办，我们旅游局就不可能独撑一片天，得靠县里的其他部门通力

---

① 韦主任，男，壮族，那县旅游局办公室主任。访谈时间：2010年8月3日，访谈地点：那县旅游局办公室。

合作才行，就比如说文艺晚会，也不可能文体局一手包办，县里其他部门都得出力，很多学校的学生和教职员工都参与表演节目。

　　除组织者外，演出单位涉及多个文艺团体，主要有那县文化馆文艺辅导队、那县教育局艺术团、那县医院白衣天使艺术团、那县供销社艺术团等。①

　　此外，2006 年的《百色市第三届布洛陀民俗文化旅游节开幕式"布洛陀之夜"迎宾文艺晚会方案》中也有这方面的记录：

　　　　1. 参加开幕晚会人员：县四家班子领导、县直各单位、部门全体干部职工。晚会通知由县委办拟文，两办归口通知。县府办负责协调一部皮卡车于 2 月 25 日下午拉音响、灯光到广场布置。县领导讲话稿由两办落实。

　　　　2. 县委宣传部：负责活动的组织、指导、协调工作。

　　　　3. 县文化和体育局：负责晚会的筹备工作和制作节目单、布置舞台灯光音响、文艺演出等工作。会标：布洛陀之夜文艺晚会。

　　　　4. 县广播电视局：负责会演前的宣传电视广告；负责晚会的录制及播放工作；派出两名（男女各一名）播音员担任晚会的主持。

　　　　5. 县机关事务服务中心：负责演出舞台搭建、地毯铺设及颁奖晚会 200 个凳子的摆放。

　　　　6. 县电业公司：负责晚会用电保障。

　　　　7. 县城建办：负责舞台电源。

　　　　8. 县民政局：负责提供演员换装用的救灾棚 2 个。

　　　　9. 县公安局：负责晚会现场秩序维护。

　　　　整个活动协调由县委办和县府办负责总协调。

---

　　①　资料来源于那县布洛陀办公室提供的《敢壮山三月三歌圩文艺演出组排演方案倒计时表》。

　　显然,历届布洛陀文艺晚会都是政府主导的官方行为。晚会的主题及目的非常明确,都是围绕展示布洛陀文化,提升敢壮山布洛陀文化遗址的知名度,推动地方经济社会发展而展开的。

第二节　布洛陀文化的歌舞表达

　　布洛陀文化的歌舞表达,是"布洛陀之夜"主题与创意的具体体现。布洛陀文化重构的行动者正是借用歌舞形式表达了布洛陀文化的丰富内涵。

一　布洛陀文化的歌与舞

　　布洛陀文化歌舞表达主要是指由文化人创作以布洛陀文化为题材的歌舞形式,并利用音响、乐器、服饰、灯光等勾画出布洛陀文化背景,由歌者、舞者进行表演的全部实践行为。2003 年首次举行布洛陀文艺晚会的宗旨是"创作、排练、演出一台以布洛陀文化为主题的文艺晚会",而后每年几乎都是围绕这一宗旨进行晚会的创意与创作。晚会文化的核心是"布洛陀文化",只有将布洛陀文化元素融入歌舞节目并搬上舞台才能起到彰显主题的作用,才能够达到预期的目标。

　　事实上,历届晚会的歌舞节目的核心内容都是布洛陀文化,只是表现的歌舞形式及其表达的内涵有所区别。歌舞节目主要有三类:歌舞综合类节目、纯歌曲节目、纯舞蹈节目 (见表5—4)。

二　歌舞表达的布洛陀文化内涵

　　歌词体现着一种思想、一种感情,任何一首歌曲都包含着作曲家的思想感情,都反映一个主题思想,都会借用相应的文化元素来表达创作者所要传递的思想;舞蹈同样表达创作者的思想感情,也反映相应主题,为了表达主题,同样需要借助相应的文化元素来实现。

表 5—4　　　　　　历届布洛陀文艺晚会与布洛陀有关的歌舞节目①

年份	2003	2005	2006	2007	2008	2011
歌舞综合	《幸福在家园》	《幸福在家园》、《敢壮山放歌》	《布洛陀圣乐》、《眷恋敢壮山》、《那县——布洛陀的故乡》、《田螺笛》、《唐皇》、《游花园》、《十拜布洛陀》	《布洛陀圣乐》、《敢壮山放歌》、《神秘的敢壮山》、《眷恋敢壮山》、《寻根问祖布洛陀》、《布洛陀之歌》	《眷恋敢壮山》、《敢壮山放歌》、《那县——布洛陀的故乡》	《歌圩情韵》、《敢壮山放歌》
歌	《颂祖公》、《歌海扬帆》	《世代唱颂布洛陀》、《那县——布洛陀的故乡》、《神秘的敢壮山》	《神秘的敢壮山》	《歌海源头在敢壮》、《布洛陀酒歌》、《相约敢壮山》、《贝侬》	《寻根问祖布洛陀》、《相约敢壮山》、《贝侬》、《情满歌圩》	《壮族大歌》、《敢壮山》、《多彩歌飞敢壮山》
舞	《创世曙光》、《劈火》、《牛魂》	《敢壮山放歌》	《布洛陀之歌》、《游花园》、《走灯图》	《布洛陀经诗神韵》、《唐皇》	《布洛陀经诗神韵》、《姆勒甲的长头巾》、《布多》	《布洛陀经诗神韵》、《布洛陀盛典》

　　布洛陀文艺晚会的歌曲，就创作主题来看，可以分为以布洛陀文化本身为题材，如《寻根问祖布洛陀》②、《布洛陀之歌》③、《那县——布洛陀的故乡》④、《布洛陀经诗神韵》、《姆勒甲的长头巾》、《布多》、

---

① 因 2004 年、2009 年、2010 年文艺晚会的节目单缺失，故未列入。
② 该歌曲由容传文、吴才现作曲，杨平山作词，罗东演唱。发表于 2009 年《歌海》第 5 期。
③ 该歌曲由吴才现作曲，杨平山作词，覃军丽演唱，发表于 2006 年《歌海》第 6 期。
④ 该歌曲由吴才现作曲，杨平山作词，韦晴晴演唱，荣获 2009 年"我和祖国一起成长大型文艺展演"牡丹奖第二名；第五届广西音乐舞蹈比赛百色赛区优秀声乐作品奖；广西第十五届"八桂群星奖"百色赛区金奖。

《布洛陀酒歌》、《世代唱颂布洛陀》、《田螺笛》、《唐皇》、《游花园》、《十拜布洛陀》、《颂祖公》和《布洛陀圣乐》等，这些都是借助布洛陀文化元素进行创作的歌曲，共同之处在于讴歌布洛陀的创世之功。如《布洛陀之歌》歌词：

> 年年农历三月八，万民公祭布洛陀，三天三夜唱山歌（咧），天也和来地也和。公祭布洛陀，三天三夜唱山歌（咧），天也和来地也和。敢壮山，人潮涌，十里香火拜祖公，壮族始祖布洛陀，开天辟地创农耕，创农耕，布洛陀，布洛陀，壮族始祖布洛陀，豪气化作壮乡美，铜鼓敲来艳阳春。啊！布洛陀啊！布洛陀，你是顶天立地的创世神。
>
> 年年农历三月八，万民公祭布洛陀，三天三夜唱山歌（咧），天也和来地也和。公祭布洛陀，三天三夜唱山歌（咧），天也和来地也和。敢壮山，人潮涌，十里香火拜祖公，壮族始祖布洛陀，开天辟地创文明，创文明，布洛陀，布洛陀，壮族始祖布洛陀，经诗广传真善美，圣乐长醉天地人。啊！布洛陀啊！布洛陀，你是催人奋进的民族魂。

这首歌的歌词不仅能够体现乐思、感情，而且歌词主题鲜明、深刻、集中。歌词作者采取直叙手法，开门见山地将歌曲的内容"实话实说"地呈现出："年年农历三月八，万民公祭布洛陀，三天三夜唱山歌（咧），天也和来地也和。"对于感情的抒发也是直抒胸臆："啊！布洛陀啊！布洛陀，你是顶天立地的创世神。"这首歌的歌词主要表达的是人们对布洛陀的崇敬之情，歌颂的是布洛陀的创世精神。

又如《寻根问祖布洛陀》：

> 年年三月赶歌圩，贝侬来拜布洛陀。山花含笑相迎，一路春风做伴，寻根问祖布洛陀，满怀深情来到敢壮山。山似龙昂首，岩像凤朝阳，朝拜的人流源源不断，同根同脉同兴旺，祖公祠香火寄托着美好的祝愿。啊呢呀喂！啊呢呀！这就是布洛陀始祖的朝圣地，朝朝暮暮，梦萦魂牵，烧一炷香，还一个愿，今生今世再也没有遗

憾。山花含笑相迎，一路春风做伴，寻根问祖布洛陀，满怀深情来到敢壮山，满怀深情来到敢壮山。年年三月歌圩，贝侬来拜布洛陀。

　　年年三月赶歌圩，贝侬来拜布洛陀。山花含笑相迎，一路春风做伴，寻根问祖布洛陀，满怀深情来到敢壮山。万人摆歌台，对歌彩云间，甜美的山歌情意缠绵，经诗圣乐古神韵，敢壮山歌海展示着迷人的画卷，啊呢呀喂！啊呢呀！这就是壮民族文化的发祥地，年年岁岁，心驰神往，唱一首歌，倾一腔情，如痴如醉共庆今日梦。山花含笑相迎，一路春风做伴，寻根问祖布洛陀，满怀深情来到敢壮山，满怀深情来到敢壮山。年年三月歌圩，贝侬来拜布洛陀。

　　这首歌从其歌词内容来看，一是表达对祖公布洛陀的崇敬之情，壮族子孙为了表达这种感情，每年农历三月初七到敢壮山去祭拜祖公，唱山歌娱祖；二是赞美布洛陀古居地敢壮山的美景。此外，在这首歌中作者还描绘了一种壮族子民寻根情结："寻根问祖布洛陀，满怀深情来到敢壮山"。

　　还有一类歌曲是以敢壮山为创作题材。如《神秘的敢壮山》①、《眷恋敢壮山》②、《敢壮山放歌》③、《敢壮山》、《多彩歌飞敢壮山》等等。这类歌曲主要赞美敢壮山的美景，强化敢壮山是布洛陀古居这一观念。

　　第三类歌曲是以那县、以壮民族为创作题材。这类歌曲主要赞美布洛陀故乡的人文风情，主要有《幸福在家园》、《歌海扬帆》、《歌圩情韵》。

　　为了更好地理解布洛陀文艺晚会歌舞的主题表达，笔者对那县文体局局长吴才现（简称 W）进行了访谈：

---

　　①　该歌曲由吴才现作曲，覃超仁、杨平山作词，覃军丽演唱，发表于 2005 年《歌海》第 3 期，2006 年百色专业文艺会演声乐一等奖，作曲二等奖。
　　②　该歌曲由吴才现作曲，覃超仁作词，覃军丽演唱，曾获 2008 年广西"社区情·和谐颂"文艺会演二等奖。
　　③　该歌曲由吴才现作曲，杨平山作词，覃军丽演唱，荣获 2004 年广西"八桂群星奖"银奖。

L：吴局长您好，关于布洛陀文艺晚会的歌舞节目所表达的主题您能介绍一下吗？

W：好的。"布洛陀之夜"文艺晚会中歌舞节目所要表达的主题主要是"同根·同心·同世界"。那么我们的晚会节目也是围绕这个主题来组织创作的。

L：能以您所创作的歌曲为例来谈谈是如何表达这一主题的吗？

W：可以。《寻根问祖布洛陀》、《布洛陀之歌》、《敢壮山放歌》等等这些歌曲都是由我作曲创作的。这些歌曲共同之处都是要表达一种对布洛陀的崇敬之情，因为布洛陀是我们壮族人的祖先，他开天辟地具有创世之功，所以这些歌曲都是歌颂布洛陀的。至于敢壮山，因为专家已经认定它是布洛陀的古居地了，所以，赞美敢壮山的美景其实也是赞美布洛陀。

L：吴局长，我在整理资料的时候发现还有一部分歌舞作品从其名称来看似乎与布洛陀敢壮山关联不大，比如《劈火》、《牛魂》、《走灯图》、《游花园》、《唐皇》这些节目。

W：这些节目与布洛陀文化的关系紧密得很呢。《劈火》讲述的是布洛陀教人们造火。我们壮族是以水稻种植为主的民族，牛对于我们生产生活都有非同一般的意义，在布洛陀经诗中布洛陀不仅造牛，而且在牛生病的时候还要做法事为牛赎魂，《牛魂》这个节目就是要表达这个意思的。《走灯图》、《游花园》、《唐皇》这些节目都是麽公所跳的一种祭祀舞蹈，与布洛陀文化也是紧密相连的。

L：舞蹈《蚂拐乐》、舞蹈《瓦氏剑影》、舞蹈《竹乡情》这种类型的节目又如何表达您说的主题呢？

W：青蛙是我们壮民族的图腾，人们崇拜为蛙神，每年三月都要举办隆重的节日来庆贺。《蚂拐乐》舞蹈运用人、蛙、神的变换手法来表现人们祈求风调雨顺、五谷丰登的思想感情，从中体现壮民族所特有的风俗习惯、民族风情和民族情感；瓦氏夫人是那县的巾帼英雄，在她的带领下，俍兵们英勇奋战，扭转了自抗倭以来连连失利的局面，《瓦氏剑影》这个舞蹈所赞扬的是布洛陀故乡的英雄人物的光辉事迹；在敢壮山竹子被人们称为圣竹，因为它用处很广，可以拿来编织、煮竹筒饭，甚至还能谈情说爱。歌圩上青年男女正手拿竹筒电话唱山歌，由此引来了诙谐生动的竹筒情趣，这也是《竹乡情》这个舞蹈借敢壮山之竹来赞美祖公的古居地。

从对吴才现的访谈中，我们看到了布洛陀文化元素在歌舞中的体现。虽然瓦氏夫人与布洛陀没有直接的关系，《瓦氏剑影》这样的舞蹈节目也不直接与布洛陀文化挂钩，但是它所承担的任务是表明布洛陀文化的故乡的人文环境，创作者需要营造一种文化底蕴，让布洛陀文化在这样的人文氛围中生存。像《蚂拐乐》这样的舞蹈节目同样与布洛陀文化不是直接关联的，但是它属于壮民族的文化，"蚂拐"在壮族人的心目中是一种图腾神。正如吴才现所说，采借"蚂拐"这一文化元素是为了反映壮民族的民俗风情。《竹乡情》这类节目却是借用"竹子"这一符号来赞美敢壮山的美景和歌圩上人们的欢快情景。

第三节　《布洛陀圣乐》的创作

《布洛陀圣乐》是以布洛陀文化为题材而创作的大型音乐文化作品，它是布洛陀文化当代重构中音乐表达的集中体现。一项工作的组织者是对该项工作拥有决定权、话语权和责任的行为主体。根据 2005 年那县《打造壮族"布洛陀圣乐"文化品牌工作方案》，那县还专门成立了《布洛陀圣乐》的组织机构，负责《布洛陀圣乐》的主题与策划工作：

顾　问：县委书记
　　　　县委副书记、县长
组　长：县委副书记
　　　　县委常委、常务副县长
　　　　县委常委、宣传部部长

　　副组长：县人大常委会副主任

　　　　　　县人民政府副县长

　　　　　　县政协副主席

　　那县县委、县政府、县人大、县政协四大班子主要领导同时出任
《布洛陀圣乐》工作小组的领导，主要原因是 2005 年举行首次"半官
方"的公祭，因而举办好此届布洛陀文艺晚会也就具有特殊的意义。
为此，那县决心将《布洛陀圣乐》打造成特色鲜明、非同一般的音乐
作品。

一　构思理念

2005 年那县《打造壮族"布洛陀圣乐"文化品牌工作方案》对
《布洛陀圣乐》的构思理念表述为：

　　　　位于广西西部神奇美丽的那县敢壮山，是壮族始祖布洛陀文化
　　遗址，这一惊人的发现，吸引了海内外专家学者纷至沓来，对敢壮
　　山布洛陀文化遗址进行考察论证，最后得出科学的结论：布洛陀是
　　珠江流域原住民族的人文始祖，广西那县是布洛陀文化的重要发祥
　　地，那县是布洛陀文化圣地，敢壮山是布洛陀文化圣山。这一认定
　　解开了一个民族乃至整个壮侗语支民族寻根问祖的文化情结，填补
　　了学术上一个重要的空白，探明了中华民族壮文化的一个重要
　　源头。

　　　　壮民族布洛陀文化犹如山花烂漫，异常丰富多彩，壮民族始祖
　　布洛陀智慧超人、无所不晓、无所不能，他用智慧创造了壮族世
　　界，创造了万物。在丰富多彩的布洛陀民族民间文化中，最有说服
　　力的就是那县民间传唱的"布洛陀古歌"，布洛陀古歌包括了流传
　　于那县民间传唱的祭祀歌、创造歌、师公、唐皇、巫调、经诗调，
　　那县的田州、古美、巴别等山歌及布洛陀传统喜事、祝寿、送终唢
　　呐套曲。将这些歌曲的音乐整合起来，可汇成一部宏大的歌颂壮族
　　始祖布洛陀开天辟地、创造万物的创世神话史诗，像这样自成套路
　　自成体系的创世古歌，在壮族浩瀚的歌海中，只有那县敢壮山最古

老的歌圩才能寻觅到，别地绝无仅有。为了更好地包装宣传推销那县敢壮山壮族始祖布洛陀文化旅游品牌，展现浓郁悠久的布洛陀历史文化渊源内涵，将那县敢壮山壮族始祖布洛陀遗址打造成为全区、全国乃至全世界有影响的文化旅游圣地，提升那县知名度，弘扬优秀的民族文化，提高壮民族的自信心和自豪感，增强民族凝聚力。

这一构思理念是基于"布洛陀为珠江流域的人文始祖"、"那县是布洛陀文化的发祥地"、"敢壮山是布洛陀文化的圣山"的前提而提出的，其意在通过整合那县所拥有的自成体系的"布洛陀古歌"音乐元素，创作《布洛陀圣乐》系列作品，更好地包装宣传推销"那县敢壮山壮族始祖布洛陀文化旅游品牌"。

根据这一构思理念，2005年那县《打造壮族"布洛陀圣乐"文化品牌工作方案》提出了指导思想与目标要求：

> 坚持以邓小平理论和"三个代表"重要思想为指导，大力发展先进文化，丰富人们的精神世界，凝聚人们的精神动力，振奋人们的精神状态，为经济建设服务，为那县实施"工业大县、农业名县、经济强县、和谐那县"服务。从我县实际出发，制定切实可行的措施，认真挖掘、保护、发展壮族布洛陀民族文化资源，努力打造壮族"布洛陀圣乐"文化品牌，构建富有那县布洛陀始祖民族文化特色的文化体系，使壮族"布洛陀圣乐"这一民族音乐逐步成为最具代表性的壮民族古乐，成为激励和鼓舞各族人民不断前进的时代强音。

虽然那县提出的指导思想和目标要求，不可避免地带有"文化搭台，经济唱戏"的意味，但是其所提出的认真挖掘、保护、发展壮族布洛陀民族文化资源，努力打造壮族"布洛陀圣乐"文化品牌，构建富有那县布洛陀始祖民族文化特色的文化体系，使壮族"布洛陀圣乐"这一民族音乐逐步成为最具代表性的壮民族古乐，成为激励和鼓舞各族人民不断前进的时代强音，则体现出"摸清家底"、"打造品牌"、"构建体系"的发展规划与目标，其实质上是首先进行布洛陀文化资源评估，然后进行布洛陀文化产业开发。

二　创作与推广

（一）创作要求

关于音乐作品的创作，2005 年那县《打造壮族"布洛陀圣乐"文化品牌工作方案》提出了明确要求：

> 利用半年时间，组织创作人员深入全县山寨进行布洛陀古乐：师公调、朝拜调、拜月调、游花园调、唐皇调、春牛调、踩花灯调、唱经调、经诗调、童谣调、山歌调（欢木岸调、古美调、巴别调）等原生态音乐素材的挖掘、搜集、整理，通过采风加工，创编展示出具有鲜明的民族性、浓烈的生活性、生动的娱乐性和独特的原生态性的布洛陀圣乐音乐，整台《布洛陀圣乐》以器乐和人声组合为主要表现形式，乐器用民族乐器。1—3 月上旬为乐器、服装、舞美、道具的购买、制作、乐队的排练合成，在 2005 年百色第二届布洛陀民俗文化旅游节暨壮学国际研讨会上"布洛陀圣乐"首次亮相演出。

这说明那县官方希望《布洛陀圣乐》的音乐元素是通过"采风"而来，具有鲜明的壮族民族特色和那县地方特色，而且《布洛陀圣乐》中所采用的音乐元素不是单一的呈现而是众多元素的糅合，《布洛陀圣乐》使用的乐器、演出服装及其他要素都必须围绕主题，精心选择。

（二）包装原则

2005 年那县《打造壮族"布洛陀圣乐"文化品牌工作方案》要求《布洛陀圣乐》的包装原则如下：

> 要按照"高、精、深、美、土"这五个字的要求进行包装，即高起点、高标准、高水平，精心策划、精心组织、精确表现、打出精品，深入调研、深度挖掘、深度开发，音乐要美、形象要美、服装要美，土就是要保持布洛陀圣乐原生态音乐的原汁原味，不要

搞成不土不洋或者弃土求洋，要紧紧抓住"布洛陀"的根，不搞无源之水、无本之木，不能离开那县本土。

这一包装原则要求"紧紧抓住布洛陀的根"，实质上是再次强调打造《布洛陀圣乐》的特色，即《布洛陀圣乐》的壮族民族特色与那县的地方特色。

（三）推广策略

关于推广《布洛陀圣乐》，2005年那县《打造壮族"布洛陀圣乐"文化品牌工作方案》也提出了相关策略：

1. 媒体炒作。一旦《布洛陀圣乐》于2005年百色第二届布洛陀民俗文化旅游节首次亮相演出，要做到报纸有文，电台有声，电视有形，商店有碟，适当时候举行新闻发布会。

2. 适宜的时候到外面进行宣传文化交流演出，并请有关专家对《圣乐》进行指导加工。

3. 这台圣乐要以商业运作，永久性地作为敢壮山景区接待商旅游客的保留演出剧目，版权为田阳县文化和体育局所有。

4. 所有在百色举行的各种大型礼仪活动，都力争推销这台圣乐亮相演出。

5. 这台圣乐一旦亮相，未经县委、县人民政府的许可，任何单位、组织或个人不得盗用《布洛陀圣乐》的音乐等进行演出。

6.《布洛陀圣乐》要以一个民族文化精品项目来加以保护，使之逐步成为世人皆知的那县布洛陀文化品牌。

从上述的推广策略来看，那县强调媒体的宣传手段、学术"指导"的权威、商业"运作"的获利的有效途径和版权归属等多种因素的综合利用。由此可见，《布洛陀圣乐》中所含的布洛陀文化元素已经不再属于群众共同所有，而是归以政府为代表的行动主体所有。

三　《布洛陀圣乐》的结构与内涵

《布洛陀圣乐》共分"亘古歌魂"、"开天辟地"、"创造万物"、

"祈祷造化"四个乐章。整个乐章荟萃了那县民间音乐元素的精华，《圣乐》中所吸纳的音乐元素来自于创造歌、祭祀歌、师公调、唐皇调、巫调、经诗调、拜月调、劈火调、春牛调、踩花灯调、游花园调、补粮调、孝义调、田州山歌调、巴别山歌调、古美山歌调等民间音乐，除此之外，它还糅合进了壮族传统婚礼、祝寿、送终唢呐套曲等 26 个原生态民间乐曲。演绎完整的《布洛陀圣乐》所需时间约为 50 分钟。

2005 年那县《打造壮族"布洛陀圣乐"文化品牌工作方案》中关于《布洛陀圣乐》各乐章表达的布洛陀文化内涵的表述如下：

第一乐章　亘古歌魂

相传很古时候宇宙一片混沌，四周一片灰蒙蒙的，什么都看不清楚，布洛陀就是在这样的背景下诞生的。在第一乐章里，运用了布洛陀拜月调、童谣调、古乐经诗调、唐皇调、田州山歌调等，汇成了远古悠远而神秘的旋律，充分表达了壮族人民对祖公布洛陀出生的喜悦心情。

第二乐章　开天辟地

布洛陀在壮族民间传说中是一个无所不知、无所不能的智慧老人，相传他开天辟地，使混沌的宇宙变成了"三界"，上界为天，由雷神掌管；中界为地，由布洛陀掌管；下界为海洋，由水神掌管。在第二乐章里，运用了唱经诗调、劈火调、春牛调、游花园调、踩花灯调、师公调等，表现出布洛陀开天辟地的豪迈精神。

第三乐章　创造万物

相传远古的时候，地面上空荡荡的，一无所有，是布洛陀创造了万物。布洛陀不仅创造了人，而且还造田造地、造火造雨、造衣造屋、造牛造马、造狗造猪、造鸡造鸭等。在第三乐章里，运用了拜月调、补粮调、孝义调、游花园调及唢呐套曲宾宴、迎宾大开门、耐客调等，表现了布洛陀创造万物的开拓精神。

第四乐章　祈祷造化

展现壮族人改造大自然、凝聚民族力量、祈祷幸福安康的美好愿望。布洛陀是壮族人文始祖。千百年来，壮族人民怀念祖先，景仰布洛陀。每到传说中农历二月十九的布洛陀生日和农历三月初七至初九的敢壮山歌圩之日，成千上万的男女老少纷纷来到敢壮山烧香祭拜，形成了万把香火敬祖公的壮观场面。在第四乐章里，运用朝拜调、古美山歌调等壮族传统音乐曲调，表现了壮族人民对始祖布洛陀的深切怀念和无限敬仰。

第一乐章表达对布洛陀祖公的喜爱之情，第二乐章赞美布洛陀开天辟地的豪迈精神，第三乐章赞美布洛陀创造万物的开拓精神，第四乐章表达对布洛陀的怀念敬仰之情。

演绎《布洛陀圣乐》所使用的乐器有：牛角号、牛角胡、田螺笛、大阮、锣、钹、木鱼、天琴、竹笛、扬琴、葫芦胡、石头琴、铜鼓等数十种乐器。其中葫芦胡、牛角胡、马骨胡属于壮族所特有的乐器。[①] 其他乐器如锣、钹、木鱼、竹笛等是壮族与其他民族共用的乐器。因此，布洛陀圣乐演奏所借助的乐器不仅彰显了壮族器乐的特色，而且大量采借其他民族的乐器。

布洛陀文化的乐舞表达实际上是把音乐与舞蹈当成一种具有"表达权"的语言，通过乐舞的形式向人们传递和展现布洛陀文化。这种对布洛陀文化的表达所采用的是碎片化而非宏大叙事形式。

布洛陀文化的乐舞表达所采取的文化重构方式归纳起来主要有两种：

第一，文化采借。文化采借（cultural adoption）是指一种文化经过选择而接受其他文化之要素的过程与现象。这是不同文化之间长期接触的必然结果。文化采借对于文化的发展意义重大，每个文化体系的组成中都有很大一部分是借自其他文化的。一个文化正是通过不断地采借并改造异文化元素才得到发展。[②] 布洛陀文化乐舞表达所体现出的文化采借除借用其他民族文化外，还借用了布洛陀文化之外的壮族其他文化元素，如借用"蚂拐"、"竹子"、"瓦氏夫人"等文化元素，通过创作人员的再创作成功地使其和布洛陀文化完美结合。

第二，文化增殖。增殖是指在原有文化的基础上注入新的元素，使

---

① 张龙：《浅析敢壮山布洛陀圣乐的文化内涵》，《长三角》2010年第8期。
② 陈国强、石奕龙：《文化人类学词典》，浙江人民出版社1990年版，第81页。

其更具有活力。布洛陀文化乐舞表达中文化增殖的重构方式应用非常多。例如,在《布洛陀圣乐》的制作中,创作者们把那县的创造歌、祭祀歌、师公调、唐皇调、巫调、经诗调、拜月调、劈火调、春牛调、踩花灯调、游花园调、补粮调、孝义调、田州山歌调、巴别山歌调、古美山歌调等音乐元素进行收集整理,通过再加工使其完美结合构成一个整体,从而使新的《布洛陀圣乐》既保留原有音乐元素的某些特质,与此同时又拥有整个音乐比原有元素更多的品质。这种增殖实际是在布洛陀传统文化的基础上通过累加其他文化元素而成。

　　萨林斯说:"文化在我们探寻如何去理解它时随之消失,接着又会以我们从未想象过的方式重现出来。"[1] 就布洛陀文化而言,在其发展历程中虽然并没有消失,但在现代化进程中它无疑是以新的方式重现出来。它借助乐舞文化的叙事策略,在那县通过乐舞表达得到了一种新的发展,得以重构。

---

　　[1] 〔美〕马歇尔·萨林斯:《甜蜜的悲哀》,王铭铭、胡宗泽译,生活·读书·新知三联书店 2002 年版,第 141 页。

第六章

布洛陀文化当代重构的实践理性

布洛陀文化的当代重构作为一种实践行为，有其自身的内在逻辑。借鉴法国哲学家、社会学家、人类学家布迪厄的实践理论，关注布洛陀文化当代重构中的文化再生产、实践、场域、惯习、资本与权力等概念，可以帮助我们理解与解释布洛陀文化重构现象，也是我们认识与分析其内在逻辑的有效路径。

第一节　布迪厄的实践理论

实践理性问题是一个复杂的哲学问题，也是一个复杂的人类学问题。在西方哲学史上，最早提出实践理性的是德国哲学家康德。康德将人类理性区分为理论理性和实践理性，并认为实践理性是指行为的规范，其目的是探求和实现人的意志自由所需要的东西。显然，康德的实践理性突出的是道德实践。黑格尔同意康德对理性所作的区分，但认为康德的实践理性并未超出理论理性的最后观点——形式主义。黑格尔是从主体和客体的统一上把握实践理性，认为实践理性是实现善的冲力，亦即意志或观念的实践活动。无论是康德还是黑格尔所理解的"实践理性"，实质上都是精神自我意识的活动。① 马克思所理解的"实践理性"则指向改造世界的实践活动。马克思早期将实践视作世界的本体，在实践与认识的关系上，把实践置于逻辑优先的地位。这一实践哲学进

---

① 王炳书：《实践理性问题研究》，《哲学动态》1999 年第 1 期。

路由西方马克思主义着力加以阐发，并在新时期中国学界得到发扬。①

　　人类学、民族学对实践问题的关切无疑拓展了实践理性的研究视域。美国人类学家萨林斯从"生产行动"这一特定实践出发，详细分析了在其之前的人类学、民族学实践理性与文化理性的争论。进化论学者摩尔根、默多克、斯图尔德等和功能学派的马林诺夫斯基以及马克思主义民族学家大多认为实践决定文化，萨林斯将这种观点称为"功利论"。同样是新进化论代表人物的萨林斯在实践问题上选择了与实践理性不同的另一种理性，即"象征理性或意义理性"。这一理性认为，"人的独特本性在于，他必须生活在物质世界中，生活在他与所有有机体共享的环境中，但却是根据由他自己设定的意义图式来生活的——这是人类独一无二的能力。""文化的决定性属性……并不在于，这种文化要无条件地拜伏在物质制约力面前，它是根据一定的象征图式才服从于物质制约力的，这种象征图式从来不是唯一可能的。因而，是文化构造了功利。"② 萨林斯的象征理性虽然对文化工具论进行了批判，但其自身并未摆脱二元论的矛盾，且具有将象征意义的作用无限放大的危险。

　　布迪厄与萨林斯是同时代的人类学家，并在马克思实践论的影响下建构了自己的实践理论。布迪厄试图打破西方传统的主客二元对立的固定思考模式，建构一种"反思的社会人类学"，其实践理论主要包含在以下几个核心概念之中。

　　一　文化再生产（lareproduction culturelle）**与实践**（pratique）

　　布迪厄"文化再生产"理论是其在反思人类学文化研究传统时提出的。以往人类学对于文化的研究往往过多地看到文化作为一种"产物"（产品）的性质，无论是泰勒代表的英国人类学早期传统，还是后来出现的功能论、结构论的人类学研究，都具有这种特征。布迪厄所处的时代正是晚期资本主义社会或消费社会出现的时代，这个时代出现了

---

　　① 徐长福：《实践哲学的若干进路及其问题》，《天津社会科学》2002 年第 6 期。
　　② ［美］马歇尔·萨林斯：《文化与实践理性》，赵丙祥译，上海人民出版社 2002 年版，第 2 页。

"都市文化、科学技术、政治经济生活的管理、信息网络的处理、两性自由选择、人工智能、生化遗传工程、教育改革、市民日常生活方式、生活风格、大众文化以及文学艺术的自由创作"等新课题。① 在现代性的发展中，文化再生产现象普遍存在。因此，人类学研究应从传统关注文化产品转而研究文化生产、再生产过程或文化实践。

　　布迪厄的文化再生产是一个复杂的概念，它与场域、惯习、资本、权力、象征等具有密切的关系。文化再生产的核心内涵包括：其一，文化生命的最根本的特点是它的自我创造性与超越性，这一性质决定了文化再生产的不可避免性。"文化生命以自我创造为其基本的表现形态，同时也是靠自我创造作为其存在的基本动力"。② 其二，一切人类实践活动都是创造和更新文化的活动，或者说，人类的一切文化生产和再生产活动，具有一般的人类实践活动的特征。其三，当代社会文化再生产问题的关键，就是占据社会权力的集团及其社会成员，试图以当代文化再生产制度和组织，通过文化再生产的运作机制，玩弄一系列象征性策略手段，保障他们一代又一代地连续垄断文化特权。这在学校教育系统文化特权再生产等方面表现得尤为明显。③

　　布迪厄认为，以文化再生产为中心的人类实践是一种象征性实践，象征性实践是人类实践的基本形式，社会是文化再生产的象征性实践的产物。不过，布迪厄的"实践"与马克思等人所说的实践（praxis）不同，它是指人的"实际活动"，"指的是人类一般性活动，其中包括生产劳动、经济交换、政治、文化和大量的日常生活活动。"④ "我之所以提出一套实践理论，把实践活动看作是一种实践感的产物，是在社会中建构的'游戏感'的产物，就是要说明实践的实实在在的逻辑（the actual logic of practice）"⑤，"客观主义把行动理解成'没有行动者'的机械反应；而主观主义则把行动描绘成某种自觉的意图的刻意盘算、

---

　　① 高宣扬：《布迪厄的社会理论》，同济大学出版社 2004 年版，第 15 页。

　　② 同上书，第 31 页。

　　③ 同上书，第 70—71 页。

　　④ 同上书，第 109 页。

　　⑤ ［法］皮埃尔·布迪厄、［美］华康德：《实践与反思——反思社会学导引》，李猛、李康译，中央编译出版社 1998 年版，第 64 页。

苦心追求，描绘成某种良知自觉之心，通过理性的盘算，自由地筹划着如何确定自己的目标，使自己的效用最大化。我从一开始就想摆脱这两种思路，以便说明在最细微、最平凡的形式中体现出来的那些实践活动——比如各种仪式、婚姻选择、日常生活中的世俗经济行为等等。"①

二　场域（champ）

场域是布迪厄针对社会这一概念的空泛本质设定的一个概念。场域的基本特征主要包括：

其一，场域是一种社会关系的网络。布迪厄将场域定义为"在各种位置之间存在的客观关系的一个网络，或一个构型"。②

其二，一个场域就是一个行动者斗争的社会空间。"作为一种场域的一般社会空间，一方面是一种力量的场域，而这些力量是参与到场域中去的行动者所必须具备的；另一方面，它又是一种斗争的场域，就是在这种斗争场域中，所有的行动者相互遭遇，而且，他们依据在力的场域结构中所占据的不同地位而使用不同的斗争手段，并具有不同的斗争目的。"③

其三，每一个场域都有自身的逻辑与规则。布迪厄研究了政治、权力、经济市场、高校、艺术、学术、宗教、法律、居民住宅建设等形形色色的场域，认为，"一个场域并不具有组成部分和要素。每一个子场域都具有自身的逻辑、规则和常规，而在场域分割的每一个阶段（比如说文学创作的场域），都需要一种真正质的飞跃（比如你从文学场域的层次降于小说或戏剧的子场域的层次）"④。

其四，场域的存在与疆界不容许任何先验的回答，"场域的界限只能通过经验研究才能够确定"。

---

① ［法］皮埃尔·布迪厄、［美］华康德：《实践与反思——反思社会学导引》，李猛、李康译，中央编译出版社1998年版，第164页。
② 同上书，第133—134页。
③ 高宣扬：《布迪厄的社会理论》，同济大学出版社2004年版，第138页。
④ ［法］皮埃尔·布迪厄、［美］华康德：《实践与反思——反思社会学导引》，李猛、李康译，中央编译出版社1998年版，第142页。

三　惯习（habitus）

布迪厄提出"惯习"[①] 这一概念的宗旨"主要在于摆脱唯智主义的行动哲学。这种哲学尤其体现在把人看作理性行动者的经济人理论里"。[②] 布迪厄还力图将惯习与习惯（habitude）进行区别，习惯往往显示为自发性的、重复性的、机械性的或惰性方面的，而惯习则兼具建构性、创造性、再生性和被建构性、稳定性、被动性两方面的心态双重结构。[③]

惯习在布迪厄的实践理论中是一个内涵丰富、表述复杂的概念。高宣扬将其内涵总结为：不只是用来表示同人的行动始终相伴随，并指导着行动始终的那种精神状态，而且还用来强调与社会结构共时并存、同时运作的行动者秉性系统；不只是指那些指导着社会区分的区分原则，而且也是实际地起区分化作用的区分活动本身；它不只是单纯已形成的内在化的行动者主观心理状态，而且是同时积累着行动者历史经验和凝缩社会历史发展轨迹，并不断地在客观世界中外在化的"生存原则"。[④]

惯习的价值与作用必须将其放在与场域的关系中才能加以正确地理解。布迪厄认为，惯习与场域是一种双向的模糊关系。"所谓惯习，就是知觉、评价和行动的分类图式构成的系统，它具有一定的稳定性，又可以置换，它来自于社会制度，又寄居在身体之中；而场域，是客观关系的系统，它也是社会制度的产物，但体现在事物中，或体现在具有类似于物理对象那样的现实性的机制中。"[⑤] 惯习与场域虽属两种系统，但两者密切地交织在一起，场域是有惯习的场域，惯习是在场域中的惯习。"社会现实是双重存在的，既在事物中，也在心智中；既在场域

---

① 高宣扬将 habitus 翻译为"生存心态"，考虑到使用的便利和不影响对其内涵的理解，本书仍使用"惯习"这一译名。

② ［法］皮埃尔·布迪厄、［美］华康德：《实践与反思——反思社会学导引》，李猛、李康译，中央编译出版社 1998 年版，第 163 页。

③ 高宣扬：《布迪厄的社会理论》，同济大学出版社 2004 年版，第 116 页。

④ 同上书，第 113 页。

⑤ ［法］皮埃尔·布迪厄、［美］华康德：《实践与反思——反思社会学导引》，李猛、李康译，中央编译出版社 1998 年版，第 171 页。

中，也在惯习中；既在行动者之外，又在行动者之内。"① 惯习与场域是本体论的对应关系。惯习与场域的关联有两种作用方式。一方面，这是种制约关系：场域形塑着惯习，惯习成了某个场域（或一系列彼此交织的场域，它们彼此交融或歧异的程度，正是惯习的内在分离甚至是土崩瓦解的根源）固有的必然属性体现在身体上的产物。另一方面，这又是种知识的关系，或者说是认知建构的关系。惯习有助于把场域建构成一个充满意义的世界，一个被赋予了感觉和价值，值得你去投入、去尽力的世界。② 当然，惯习与场域也有不吻合之处，即不同的场域有不同的惯习。从历史的角度看，惯习与场域是一种动态的关系，这种动态的关系是通过"实践"为中介而生成和建构的。从这点上说，惯习、场域及其关系的逻辑即是实践的逻辑，惯习与场域的关系体现了实践的逻辑或实践理性的特点。

四　资本（capital）与权力（pouvoir）

资本是一个与场域有着密切关系的概念。场域始终是个人的或集体的行动者运用其手握的各种资本进行相互比较、交换和竞争的一个斗争场所，是这些行动者相互间维持或改变其本身所具有的资本，并进行资本再分配的场所。反过来，场域是各种资本竞争的结果，只能靠其中的各种资本的反复交换及竞争才能维持。③ 为此，布迪厄把在场域中竞争的资本，进一步分为经济资本、文化资本、社会资本和象征性资本四大类。行动者手中拥有的资本不同，决定了其在场域中的地位差异。

场域又是靠权力关系来维持和运作的。布迪厄认为，凡是有社会关系和社会力量存在的地方，就有权力的存在。权力可以是政治的，也可以是社会性的、经济性的或文化性的等。决定着权力的性质的，是组成特定相互关系的各个社会地位上的行动者所握有的实际资本的力量总和。也就是说，各个场域中的权力关系，是由各个行动者所握有的资本

---

① ［法］皮埃尔·布迪厄、［美］华康德：《实践与反思——反思社会学导引》，李猛、李康译，中央编译出版社1998年版，第172页。

② 同上书，第171—172页。

③ 高宣扬：《布迪厄的社会理论》，同济大学出版社2004年版，第148页。

种类及其总量所决定的。①

布迪厄正是通过以上概念及其相互关系的阐释，建构了他的实践理论。布迪厄实践理论强调的实践理性或实践运行的逻辑，简言之，主要包括：其一，实践理性是象征性实践，而不是经济人理性；其二，实践是场域与惯习双向关系的实践，惯习在实践中的作用不可替代，惯习使实践成为建构的实践，为实践提供了动力原则；其三，实践是资本运用和权力斗争的实践。

第二节　布洛陀文化当代重构的实践理性

布洛陀文化当代重构作为一种文化实践，有其自身的内在逻辑，布洛陀文化当代重构所体现的实践理性，亦可借鉴布迪厄实践理论及相关概念予以分析，同时还可结合布洛陀文化重构实践反思布迪厄实践理论及相关概念。

一　布洛陀文化当代重构的场域

布洛陀文化当代重构的场域（以下简称"重构的场域"）包含在场域的重构之中，因为"重构的场域"是一个动态的、历史的过程。"重构的场域"或"场域的重构"，必须同布洛陀文化传统场域（以下简称"传统场域"）进行对照才能获得完整的理解。

（一）布洛陀传统场域及其实践逻辑

布洛陀传统场域主要为宗教（祭祀）场域。这一场域为麽公、壮族民间信众建立的关系网络，这一社会空间是以村落社会为基础的社会空间，包括麽公与信众、麽公与麽公、信众与信众等多重社会关系。布洛陀传统场域建构纽带是对布洛陀创世神、始祖神、智慧神、道德神、宗教神的信仰与祭祀，其功能是祛除不祥、驱逐鬼魅、禳灾纳吉。因此，无论是麽公，还是信众，都具有宗教信仰的神圣秉性。从语言、符号运用，到行为和心理，布洛陀传统场域中的行动者以宗教祭祀的惯习

---

① 高宣扬：《布迪厄的社会理论》，同济大学出版社 2004 年版，第 154—155 页。

展演着他们对于布洛陀的尊崇，共同构筑一个与世俗生活区分的特殊世界。

当然，麼公在这一场域中，拥有了一般信众所没有的资本与权力。他们拥有与布洛陀等神灵沟通的能力，这一象征性资本，使他们在祭祀场域中居于主导地位，占据有利位置。他们还拥有对麼经的学习、认知、解释和使用的能力与权力，这一文化资本使他们与神灵的沟通能力具体化，从想象转变为行动，加强了他们的主导地位。他们的成长与仪式活动得到布洛陀的信任、师傅的帮助和地方长老的支持，拥有丰富的社会资本。当然，麼公多为兼职或半职业化，祭神襄灾仪式活动使他们获得由信众馈赠的物品，乃至货币。麼公用自己的象征资本、文化资本和社会资本换取一定的经济资本，实现经济利益的再分配。麼公与麼公之间的差异化，使麼公们形成了一种斗争的场域。为了获得更多信众的信任与崇敬，他们的策略就是宣称身份的正宗，与神灵沟通方式的正当，以及法力的强大与有效等。

信众虽然更多地依靠一定的经济资本获得麼公的认可和神灵的眷顾，以达到驱凶纳吉的目的。但信众在这一场域中并非始终处于被动的地位，他们拥有对麼公的选择权和对仪式效果宣称的主动权。这些迫使麼公不得不采取灵活的策略施法，以得到信众的认可。

（二）重构的场域

布洛陀文化重构的过程，即是布洛陀文化场域重构的过程。重构的场域包括了一系列复杂的社会关系网络和社会空间。从重构的事实看，主要有学术场域、政治场域、经济场域、艺术场域、宗教（祭祀）场域。

1. 学术场域

学术场域是由从事壮族文化、布洛陀文化研究的学者和其他相关学术研究人员组成的关系网络。这一关系网络的核心是壮族学者，包括那县本土学者和来自广西壮族自治区、北京等地高校和科研机构的壮族学者。此外，进入学术场域的还有汉族等其他民族的学者以及各类有学术倾向的媒体人。学术场域所涉学科极其复杂，有文学、考古学、历史学、民族学、人类学、文化学、民俗学、宗教学等。学术场域是重构的场域的基础性场域，其功能在于发现和论证那县布洛陀文化中心和敢壮山作为布洛陀古居的正当性与合"法"（此法可指法规，但更多的是指特定的规则）性和合逻辑性。换言之，学术场域功能主要在于通过田野调查和研究，确认敢壮山布洛陀文化遗址的神圣地位。敢壮山布洛陀文化遗址"正统"地位的确立，是布洛陀文化当代重构的基本前提。

2. 政治场域

政治场域是由那县、百色市、广西壮族自治区政府以及国家相关部委、那县周边各县市及与布洛陀相关的各县市政府及其工作人员组成的关系网络。那县政府是这一网络的中心。政治场域既是一个有形的社会空间，也是一个无形的权力网络。有时政治权力并不是由一个具体的政府部门来体现。政治场域的功能主要为组织学界专家"论证"敢壮山布洛陀文化遗址的神圣地位，确定敢壮山作为布洛陀古居的合"法"性与合逻辑性，进而通过行政手段组织人力、物力、财力保护和开发布洛陀文化，通过"文化搭台"，实现"经济唱戏"，促进地方经济社会发展。就那县县委、县政府而言，其主要实践行动包括：召开敢壮山布洛陀遗址学术研讨会、举办历届布洛陀文化旅游节，特别是开幕式、祭祀大典和文艺晚会。而百色市及广西壮族自治区高层领导的介入，特别是2011年首次官方公祭布洛陀，向全体壮族人民宣告了自治区人民政府对敢壮山布洛陀的完全认可。当然，在政治场域中，还应该包括新闻媒体。因为新闻媒体在布洛陀文化当代重构中起了极其重要的作用，而介入报道的中央电视台、人民日报、人民网、广西日报、南宁日报、右江日报等都是党和政府的喉舌，其报道的政治立场不言而喻。

3. 经济场域

经济场域是一个由市场经济人组成的关系网络，其中最主要的是旅游经济开发中所涉公司、商家和个体的经济人。经济场域的功能在于开发布洛陀文化产品，并参与建构布洛陀文化空间与设施。

4. 艺术场域

艺术场域是由艺术团体、艺人及相关的艺术家组成的关系网络。艺术场域的功能在于创作和展演布洛陀艺术文化产品。

5. 宗教（祭祀）场域

宗教（祭祀）场域是由麽公、仪式专家和民间信众等组成的关系网络。其功能在于主持、参与敢壮山布洛陀祭祀活动。

上述各种场域在布洛陀文化重构中不是独立存在的，它们以学术场域为基础、以政治场域为中心，形成了一个各种场域相互关联的场域系统或复合场域。其基本的系统结构如图6—1所示：

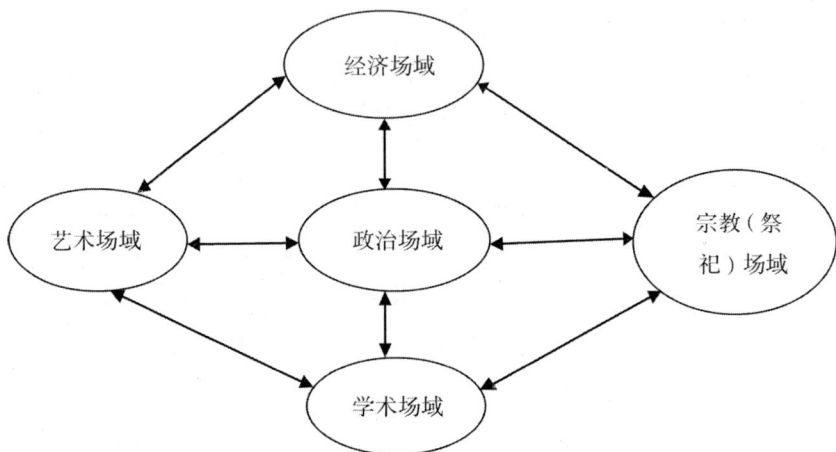

図6—1　场域系统结构图

在这个特定的场域系统中，学术场域是基础，经济场域是利益的目标，政治场域是中心，艺术场域和宗教（祭祀）场域是联结学术场域和经济场域的中介。

二　布洛陀文化当代重构中的惯习、资本与权力

重构的场域只是布洛陀文化重构实践行动者的斗争、利益分配的场所，各类行动者的惯习表现、资本与权力的运用是这一场域生成与维持的基础。

（一）各种场域中的惯习、资本与权力

布洛陀文化重构中的各种场域，其惯习表现、资本与权力的运用均不相同。在学术场域中，学者们围绕壮族文化和布洛陀文化内涵、布洛陀发源地与敢壮山作为布洛陀古居的合法性、合逻辑性等问题展开长期的学术研讨与争论，学术人展现求证、思辨、学理分析的基本惯习，同时壮族学者还呈示了民族自尊与文化自豪的情绪与情感和族群价值自我认知的集体意识。由于各种学者拥有的资本不同，决定了他们在这种学

术场域中的不同地位，最终，拥有更多资本的学者拥有了确定上述学术问题结论的话语权。古笛是壮族的著名学者、诗人，其所拥有的社会资本、文化资本和象征资本使其在布洛陀古居的"发现"中拥有极大的话语权。古笛主要是以一种诗人的秉性宣称敢壮山就是布洛陀的发源地和古居，并没有提供足够的证据和进行充分的论证。这种"发现"得到北京和广西本土部分具有同样资本的学者呼应，这种呼应一部分是以提供历史学、考古学、民俗学、民族学、人类学等学科的论证为形式，一部分则出于壮民族的集体意识。然而，大凡创世始祖和人文始祖均是神话的想象，它的神格和事迹具有先民生活世界的整合性，其古居难以确证，也无须确证。壮学领域的另一部分学者则对敢壮山是布洛陀古居遗址的"先发现、后论证"的学术路线和证据以及布洛陀是珠江流域人文始祖的观点提出质疑，形成一种"证伪派"的学术力量。由于这派力量拥有的资本与权力要远逊于前派力量，在学术论辩中尽管力求证据，且在证据上略占上风，但最终布洛陀作为"壮族人文始祖"、"珠江流域人民共同的人文始祖"和"敢壮山作为布洛陀古居"的合法性经历多次学术研讨后得到认定。

在政治场域中，行动者是掌握着社会公共权力、可以合法地调配社会资源，并按照一定的社会理想进行社会改造的机构和个人。这些行动者的惯习并没有得到充分的研究和恰当的表述。从中国政治场域的实际看，行动者的惯习表现了极大的权力感，行政思维的"实用"与"权变"特点极其明显，他们往往注重形象与事件的结果。这些惯习在布洛陀文化重构的政治场域中也得到了充分的体现。基于这些惯习，在布洛陀文化重构的政治场域中，行动者进行了资本与权力的分配、再分配和争夺。在那县内部，为了保证布洛陀文化顺利重构而采取统一领导、部门协调的工作方式，重大活动（学术研讨会、旅游节等）由那县主要领导主持，宣传部是整个布洛陀文化建构的核心领导、协调部门，其他部门分享不对等的权力和成果。显然，在政治场域中，职位资本与部门资本在权力运作中发挥了重要的作用。对外，那县的策略是争取上级领导与部门的支持与认可，并加强与周边各县市的协调与沟通，特别是与布洛陀流传地的协调与沟通，以强化那县是布洛陀中心的地位。

经济场域展示了市场经济人（经济场域的行动者）的经济人理性，

在经济场域中，市场经济人以盘算为主要特点，包含着诚信、互惠的惯习表现得淋漓尽致。市场经济人拥有丰富的经济资本，但其进入场域还必须具备特定的社会资本，在布洛陀文化产品的开发上，文化资本和象征资本也能发挥重要的作用。市场经济人正是利用各自拥有的资本获得布洛陀文化开发的准入资格，但资本的多少与大小又决定了各种市场经济人在经济场域中的地位与利益分享程度。

艺术场域中的艺术家基于其艺术创作的敏感、个性、创造、自由风尚等惯习从事以布洛陀为中心的艺术创新与表演，但无论是布洛陀广场设计，还是敢壮山神像的制造，抑或是文艺会演中各种与布洛陀有关的乐舞创作，都包含了艺术家各类资本的利用与话语权力的争夺。在这个过程中，投标竞争或组织安排考虑的均是创作者的学历、艺术素养及其他资质，最终拥有较多资本的艺术团体、艺人和相关艺术家获得了布洛陀艺术创作的权力。

宗教（祭祀）场域的麽公、仪式主持人和民众基于布洛陀信仰的集体意识与惯习参与敢壮山的祭祀活动。但与传统布洛陀祭祀不同，敢壮山祭祀神灵更加明确为布洛陀，这样使布洛陀祭祀由传统的村落祭祀圈转变为地方性的重要祭典，祭祀的关系网络也得以扩大，包含了传统的民间香客、外来游客乃至政府官员等。在历次祭典中，官员、嘉宾、当地民众和外地一般游客依据其拥有的资本的差异形成了祭祀等级序列，排在等级序列前列的成员拥有依次粉墨登场的权力，而广大香客则在场域的边缘以各种复杂的心情维持着场域的边界。

（二）各种场域间力量的博弈

如前所述，布洛陀文化重构的场域是一个系统。在这个系统中，场域间各种力量相互影响、相互作用、相互制衡，形成了具有策略性的博弈关系。在这场力量的博弈中，学者的力量是基础性力量，政治力量是关键性力量。

学者承担着关于布洛陀文化相关问题合法性和合逻辑性的论证，这种论证必须得到政治力量、民间力量和其他力量的支持与认可，才能转化为艺术的、商业的产品。因此，当古笛宣称"发现"敢壮山布洛陀古居后，一部分学者即谋求在政府和商人的资助下召开布洛陀文化的学术研讨会，以求增加学术研究的实践价值。为了获得地方政府乃至民众的认可，学者们的策略是寻找证据，解释碎片化的事件以使证据链条完整化，甚至对布洛陀文化进行必要的加工，以提出"科学的"、"正确的"学术观点。

政治力量是一种实用与敏感的力量，当古笛宣称在那县发现布洛陀古居，乃至学者宣称那县就是布洛陀文化的中心，那县政府立即意识到，这是利用布洛陀文化发展文化旅游和其他文化产业，提高那县知名度的绝佳时机。政府虽是地方权力机构，拥有比学者、商人乃至民众多得多的各类资本，但又不是封闭的权力系统，政府的权变特性促使其利用学者、商人和民间的多种力量以实现自己的实用的目的。在政府与学者之间的博弈中，政府利用了学者的学术活动为发展文化产业造势，增加文化产业的合法性、合理性基础，同时政府组织和主持了一系列学术活动，直接参加学术活动或以学者身份出现，发表学术见解，以提高政府的学术品质，政府还进行了一系列的布洛陀文化遗产的搜集、整理和出版工作，以展示那县布洛陀文化的底蕴和发展布洛陀文化产业的文化基础。在文化设置如博物馆的建设中，政府大量展示相关学者的照片，介绍学者们与那县的关系，其意也在于增加那县布洛陀文化的学术价值。政治力量与学术力量的博弈中，政治力量主张的是学术奠基，文化搭台，经济唱戏。因此，政府从政治场域中走出，逐步渗透到其他各种场域。如利用招商引资，使商人投资建设布洛陀文化设施，开发布洛陀文化产品；利用艺术家的艺术创作，提升布洛陀文化品格，演绎布洛陀文化精神；政治力量更是向祭祀场域渗透，甚至操控祭祀场域，在大型祭典中，均是由政府出面组织，地方官员悉数登场，使布洛陀祭祀由民祭演变为不折不扣的官祭。

经济唱戏的主角是商人。商业力量在这场博弈中虽不是决定性的力量，但一开始就是一个推动的力量。作为文化商人的彭洋正是在古笛的"发现"中看到了商机，展开了一系列的商业运作，不仅支持学者的学术研究，而且参与到布洛陀文化产业的一系列活动之中。可以说，商人带着他们的经济资本加入到布洛陀文化的重构之中，而政府通过招商引资也正是利用了商人的经济资本。商人与政府具有共同的目标，商人为了获得商业利益，政府为了发展地方经济，二者形成了一种互惠的关系。

艺术力量与民间力量并不是独立的力量，他们与其他力量发生着复杂的关系。艺术家有的来自政府工作部门，有的为商业公司工作，他们的艺术表达加入了尊重艺术规律之外的内容。艺术家的艺术表达首先是权力的表达，承载着权力者的意图，而失去其独立性。如布洛陀神像制作参照了炎帝像的相关要素即是政治力量的作用。艺术家的艺术表达又是商业算计的结果，他们在制作艺术产品时，受到有限成本的制约，因而体裁、材料和制作方式等的选择均已超越了艺术本体。

民间力量是布洛陀文化传统得以生成和传承、发展的重要力量，在布洛陀文化当代重构中，这种力量仍然是基础性力量。民间力量散布在多种场域中，但以宗教（祭祀）场域为主。以祭司或祭祀主持人身份出现的民间力量依附于政治力量而存在，其职业化特点使其与一般民众相区别。大多数民众是以香客的身份参与到宗教（祭祀）场域之中。民众以捐献和宗教消费等方式获取布洛陀等神灵的庇护，他们在宗教（祭祀）场域的交换性行为是象征性的。在宗教（祭祀）场域之外，民众为学者的学术研究提供历史记忆和传统资源，他们是商人生产的布洛陀文化产品的消费群体，尽管这种消费是选择性消费。民众多听从于政府的社会动员，并为政府文化重构提供声援，但向政府索要的回报是算计的和功利的。总之，民众虽不具有丰富的资本，但他们在各类行动中仍然进行着权益表达。

三　几点思考

由于布迪厄的实践理论试图在主观主义、客观主义二元论之外寻找一种对社会解释的路径，为我们解释包括布洛陀文化当代重构在内的文化实践的运作逻辑提供了很好的概念与工具。但布迪厄实践理论的解释效力是有限的。从布洛陀文化当代重构实践来看，至少在以下几个方面值得我们对布迪厄实践理论进行进一步的思考。

（一）文化再生产内涵的局限性

布迪厄把文化再生产看作是人类实践的基础性概念，但其文化再生产理论具有明显权力再生产的倾向。这在其对于高等教育的权力再生产与分配机制的研究中表现得较为充分。在现代化的背景下，文化，特别是传统文化的自我生成、创造能力在下降。因此，文化重构成为当代人类另一种重要的实践。本书使用文化重构，基于其与布迪厄文化再生产的如下区别：

（1）文化再生产是文化自我创新，是文化内在力量作用的结果，传统布洛陀经诗的汉文、古壮文抄录及其传播等均可视为文化再生产；文化重构主要为外在力量对文化的重新建构，当代布洛陀文化的生产属于文化重构现象。

（2）文化再生产不需要解构，而文化重构有一个文化解构的过程，即文化重构的前提是文化的解构。

（3）文化再生产可以借用外来文化元素，但并未对传统结构产生根本性的破坏，而文化重构则是大量借用外来文化元素，重构新文化使传统文化发生了结构性的改变。

尽管文化重构与文化再生产具有较大的区别，但文化重构与文化再生产也具有一定的关联性，如果用布迪厄文化再生产涵盖文化重构，文化重构可以补充文化再生产的内涵与形式。我们可把文化重构看作是文化再生产的一种方式，文化重构与文化自我创造一样，成为人类实践的一种基本形式。由此，布迪厄的文化再生产的内涵不再局限于文化的自我创造，它还包括文化的重构。

（二）复合理性的存在与价值

目前学术界关于实践理性的思考多是单面向的，在强调一种理性的同时，否定或忽视实践的其他理性，经济理性、社会理性、政治理性、文化与象征理性均是这类概念。布迪厄的象征性实践理性一方面并未实质性地超越萨林斯的象征理性内涵，另一方面也未能对普遍实践事实进行精确反映。从布洛陀文化重构实践来看，实践理性表现为一种复合性。因此，本书提出"复合理性"概念，以对布迪厄的相关概念进行补充与修正。

1. 复合场域

从以上关于布洛陀文化当代重构的场域分析来看，重构的场域虽然存在如布迪厄所说的具体社会关系网络或社会空间，如学术场域、政治场域、经济场域、艺术场域和宗教（祭祀）场域等，但这些场域又共同组成了重构的大场域。它是一种复合的场域或扩大的场域。布迪厄提出场域的概念，其目的是反思"社会"概念的抽象性，但其场域概念太过具体，以致影响了这一概念的解释力。从布洛陀文化重构实践的具体事实中，我们看到了一个比布迪厄场域要大，比社会要小（当然也不同于芝加哥学派的社区）的社会关系的网络或社会空间，这就是复合场域。从这个角度看，这一复合的场域，也可称为社会的中层结构。社会的中层结构为我们提供了分析社会结构和文化结构的重要概念与工具。

2. 复合理性

在复合场域中，实践逻辑表现了自身的复杂性与复合性。在这里，我们看到多种理性的并存和相互作用。学者研讨表现了明显的理论理性和象征性理性倾向，在理论理性上，他们试图论证布洛陀文化相关问题的合法性与合逻辑性，但他们的学术讨论又超越了知识建构即理论理性的范畴，更多地具有象征意义。政府的行动逻辑则表现了工具理性或经济人理性和象征性理性并存的特点。从政府实用惯习和开发布洛陀文化的目的来看，他们把布洛陀文化看作是一种发展地方经济的资源，这种工具理性色彩导致那县政府对待布洛陀文化的态度是为我所用。但政府毕竟是一方民众的代表和民族文化的代言人，在开发利用民族文化的同时，他们以一种特殊的力量主导着文化保护，只是这种保护是适度保护，而开发是过度开发。如果说文化保护尚不足以表现政府的象征性理性，那么在重大文化活动中，特别是布洛陀祭祀仪式中，政府官员的悉数出场则完全是象征性行动，此行动将民间祭神活动上升到地方性祭典。商人的理性更明显地表现了工具理性或经济人理性，他们主要以追求经济利益最大化为目的来参加布洛陀文化的建构，但在这一过程中也不排除少数文化商人对布洛陀文化的自觉与尊重。对于民众而言，他们参加布洛陀文化的各类活动一方面出于功利目的，如三月三歌圩中的商品交易，但另一方面又带有象征性意味，如敢壮山祭祀中的求子求财求寿以及三月三的对歌等。

总之，我们不能简单地将布洛陀文化重构的实践理性归结为某一种理性，特别不能将其归结为如布迪厄所说的象征性实践理性，它是在复合性的场域中展现出来的复合的理性。正是这种复合的理性使我们找到了当代文化重构实践的内在运行逻辑。

参考文献

一 著作类

1. 柏贵喜：《转型与发展——当代土家族社会文化变迁研究》，民族出版社 2001 年版。

2. 曹本治：《中国民间仪式音乐研究》，上海音乐学院出版社 2007 年版。

3. ［德］卡尔·曼海姆：《重建时代的人与社会：现代社会结构的研究》，张旅平译，生活·读书·新知三联书店 2002 年版。

4. ［德］康德：《实践理性批判》，邓晓芒译，人民出版社 2003 年版。

5. 董晓萍：《田野民俗志》，北京师范大学出版社 2003 年版。

6. ［法］P. 布尔迪约、J. -C. 帕斯隆：《继承人：大学生与文化》，邢克超译，商务印书馆 2002 年版。

7. ［法］P. 布尔迪约、J. -C. 帕斯隆：《再生产—— 一种教育系统理论的要点》，邢克超译，商务印书馆 2004 年版。

8. ［法］皮埃尔·布迪厄：《单身者舞会》，姜志辉译，上海译文出版社 2009 年版。

9. ［法］皮埃尔·布迪厄：《关于电视》，许钧译，南京大学出版社 2011 年版。

10. ［法］皮埃尔·布迪厄：《国家精英：名牌大学与群体精神》，杨亚平译，商务印书馆 2004 年版。

11. ［法］皮埃尔·布迪厄：《科学的社会用途：写给科学场的临床社会学》，刘成富、张艳译，南京大学出版社 2005 年版。

12. ［法］皮埃尔·布迪厄：《科学之科学与反观性：法兰西学院

专题讲座》，涂释文、梁红亚译，广西师范大学出版社 2006 年版。

13.［法］皮埃尔·布迪厄、［美］华康德：《实践与反思——反思社会学导引》，李猛、李康译，中央编译出版社 1998 年版。

14.［法］皮埃尔·布迪厄：《实践感》，蒋梓骅译，译林出版社 2003 年版。

15.［法］皮埃尔·布迪厄：《实践理性：关于行为理论》，谭立德译，生活·读书·新知三联书店 2007 年版。

16.［法］皮埃尔·布迪厄：《文化资本与社会炼金术——布迪厄访谈录》，包亚明译，上海人民出版社 1997 年版。

17.［法］皮埃尔·布迪厄：《言语意味着什么：语言交换的经济》，褚思真、刘晖译，商务印书馆 2005 年版。

18.［法］皮埃尔·布迪厄：《艺术的法则——文学场的生成和结构》，刘晖译，中央编译出版社 2001 年版。

19. 范宏贵：《同根生的民族》，光明日报出版社 2000 年版。

20. 高宣扬：《布迪厄的社会理论》，同济大学出版社 2004 年版。

21. 宫留记：《布迪厄的社会实践理论》，河南大学出版社 2009 年版。

22. 广西编辑组：《广西壮族社会历史调查》（1—7 册），广西民族出版社 1984—1987 年版。

23. 广西壮族自治区地方志编纂委员会办公室：《广西通志民俗志》，广西人民出版社 1992 年版。

24. 广西壮族自治区地方志编纂委员会办公室：《广西通志宗教志》，广西人民出版社 1995 年版。

25. 广西壮族自治区少数民族古籍整理出版规划领导小组：《布洛陀经诗译注》，广西人民出版社 1991 年版。

26. 郭于华：《仪式与社会变迁》，社会科学文献出版社 2000 年版。

27. 何正廷：《壮族经诗译注》，云南人民出版社 2004 年版。

28. 黄桂秋：《壮族麽文化研究》，民族出版社 2006 年版。

29. 黄桂秋：《壮族社会民间信仰》，中国社会科学出版社 2010 年版。

30. 瞿明安、郑晓云、罗康隆：《现代民族学》（下卷）（第 1、2 册），云南人民出版社 2009 年版。

31. 蓝鸿恩、王松：《中国各民族宗教与神话大词典》，学苑出版社1990年版。

32. 李绍明等：《中国各民族原始宗教资料集成》（壮族卷），中国社会科学出版社1996年版。

33. 李亦园：《宗教与神话》，广西师范大学出版社2004年版。

34. 梁庭望、廖明君：《布洛陀：百越僚人的始祖图腾》，外文出版社2005年版。

35. 梁庭望：《壮族风俗志》，中央民族学院出版社1987年版。

36. 梁庭望：《壮族文化概论》，广西教育出版社2000年版。

37. 梁庭望：《壮族原生型民间宗教调查研究》，安徽文化出版社2009年版。

38. 廖明君：《壮族自然崇拜文化研究》，广西人民出版社2004年版。

39. 刘拥华：《布迪厄的终生问题》，上海三联书店2009年版。

40. 吕大吉：《宗教学纲要》，高等教育出版社2003年版。

41. 吕大吉：《宗教学通论》，中国社会科学出版社1989年版。

42. 罗康隆：《族际关系论》，贵州民族出版社1998年版。

43. ［美］戴维·斯沃茨：《文化与权力：布迪厄的社会学》，陶东风译，上海译文出版社2006年版。

44. ［美］费斯克等：《关键概念：传媒与文化研究辞典》，李彬译，新华出版社2004年版。

45. ［美］克利福德·格尔茨：《文化的解释》，纳日碧力戈等译，上海人民出版社1999年版。

46. ［美］克利福德·吉尔兹：《地方性知识》，王海龙、张家瑄译，中央编译出版社2000年版。

47. ［美］拉比诺：《摩洛哥田野作业反思》，高丙中、康敏译，商务印书馆2008年版。

48. ［美］马歇尔·萨林斯：《历史之岛》，蓝达居等译，上海人民出版社2003年版。

49. ［美］马歇尔·萨林斯：《"土著"如何思考：以库克船长为例》，张宏明译，上海人民出版社2003年版。

50. 〔美〕马歇尔·萨林斯：《文化与实践理性》，赵丙祥译，上海人民出版社 2002 年版。

51. 〔美〕约瑟夫·奈：《软力量：世界政坛成功之道》，吴晓辉、钱程译，东方出版社 2005 年版。

52. 〔美〕詹姆斯·克利福德：《写文化——民族志的诗学与政治学》，高丙中、吴晓黎、李霞译，商务印书馆 2006 年版。

53. 牟钟鉴主编：《宗教与民族》（第 4 辑），宗教文化出版社 2006 年版。

54. 纳日碧力戈：《现代背景下的族群建构》，云南教育出版社 2000 年版。

55. 农冠品、曹廷伟：《壮族民间故事选》（第 1 集），广西人民出版社 1982 年版。

56. 农冠品：《中国民间歌谣集成·壮族卷》，中国社会科学出版社 1992 年版。

57. 农冠品：《壮族神话集成》，广西民族出版社 2007 年版。

58. 〔挪威〕托马斯·许兰德·埃里克森：《小地方，大论题：社会文化人类学导论》，董薇译，商务印书馆 2008 年版。

59. 欧朝泉：《基础民族学——理论·人种·文化》（修订本），民族出版社 2007 年版。

60. 欧阳若修等：《壮族文学史》，广西人民出版社 1986 年版。

61. 潘其旭、覃乃昌：《壮族百科辞典》，广西人民出版社 1993 年版。

62. 潘其旭：《壮族歌圩研究（修订版）》，广西人民出版社 2010 年版。

63. 丘振声：《壮族图腾考》，广西教育出版社 1996 年版。

64. 邵志忠：《壮族文化重组与再生》，广西人民出版社 1994 年版。

65. 时国轻：《壮族布洛陀信仰研究：以广西田阳县为个案》，宗教文化出版社 2008 年版。

66. 覃乃昌：《布洛陀寻踪：广西田阳敢壮山布洛陀文化考察与研究》，广西人民出版社 2004 年版。

67. 覃乃昌、潘其旭：《壮学论集》，广西民族出版社 1995 年版。

68. 覃乃昌：《壮侗语民族论集》，广西民族出版社 1995 年版。

69. 覃圣敏：《壮泰民族传统文化比较研究》，广西人民出版社 2003 年版。

70. 陶东风：《当代中国文艺思潮与文化热点》，北京大学出版社 2008 年版。

71. 王炳书：《实践理性论》，武汉大学出版社 2002 年版。

72. 王铭铭：《文化格局与人的表述：当代西方人类学思潮评介》，天津人民出版社 1997 年版。

73. 王文光：《中国南方民族史》，民族出版社 1990 年版。

74. 王衍军：《中国民俗文化》，暨南大学出版社 2008 年版。

75. 王治河：《全球化与后现代性》，广西师范大学出版社 2003 年版。

76. 韦兴儒：《布依族摩经文学》，贵州人民出版社 1997 年版。

77. 吴猛、和新风：《文化权力的终结——与福柯对话》，四川人民出版社 2003 年版。

78. 喜饶尼玛、石竣淏：《中国民族文化研究》，中央民族大学出版社 2005 年版。

79. 徐赣丽：《民俗旅游与民族文化变迁——桂北壮瑶三村考察》，民族出版社 2006 年版。

80. 徐向东：《实践理性》，浙江大学出版社 2011 年版。

81. 杨念群：《空间·记忆·社会转型》，上海人民出版社 2001 年版。

82. ［英］E. 霍布斯鲍姆、T. 兰格：《传统的发明》，顾杭、庞冠群译，译林出版社 2004 年版。

83. ［英］埃尔德里奇：《获取信息：新闻、真相和权力》，张威、邓天颖译，新华出版社 2004 年版。

84. ［英］安吉拉·默克罗比：《后现代主义与大众文化》，田晓菲译，中央编译出版社 2006 年版。

85. ［英］格雷戈里·贝特森：《纳文：围绕一个新几内亚部落的一项仪式所展开的民族志实验》，李霞译，商务印书馆 2008 年版。

86. ［英］马凌诺斯基：《西太平洋的航海者》，梁永佳、李绍明译，华夏出版社 2002 年版。

87. ［英］迈克·费瑟斯通：《消费文化与后现代主义》，刘精明译，译林出版社 2000 年版。

88. ［英］奈杰尔·拉波特、乔安娜·奥弗林：《社会文化人类学的关键概念》，鲍雯妍、张亚辉译，华夏出版社 2009 年版。

89. 张声震：《壮族麼经布洛陀影印译注》（1—8 卷），广西民族出版社 2004 年版。

90. 张声震：《壮族通史》（上、中、下），民族出版社 1997 年版。

91. 张伟胜：《实践理性论》，浙江大学出版社 2005 年版。

92. 张意：《文化与符号权利：布迪厄文化社会学导论》，中国社会科学出版社 2005 年版。

93. 赵德光：《阿诗玛文化重构论》，中国社会科学出版社 2005 年版。

94. 赵利生：《民族社会学》，民族出版社 2003 年版。

95. 郑杭生：《民族社会学概论》，中国人民大学出版社 2005 年版。

96. 周光大、王光荣、柏贵喜：《现代民族学》（上卷）（第 1、2 册），云南人民出版社 2009 年版。

97. 朱孝恪：《黄帝与中华文化学术研讨会论文集》，西北大学出版社 2008 年版。

二　期刊论文类

1. Brown, N., I. Szeman ed., *Pierre Bourdieu: Fieldwork in Culture*, Rowman & Littlefieid Pulishers, 2000.

2. Pierre Bourdieu, J. -C. Passeron, *Reproduction in Education, Society and Culture*, London: Sage Publications, 1977.

3. Pierre Bourdieu, *Outline of the Theory of Practice*, Cambridge: Cambridge University Press, 1977.

4. Pierre Bourdieu, *Pascalian-Meditations*, Cambridge: Polity Press, 2000.

5. Robbins, D. ed., *Pierre Bourdieu and Culture*, London: Sage Publications, 2000.

6. 柏贵喜：《土家族传统文化的当代变迁》，《中南民族学院学报（哲学社会科学版）》1996 年第 2 期。

7. 鲍建竹：《布迪厄的实践理论：对马克思的继承与偏离》，2011 年第 3 期。

8. 卜长莉：《布迪厄对社会资本理论的先驱性研究》，《学习与探索》2004 年第 6 期。

9. 曹成竹：《从习性到审美习俗：一个布迪厄概念的中国化》，《马克思主义美学研究》2009 年第 2 期。

10. 岑贤安：《论布洛陀神格的形成及演变》，《广西民族研究》2003 年第 4 期。

11. 陈怀平：《政治实践理性的理性自觉——兼评刘吉发教授的〈政治实践论〉》，《政治学研究》2011 年第 2 期。

12. 陈利敏、周浔闽：《布洛陀民族文化旅游节考察日志》，《歌海》2010 年第 2 期。

13. 陈炜、张瑾：《少数民族非物质文化遗产旅游开发 SWOT 分析及其对策——以百色壮族布洛陀文化为例》，《社会科学家》2009 年第 6 期。

14. 陈昕：《旅游艺术品的发展方向及其文化复兴功能》，《民族艺术研究》2002 年第 6 期。

15. 陈亚颦、马黎：《西双版纳傣族民间舞在旅游中的消费与重构》，《经济问题探索》2007 年第 10 期。

16. 陈阳：《浅谈我国民营电视节目制作公司的生存博弈——基于布迪厄场域的视角》，《媒体时代》2011 年第 4 期。

17. 陈宇光：《论布迪厄社会实践理论的三个核心概念》，《南通职业大学学报》2003 年第 4 期。

18. 陈治国：《布迪厄文化资本批判之批判》，《前沿》2011 年第 1 期。

19. 程志民：《存在、实践和理性》，《哲学研究》1997 年第 8 期。

20. 迟燕琼：《民族文化重构的生活化传承探析》，《新学术论坛》2009 年第 6 期。

21. 冯建：《大学生学业分化的逻辑——源于布迪厄"实践理性"

的分析》,《扬州大学学报(高教研究版)》2009年第4期。

22. 高丙中:《民族志发展的三个时代》,《广西民族学院学报》2006年第5期。

23. 高丙中:《实例看土族文化的重构过程》,《中国土族》2003年第3期。

24. 高宣扬:《论布迪厄的"生存心态"概念》,《云南大学学报(社会科学版)》2008年第3期。

25. 高燕:《布迪厄文化再生产理论解读》,《新疆职业大学学报》2011年第3期。

26. 关溪莹:《从女神崇拜到观音信仰——广州世居满族文化重构过程中的信仰变迁》,《宗教学研究》2006年第1期。

27. 关溪莹、贾海薇:《城市散杂居少数民族的融合与发展——广州世居满族文化重建过程中的人口变迁》,《社会科学论坛》2008年第8期。

28. 过伟:《壮族人文始祖论》,《广西民族研究》2005年第4期。

29. 韩璐:《中国传统文化的"实践理性"与马克思主义中国化》,《企业导刊》2010年第1期。

30. 何才、牛青:《民族旅游与民族文化重构——以平武县白马藏族为例》,《商业文化(学术版)》2007年第11期。

31. 贺剑武、陈炜、黄玲芳:《广西壮族非物质文化遗产保护性旅游开发研究——以百色布洛陀文化为例》,《广西社会科学》2009年第4期。

32. 侯文辉:《权力诉求视野中的艺术生产——从布迪厄艺术社会学理论解读全国美展创作现象》,《艺术百家》2009年第6期。

33. 胡芳:《文化重构的历史缩影——土族创世神话探析》,《民族文学研究》2005年第4期。

34. 黄桂秋:《布洛陀文化的保护开发与壮族和谐社会的构建》,《桂海论丛》2006年第5期。

35. 黄桂秋:《壮族民间麽教与布洛陀文化》,《广西民族研究》2003年第3期。

36. 黄伦生:《〈布洛陀〉与民间文化叙事》,《民间文化论坛》

2006 年第 2 期。

37. 黄明标：《敢壮山布洛陀文化圈之成因》，载牟钟鉴主编《宗教与民族》（第 4 辑），宗教文化出版社 2006 年版。

38. 蒋明智：《〈布洛陀〉与壮族民族文化精神》，《广西民族大学学报（哲学社会科学版）》2008 年第 3 期。

39. 金功辉：《民国时期中国文化重建的主体、目标、中介——新文化运动与新生活运动的比较研究》，《江苏教育学院学报（社会科学版）》2001 年第 1 期。

40. 李建平：《打造布洛陀文化品牌及其产业推进的思考》，《沿海企业与科技》2009 年第 2 期。

41. 李萍：《特色歌圩的建设与布洛陀文化的传承保护》，《江西科技师范学院学报》2006 年第 2 期。

42. 李斯颖：《布洛陀经诗文本与母题浅析》，《广西民族研究》2007 年第 4 期。

43. 李斯颖：《口头传统田野研究基地的建设与科学管理——以广西壮族布洛陀文化与口头叙事田野研究基地为例》，《社会科学管理与评论》2009 年第 2 期。

44. 李文军：《各美其美 美人之美——民族文化重建与后殖民理论的实践意义》，《宁夏社会科学》2008 年第 11 期。

45. 李小文： 《壮族麽经布洛陀文本产生的年代及其"当代情景"》，《中央民族大学学报（哲学社会科学版）》2005 年第 6 期。

46. 李晓丹、马丽娜：《布迪厄"文化再生产"理论简介》，《现代企业教育》2007 年第 14 期。

47. 李艳培：《布迪厄场域理论研究综述》，《决策与信息（财经观察）》2008 年第 6 期。

48. 李占伟：《布迪厄文艺思想国内研究综述》，《濮阳职业技术学院学报》2011 年第 1 期。

49. 梁美瑜：《论亚里斯多德德性的实践理性》，《沈阳教育学院学报》2011 年第 5 期。

50. 梁庭望：《布洛陀文化——壮族价值观的摇篮》，载牟钟鉴主编《宗教与民族》（第 4 辑），宗教文化出版社 2006 年版。

51. 廖明君：《壮族布洛陀文化研究的拓展与提升》，《广西民族研究》2011 年第 1 期。

52. 凌春辉：《论〈麽经布洛陀〉的壮族生态伦理意蕴》，《广西民族大学学报（哲学社会科学版）》2010 年第 5 期。

53. 刘大先：《非物质文化遗产的生意——敢壮山布洛陀的神话塑造和文化创意》，《粤海风》2009 年第 2 期。

54. 刘星明：《民族文化在旅游开发中的变迁与重构——以西双版纳傣族园为例》，《云南民族大学学报》2008 年第 4 期。

55. 刘亚虎：《布洛陀文化的典型意义和独特价值》，《广西民族研究》2005 年第 2 期。

56. 刘彦：《山陕后稷神话的民间记忆与文化重构》，《宜宾学院学报》2007 年第 11 期。

57. 卢敏飞：《同饮一江水，都是岭南人——从布洛陀神话看毛南族族源》，载牟钟鉴主编《宗教与民族》（第 4 辑），宗教文化出版社2006 年版。

58. 罗志发：《"伯乜观"：万物生成的独特阐释——〈布洛陀经诗〉的性别哲学研究之一》，《广西民族研究》2007 年第 2 期。

59. 罗志发：《"男主女从"：必须扬弃的等级观——〈布洛陀经诗〉的性别哲学研究之三》，《广西民族研究》2007 年第 4 期。

60. 罗志发：《"阴阳合德"：壮族传统文化的精华——〈布洛陀经诗〉的性别哲学研究之二》，《广西民族研究》2007 年第 3 期。

61. 麦思杰：《〈布洛陀经诗〉与区域秩序的构建——以田州岑氏土司为中心》，《广西民族研究》2008 年第 1 期。

62. 明跃玲：《文化重构与民族传统文化的保护——以湘西民族旅游文化为例》，《中央民族大学学报（哲学社会科学版）》2007 年第 1 期。

63. 牟钟鉴：《从宗教学看壮族布洛陀信仰》，《广西民族研究》2005 年第 2 期。

64. 农冠品：《麽经布洛陀灵感文化特质初探》，《百色学院学报》2007 年第 2 期。

65. 潘其旭：《崇尚物我共存与和谐有序是布洛陀文化的精髓》，载牟钟鉴主编《宗教与民族》（第 4 辑），宗教文化出版社 2006 年版。

66. 潘其旭：《〈麽经布洛陀〉与壮族观念文化体系》，《广西民族研究》2004 年第 1 期。

67. 潘其旭：《壮族〈麽经布洛陀〉的文化价值》，《广西民族研究》2003 年第 4 期。

68. 彭谊：《传统地域文化的现代变迁——广西百色市布洛陀民族文化旅游节案例研究》，《百色学院学报》2008 年第 4 期。

69. 秦红增、万辅彬：《壮族铜鼓文化的复兴及其对保护民族民间文化的启示》，《中南民族大学学报（人文社会科学版）》2005 年第 5 期。

70. 丘振声：《〈布洛陀〉与图腾崇拜》，《民族艺术》1995 年第 2 期。

71. 石甜：《阿细祭火：祭祀表演与文化重建》，《黑龙江史志》2009 年第 14 期。

72. 苏珊：《乐土的构想——壮族史诗〈布洛陀〉初探》，《广西民族研究》1988 年第 1 期。

73. 肃草：《关于文化解构》，《国外社会科学》2001 年第 6 期。

74. 孙元涛：《布迪厄社会科学方法及其对教育研究的启示》，《青岛大学师范学院学报》2009 年第 3 期。

75. 覃彩銮：《布洛陀神话的历史文化内涵》，《广西民族研究》2003 年第 4 期。

76. 覃乃昌：《布洛陀文化体系述论》，《广西民族研究》2003 年第 3 期。

77. 覃乃昌：《布洛陀：珠江流域原住民的人文始祖》，《广西民族研究》2004 年第 2 期。

78. 覃乃昌：《〈麽经布洛陀〉与华南珠江流域的稻作文化——〈麽经布洛陀〉与稻作农业史研究之一》，《百色学院学报》2008 年第 4 期。

79. 唐艳红、杨傲宇：《民俗旅游影响民族文化变迁的因素浅析》，《安康学院学报》2008 年第 1 期。

80. 田玲：《布迪厄生存心态理论中的互动关系及特征》，《北京大学学报（哲学社会科学版）》2006年第3期。

81. 涂艳：《论知识分子在权力符号中的社会特性——布迪厄文化社会学的启示》，《文学界（理论版）》2010年第4期。

82. 王春峰、黄国星：《田阳敢壮山布洛陀信仰的宗教旅游价值》，《广西师范学院学报（哲学社会科学版）》2005年第2期。

83. 王剑峰：《在象征与现实之间——壮族布洛陀信仰的人类学解析》，《云南师范大学学报（哲学社会科学版）》2005年第4期。

84. 王良范：《文化复兴与文化认同——黔东南苗族文化的变迁与现代转型》，《贵州工业大学学报（社会科学版）》2005年第1期。

85. 王明富：《云南省马关县阿峨新寨祭布洛陀神树调查》，《文山师范高等专科学校学报》2003年第1期。

86. 王绍辉：《略论民族文化的重构与输出——以广西文化为例》，《广西师范大学学报（哲学社会科学版）》2009年第6期。

87. 韦顺霞：《壮族两性神神格的比较研究——以布洛陀与姆六甲为例》，《怀化学院学报》2006年第12期。

88. 吴德群：《社会学视角下的布洛陀文化——对壮族乡村和谐社区建设的思考》，《广西民族研究》2009年第2期。

89. 吴启焰、王兆杰：《布迪厄的文化资本理论在旅游规划中的应用》，《人文地理》2011年第1期。

90. 谢寿球：《布洛陀文化遗址的发现与广西古文化沉积层的分布规律历史的启示》，载《右江流域民族历史文化与经济开发研讨会暨广西历史学会第十次会员代表大会论文集》，2003年。

91. 谢寿球：《布洛陀遗址寻访记》，《中国民族报》2002年11月5日。

92. 邢启顺：《旅游开发与乡土传统文化重构——旅游人类学视野中的乡土传统文化产业》，《贵州师范大学学报（社会科学版）》2005年第5期。

93. 熊远明：《崇尚劳动创造的美德——〈布洛陀〉价值观之二》，《广西民族研究》1994年第1期。

94. 熊远明：《人类自身价值的肯定——〈布洛陀〉价值观之一》，《民间文学研究》1994年第3期。

95. 熊远明：《追求和谐宁静，向往和平安定——〈布洛陀〉价值观之三》，《广西民族研究》1994 年第 2 期。

96. 徐长福：《实践哲学的若干进路及其问题》，《天津社会科学》2002 年第 6 期。

97. 徐赣丽：《多元浑融的壮族民间信仰文化——〈布洛陀经诗〉文化意蕴之三》，《广西民族研究》1999 年第 3 期。

98. 徐赣丽：《民间信仰文化遗产化之可能——以布洛陀文化遗址为例》，《西南民族大学学报（人文社会科学版）》2010 年第 4 期。

99. 徐赣丽：《壮族〈布洛陀经诗〉哲学意蕴初探》，《广西民族研究》1998 年第 2 期。

100. 徐赣丽：《壮族古代社会发展的真实图景——〈布洛陀经诗〉文化意蕴之二》，《广西民族研究》1999 年第 1 期。

101. 徐赣丽：《壮族民间诗歌的优秀篇章——〈布洛陀经诗〉文化意蕴之五》，《广西民族研究》2000 年第 1 期。

102. 徐赣丽：《壮族先民以神谕人的社会教化准则——〈布洛陀经诗〉文化意蕴之四》，《广西民族研究》1999 年第 4 期。

103. 晏月平、廖炼忠：《原生态民族文化开发性保护与经济协调发展》，《经济研究导刊》2008 年第 12 期。

104. 杨昌儒：《民族文化重构试论——以贵州布依族为例》，《贵州民族研究》2008 年第 1 期。

105. 杨福泉：《民族文化保护与传承新论》，《云南社会科学》2007 年第 6 期。

106. 杨念群：《什么才是真正的"文化重建"?》，《读书》2010 年第 7 期。

107. 杨生平：《复杂关系下的个人实践——布迪厄实践理论探析》，《首都师范大学学报（社会科学版）》2008 年第 1 期。

108. 杨雪冬：《纪念布迪厄》，《国外理论动态》2002 年第 4 期。

109. 余梅、卯惠：《民族传统节日传播的文化重构和传承》，《黑龙江民族丛刊》2008 年第 5 期。

110. 余乃忠、陈志良：《习性："具有席卷一切的解释力"——布迪厄建构的结构主义神话》，《现代哲学》2009 年第 1 期。

111. 余青：《生态博物馆：一种民族旅游持续发展模式》，《北京大学学报（哲学社会科学版）》2000年第1期。

112. 宇红、王欢：《解读布迪厄的社会资本理论》，《理论界》2004年第3期。

113. 赵传珍：《对纯粹实践理性方法论的解读》，《南方论刊》2011年第2期。

114. 赵曦、吴天德：《毁灭性灾害后民族文化的再生与可持续发展——以理县休溪羌族建筑文化与非物质文化重建为例》，《阿坝师范高等专科学校学报》2010年第2期。

115. 周传慧、李自然：《论西部大开发中少数民族传统文化重构的特点》，《黑龙江民族丛刊》2003年第5期。

116. 周丽洁：《非物质文化遗产与文化重构——以发展旅游背景下的湘西地区为例》，《求索》2010年第4期。

117. 周毓华：《汶川大地震之后的羌族文化重建研究》，《西藏民族学院学报（哲学社会科学版）》2009年第5期。

118. 周作秋：《论壮族的创世史诗〈布洛陀〉》，《广西师范大学学报（哲学社会科学版）》1984年第4期。

三　学位论文类

1. 付晓霞：《〈壮族麽经布洛陀影印译注〉部分版本考》，广西大学，2007年。

2. 何思源：《壮族麽经布洛陀语言文化研究》，中央民族大学，2007年。

3. 雷喜斌：《"重建"土楼——对土楼旅游文化再生产的话语分析》，中央民族大学，2004年。

4. 李艺：《多元聚合与同质叠加——布洛陀神话与盘瓠神话传承形态和功能演变之比较》，广西民族学院，2004年。

5. 李忠：《田阳壮族布洛陀文化旅游开发研究》，广西大学，2008年。

6. 王健：《教学实践理性及其合理化》，南京师范大学，2008年。

7. 向骏：《〈布洛陀经诗〉的民间信仰文化内涵解读》，中南民族大学，2008 年。

8. 谢荣征：《布洛陀传说研究》，广西民族大学，2009 年。

9. 赵德光：《现代化进程中云南石林阿诗玛文化的转型与重构研究》，中央民族大学，2004 年。

10. 宗晓莲：《旅游开发与文化变迁——以云南省丽江纳西族自治县纳西族文化为例》，中山大学，2004 年。

后　记

行文至此，抚今追昔，感触颇多，感谢生活！

感谢母校中南民族大学给予我宝贵的学习机会！

感谢恩师柏贵喜先生耳提面命，教我为人为文！先生授业之恩，教诲之情，弟子铭记于心，没齿不忘！

感谢雷振扬先生、段超先生、许宪隆先生、向柏松先生、李吉和先生、田敏先生、何红一先生、李庆福先生的教导。诸位先生温文尔雅，学富五车，承蒙不弃，或言传，或身教，学生受益匪浅，感激不尽！

感谢广西的朋友们！你们的热情、淳朴让我感动，激励着我努力钻研。费孝通先生说："只有服务于给予自己原创力的人民，研究者与被研究者之间的关系才可能是和谐融洽的，调查的内容以及由此内容而得出的结论才是真切并有存在的意义的。"布洛陀文化的当代重构仍在进行之中，我的田野调查和研究也没有结束，希望自己最终能交出一份满意的答卷！

感谢亲人的支持，让我能够潜心科研，有所收获！

俯望南湖，淇水汤汤。朝也是彩霞，暮也是彩霞；都是被太阳染红，又被夕阳融化。走过去，太阳刚刚升起；走过去，夕阳还未落下。雁去还至，草枯又荣。收拾行装，我且前行！

刘　婷

2015 年 5 月 14 日于南湖之滨